지금 시작하는

SQL 언어

래리 락오프 저 | 최영우·홍선학 역

www.cyber.co.kr

지금 시작하는 SQL 언어

목차 미리 보기

목차

저자 소개

래리 락오프(Larry Rockoff)는 SQL에 관련한 사업 전략화 개발에 수 년간 참여하고 있으며, 주된 관심 분야는 복잡한 데이터베이스에서 데이터를 검색하고 분석하는 리포팅 툴을 사용하는 것이다. 저자는 시카고 대학에서 경영과학 분야 MBA 학위를 받았으며, 현재 대형 소매 제약회사에서 데이터베이스와 리포팅 애플리케이션 분야에서 일하고 있다. 저자는 SQL에 관한 서적 외에도 MS 액세스 및 엑셀에 관한 책을 저술하였다.

또한 아래 웹 사이트에서 사회 관심 분야뿐만 아니라 사업 전략 및 분석에 초점을 맞추어 기술적인 주제에 대한 내용을 담고 있는 웹 사이트를 관리하고 있다.

larryrockoff.com

저자에게 어떤 질문 또는 제안이 있으신 분들은 이 사이트를 방문해주시길 바란다. 또는 다음의 페이스북 또는 트위터에서 저자를 만날 수 있다.

facebook.com/larryrockoff
twitter.com/larryrockoff

감사의 글

이 책이 나오기까지 도움을 주신 모든 피어슨 관계자 분들께 감사의 말씀을 드린다. 특히 마크 태버(Mark Taber)는 2판이 나오도록 주된 역할을 해주시어 감사를 드린다. 프로젝트 편집자 단 포스터(Dan Foster)와 페이지 편집자 다니엘 포스터(Danielle Foster)에게도 감사를 드린다. 시드하싸 씽(Siddhartha Singh)은 기술적인 검토를 훌륭하게 해주었으며, 츄티 프레서씨(Chuti Prasertsith)는 완벽한 책 표지 디자인을 해주었다. 마지막으로 색인 작업자 밸리 헤인 페리(Valerie Haynes Perry)와 책 검열자 스카웃 페스타(Scout Festa)에게도 고마움을 보낸다.

이 교재는 2판으로서 1판의 모든 독자들과 특히 저자 웹사이트에 좋은 말씀을 남겨주신 분들에게 고마움을 전한다. 상당히 평범한 주제에 대한 독자들의 생각이 지구상의 어떤 분들에게 도움이 된다는 것을 깨닫는 것은 감격적인 일이다.

저자 **래리 락오프**(larry rockoff)

역자 소개

최영우
ywchoi@sookmyung.ac.kr

현직 숙명여자대학교 컴퓨터과학부 교수
학력 University of Southern California 컴퓨터공학 박사
저서 《Node.js와 fluentd를 활용해서 배우는 오픈소스 몽고DB》 ((주)성안당, 2016)

홍선학
hongsh@seoil.ac.kr

현직 서일대학교 컴퓨터응용과 교수
학력 광운대학교 공학박사
저서 《모바일로 배우는 아두이노 따라하기》 ((주)성안당, 2012)
《Node.js와 fluentd를 활용해서 배우는 오픈소스 몽고DB》 ((주)성안당, 2016)

SQL이라는 것이 무엇일까? 과연 SQL을 어떻게 발음해야 할까? SQL을 어디서 어떻게 다운로드 해야 할까? 이런 기본적인 질문을 하는 분들이 있다면 지금 당장 이 책을 보면 된다. 회사의 방대한 데이터베이스를 어떻게 설계하고 어떻게 관리하는 것이 효율적인가? 하고 고민을 하는 분들도 이 책을 보면 된다.

저자인 래리 락오프의 의도대로 이 책을 펴서 읽기만 하고 끝까지 따라가기만 한다면, 사실 SQL을 당장 다운로드 하지 않고도 SQL을 어느 정도는 마스터 할 수 있도록 참 쉽고도 친절하게 설명해 두었기 때문이다. 게다가 마이크로소프트의 SQL Server와 MySQL, 오라클을 비교해가며 적잖은 차이점까지 짚어주고 있어서 어떤 제품을 선택하더라도 크게 당황하지 않을 것이라 확신한다.

이 책을 번역하는 동안 독자가 우리말로 SQL을 쉽게 이해하도록 용어 선택에 주의를 했지만, 그럼에도 이해가 어려운 부분이 있다면 그것은 오롯이 역자의 책임이다. 모쪼록 많은 데이터베이스 관리자들이 SQL을 배우는 데 이 책이 도움이 되기를 바란다.

역자 **최영우, 홍선학**

SQL, 즉 'Structured Query Language'는 관계형 데이터베이스를 배우는 데 사용되는 첫 번째 언어이다. 이 책은 이렇게 핵심적인 언어를 배우는 데 유익한 지침서로서 활용될 수 있다.

어떤 측면에서 이 책의 제목을 'The Logic of SQL'로 할까도 했었다. 이는 다른 컴퓨터 언어처럼 SQL 언어가 영어 어휘보다는 좀 더 논리적인 측면을 갖고 작업을 수행하기 때문이다. 그럼에도 불구하고 다음과 같은 이유 때문에 단어 'language'를 덧붙였다.

첫 번째, SQL의 독특한 언어-기반 문법이 다른 컴퓨터 언어와는 차별된다. 다른 언어와는 달리 SQL은 문법에 키워드로서 WHERE와 FROM과 같이 통상적으로 사용하는 단어들을 활용한다.

SQL에 내포된 언어적인 개념에서 일련의 주제 속에 포함된 언어에 대한 함축적 의미를 사용하고 있다. 이 교재에서 여러분들은 영어를 배울 때와 같이 SQL을 배운다. SQL 키워드는 단순한 것부터 복잡한 것까지 논리적인 방식으로 표현된다. 중요한 점은 언어와 논리를 동시에 취급하려 한다는 것이다.

모든 언어를 배우려고 할 때, 반드시 듣기로부터 시작하고 자신의 발성으로 만들어지는 실제 단어들은 기억하여야 한다. 동시에 이들 단어들은 반드시 이해해야 하는 특정 의미를 갖고 있다. SQL에서는 이런 의미가 논리와 깊이 연관되어 있다.

'The Logic of SQL(SQL의 논리)' 보다는 'The Language of SQL(SQL 언어)'이라는 제목을 붙인 가장 중요한 이유는 단순히 발음하기 쉽기 때문이다. 컴퓨터 언어 서적에서 문학적인 제목을 사용하는 경우는 거의 없지만, 제목으로부터 좀 더 배우려는 열정과 관심을 갖게 하려는 의도이다.

주제와 특징

비록 여러분이 SQL을 잘 알지 못하더라도, 이 언어는 많은 요소와 특징을 갖고 있는 복잡한 언어라는 정도는 애기할 수 있을 것이다. 이 책의 목표를 한마디로 표현하면 다음과 같다.

- 데이터베이스로부터 데이터를 검색하기 위하여 SQL을 사용하는 방법을 배운다.

이 책에서 다루게 될 내용을 정리하면 다음과 같다.

- 데이터베이스에서 데이터를 업데이트 하는 방법
- 데이터베이스를 만들고 유지하는 방법
- 관계형 데이터베이스를 설계하는 방법
- 처리된 데이터를 표시하는 전략

이 책이 여러 종류의 초보 SQL 서적과 구별되는 특징은 다음과 같다.

- **이 책으로 공부할 때 컴퓨터 앞에 앉거나 소프트웨어를 다운로드 할 필요가 없다.**
  내용을 읽기만 해도 이해할 수 있도록 SQL 사용법을 예제로 제공한다. SQL이 어떻게 동작되는가를 볼 수 있도록 작은 데이터 샘플을 포함한다.

- **영어를 배우듯이 SQL을 배울 수 있도록 언어-기반의 접근법을 적용한다.**
  각 장의 주제는 직관적이고 논리적인 순서로 구성하였다. SQL 키워드를 하나씩 소개하고 새로운 단어 및 개념을 이해하는 데 도움이 되도록 하였다.

- **이 책에서는 가장 많이 사용하는 세 가지 데이터베이스인 Microsoft SQL Server, MySQL 및 Oracle 문법을 다룬다.**
  만일 이들 데이터베이스 사이에 차이점이 있다면, Microsoft SQL Server 문법을 기준 내용으로 설명한다. 특히 **데이터베이스 차이점** 박스를 사용하여 MySQL 또는 Oracle 문법에서의 차이점을 보여주고 설명한다.

- **데이터를 처리하는데 있어 SQL의 상대적인 특성을 강조하여 제시한다.**
  이런 접근법은 보고서 제작 도구와 연결하려고 SQL을 사용하려는 사람들에게 도움이 된다. 마지막 장에서 본래 SQL을 넘어서 데이터를 처리한 이후에 데이터를 표시하는 crosstab 리포트 및 피벗 테이블을 사용하는 방법을 설명한다. 현장에서 이런 도구들이 잠재적으로 SQL 개발자 부담을 줄이고 최종 사용자들에게 더 큰 유연성을 제공한다.

> **참고** informit.com/register에는 이 교재와 관련하여 쉽게 다운로드 및 업데이트 할 수 있는 내용, 바로잡은 오류가 있으니 참고하기 바란다.

2판의 새로운 내용

2판(2nd edition)에 추가된 새로운 내용은 다음과 같다.

- **최신 데이터베이스 버전**

  모든 문법과 예제는 3개 데이터베이스 Microsoft SQL Server 2016, MySQL 5.7 및 Oracle 12c 최신 버전으로 다룬다.

- **소계(subtotal)와 크로스 탭**

  데이터를 정리할 수 있는 추가적인 기능을 제공하기 위하여 소계와 크로스 탭을 추가한다. 이들은 검색 기능에 소계와 합계를 구할 수 있도록 한다. 게다가 SQL 외부에서 크로스 탭 쿼리는 피벗 테이블의 가치를 더 유용하게 활용할 수 있게 해주는 것으로 이 책의 끝부분에서 다룬다.

- **랭킹 함수**

  랭킹(ranking) 함수는 특별한 영역의 함수로서 행의 개수를 계산하고 백분율을 계산한다. 연관된 기능은 랭킹 함수를 활용하기에 앞서 데이터를 부분으로 분리하는 것이다.

- **조건부 논리 확장**

  1판에서 CASE 수식과 조건부 논리에 대한 기본적인 내용을 담았다. 이런 주제는 기본적인 SQL 서적에서는 종종 배제하지만 대부분의 SQL 개발자들에게는 상당히 중요한 가치가 있는 내용이다. 여기에서는 8장과 9장에서 어떻게 CASE 수식을 활용하는가를 설명하기 위하여 여러 예제를 추가하였다.

- 새롭고 일관된 데이터 집합

  1판에서는 각 장마다 각각의 작은 데이터 집합을 사용하였지만, 여기서는 모든 장에서 일관된 데이터 집합을 사용한다. 앞 장에서 사용된 Customers 테이블과 다른 장에서 사용하는 Customers 테이블은 동일한 것이다. 만일 테스트용으로 표본 데이터를 등록하기 원하면, 한번에 모든 데이터를 등록하기 위하여 단일 스크립트를 동작시킬 수 있다. 이전에는 각 장마다 분리된 스크립트를 사용하였다.

- 다른 개선점

  몇 가지 중요한 내용인 공통 테이블 수식과 설명을 추가하였다. 이 책에서 사용된 용어는 표준 사용법에 맞추어 보다 더 일관성과 공통성을 갖도록 수정하였다. 마지막으로 SELECT문은 2장 도입부에 추가하여 주제에서 떠오르는 더 좋은 아이디어를 찾도록 했다.

이 책의 내용

이 책의 20개 장은 독특한 방식으로 내용을 설명한다. 대부분의 SQL 책들은 여러분이 마치 처음부터 데이터베이스를 설계하고 만드는 데이터베이스 관리자인 것처럼 내용을 서술하여 데이터베이스에 데이터를 등록하고, 마지막으로 이들 데이터를 검색한다. 이 책에서는 직접 데이터를 검색하는 것으로 시작하고 마지막 장에서 데이터베이스를 설계한다. 이런 방식은 인덱스 또는 외부 키와 같은 어려운 내용을 배우기 전에 데이터 검색과 관련된 흥미로운 내용을 먼저 배우게 한다.

이 책의 20개 장은 각각 다음과 같은 내용을 담고 있다.

- 1장에서는 SELECT 문장을 배우기 전에 이해해야 하는 관계형 데이터베이스를 소개한다.

- 2장부터 5장까지는 SELECT 문장을 시작으로 계산, 함수 및 분류 기본 작업을 다룬다.

- 6장부터 8장까지는 불 논리부터 조건부 논리까지의 선택 기준을 배운다.

- 9장부터 10장까지는 간단한 계수부터 좀 더 복잡한 집계 및 소계까지 데이터를 정리하는 방법을 배운다.

- 11장부터 15장까지는 결합(join), 서브쿼리(subquery), 뷰(view) 및 집합 논리(set logic)를 통하여 다중 테이블에서 데이터를 검색하는 방법을 배운다.

- 16장부터 18장까지는 SELECT 문장을 넘어서 관계형 데이터베이스에 관련된 더 폭넓은 주제인 저장 순서, 업데이트 및 테이블 관리와 같은 내용에 초점을 맞춘다.

- 마지막으로 19장부터 20장까지는 데이터베이스 설계의 기본으로 되돌아가고 데이터를 표시하는 방법을 설명한다.

부록 A, B, C는 이 책에서 다루는 세 가지 데이터베이스인 MS SQL 서버, 오라클, MySQL로 각각 시작하는 법에 대한 정보를 제공한다.

연관 웹 사이트

이 책의 모든 SQL 코드는 다음 사이트에서 다운로드 할 수 있다.

- www.informit.com/store/language-of-sql-9780134658254

여기에서 3개 파일을 다운로드 할 수 있다.

- SQL Statements for Microsoft SQL Server
- SQL Statements for MySQL
- SQL Statements for Oracle

이들 3개 파일은 각각의 데이터베이스에 적합한 파일 목록을 갖고 있다. 게다가 이들 파일은 이 책에서 사용된 모든 데이터를 만들 수 있는 SQL 스크립트를 담고 있다. setup 스크립트를 실행한 다음에, 이 책의 명령을 실행하면 동일한 결과를 얻을 수 있다. setup 스크립트를 실행하는 방법은 각 파일에서 제공한다.

Chapter 01

관계형 데이터베이스와 SQL
(Relational Databases and SQL)

이번 장에서는 관계형 데이터베이스에 대한 배경에 대해 알아본 후, SQL이란 무엇인지와 기본 키, 외래 키, 그리고 데이터형식과 같은 관계형 데이터베이스의 중요한 특징들을 배워 보자. 또한 데이터에서 NULL 값을 쓸 수 있는 방법에 대해 알아보자.

관계형 데이터베이스와 SQL 개요

서문에서도 언급되었듯이, SQL은 관계형 데이터베이스(relational database)에 있는 데이터를 다루는 데 가장 많이 사용되는 소프트웨어 툴이다. 이런 목적에 맞게, SQL은 언어와 논리의 역할을 담당하고 있다. 언어로서의 SQL은 WHERE, FROM 그리고 HAVING과 같은 여러 영어 단어를 이용한 특별한 문법을 사용한다. 논리를 표현하는 방법으로서의 SQL은 관계형 데이터베이스 안에 있는 데이터를 어떻게 불러올지, 또는 어떻게 갱신(update)할지를 명시한다.

이 책에서는 이 두 목적을 염두에 두고, SQL과 관련된 다양한 주제를 소개하면서 SQL의 언어적 요소와 논리적 요소 모두에 주안점을 두고자 한다. 컴퓨터 언어이든 우리가 사용하는 일상 언어이든, 모든 언어에는 배우고 외워야 할 실제 단어들이 있다. 그러므로 이 책에서는 SQL의 키워드를 하나씩, 논리적인 순서대로 소개한다. 한 장씩 배울 때마다, 이전에 배웠던 키워드 목록에 새로운 단어가 추가되고 데이터베이스와 상호작용할 수 있는 새로운 가능성이 더 확장될 것이다.

단어뿐만 아니라, 논리도 중요하다. SQL에서 사용하는 단어에는 특별한 논리적 의미와 목적이 있으며, SQL의 논리는 언어와 마찬가지로 중요하다. 모든 컴퓨터 언어에서처럼, 원하는 바를 명시하는 방법이 한 가지만 있는 것은 아니며, 이런 미묘한 차이가 있는 몇가지 방법들 중에서 하나를 선택하려면 언어와 논리를 모두 고려해야 한다.

먼저 언어로서의 SQL을 살펴보자. 일단 SQL의 문법에 익숙해지면, SQL의 명령문들이 영어 문장과 비슷하며, 표현하려는 특별한 의미가 있다는 점을 알게 될 것이다.

예를 들어 다음 문장을 보자.

```
I would like a hamburger and fries (햄버거와 프라이를 원한다)
from your value menu, (밸류 메뉴에서)
and make it to go. (가져가게 포장해달라)
```

이제 다음 SQL 문장과 비교해보자.

```
Select city, state (city와 state을 선택하라)
from Customers (Customers에서)
order by state (state 순서대로)
```

자세한 내용은 뒤에 언급하겠지만, 이 SQL 문장이 의미하는 바는 우리가 데이터베이스의 Customers라는 테이블에서 city와 state라는 필드를 불러오고, 불러온 결과를 state 순서대로 정렬시키려는 것이다.

우리는 위 두 문장에서 어떤 아이템을 원하는지(hamburger와 fries, 혹은 city와 state), 어디서 그것들을 불러올 것인지(value menu에서, 혹은 Customers 테이블에서), 그리고 추가적인 지시사항(to go(포장하게)로 할 것인지, 혹은 state 순서대로 결과를 정렬할 것인지)을 명시한다.

SQL을 어떻게 발음할까 하는 사소한 얘기부터 해보자. 두 가지 발음 방법이 있는데, 먼저 각 글자를 하나씩 읽어, "S-Q-L[에스-큐-엘]"이라고 발음하는 방법이 있다. 저자가 선호하는 두 번째 방법은 "sequel[씨퀄(속편)]"이라는 단어를 읽듯이 발음하는 것이다. 이렇게 발음하면 한 소절 더 짧고 말하기도 쉽지만, 어떤 식으로 발음하라고 정해지진 않았으니 각자 편한 대로 하면 된다.

SQL이 무엇을 의미하는가에 대해서는 대부분 'Structured Query Language'에서 각 단어의 첫 글자를 따온 것이라는 데 동의한다. 그러나 어떤 사람들은 SQL이 특정 단어를 축약한 것이 아니라 IBM에서 오래 전에 개발한 sequel이란 언어로부터 유래했다고 한다.

SQL이란 무엇인가?

SQL이란 무엇인가? 간단히 말하자면, SQL은 관계형 데이터베이스에 있는 데이터를 유지하고 활용하는 일반적인 컴퓨터 언어다. 다시 말해, SQL은 사용자가 관계형 데이터베이스와 상호작용을 할 수 있게 해주는 언어다. 다양한 곳에서 이 언어를 개발해 왔으며 역사는 1970년대까지 거슬러 올라간다. 1986년에 ANSI(American National Standards Institute, 미국표준협회)는 이 언어에 대한 일차적인 기준을 담은 책을 출판하였으며 그 이후로 여러 번의 개정을 거쳤다.

일반적으로 보면, SQL 언어에는 세 가지 중요한 요소가 있다. 첫 번째는 DML(Data Manipulation Language, 데이터 조작 언어)이다. 이 모듈은 데이터베이스의 데이터를 부르거나 업데이트하거나 추가하거나 또는 삭제할 수 있게 해준다. 두 번째 요소는 DDL(Data Definition Language, 데이터 정의 언어)이다. 이는 데이터베이스 자체를 생성하거나 수정할 수 있게 해준다. 예를 들어

DDL에는 ALTER라는 문장이 있는데, 이것은 데이터베이스에 있는 테이블의 디자인을 바꿀 수 있게 해준다. 마지막 요소는 DCL(Data Control Language, 데이터 통제 언어)인데, 데이터베이스의 보안을 적절히 유지한다.

마이크로소프트나 오라클과 같은 주요 소프트웨어 개발사들은 그들의 목적에 따라 이 언어의 기준을 조정하고, 더 많은 extension과 기능을 추가한다. 각 개발사마다 SQL에 대해 독특하게 해석하지만, 모든 개발사가 거의 똑같이 사용하는 근간이 되는 기본 언어가 있는데, 이 책에서는 바로 그 기본 언어를 배운다.

컴퓨터 언어로서 SQL은 일반적으로 익숙한 Visual Basic이나 C++ 같은 언어와는 다르다. 이런 언어들은 기본적으로 절차형(procedural) 언어이며, 절차형 언어는 사용자가 원하는 작업을 수행하기 위해서 특정 단계들을 명시하게 한다. SQL은 이와 달리 선언적(declarative) 언어로서 SQL에서는 원하는 목적을 대개 하나의 문장으로 표현한다. SQL의 구조가 더 단순할 수 있는 이유는 SQL이 컴퓨터 시스템 전체를 다루기보다는 관계형 데이터베이스만을 다루기 때문이다.

SQL 언어에 대해 한 가지 추가 설명을 하자면, SQL 언어를 특정 SQL 데이터베이스와 혼동하는 경우가 종종 있다는 것이다. 많은 소프트웨어 회사들이 DBMS(Database Management System) 소프트웨어를 판매하고 있다. 일반적으로 이런 유형의 소프트웨어 패키지에 있는 데이터베이스를 SQL 데이터베이스라고 부른다. 왜냐하면, 이런 데이터베이스에 있는 데이터를 관리하거나 데이터에 접속할 때 기본적으로 사용하는 방법이 SQL 언어이기 때문이다. 심지어 어떤 회사들은 데이터베이스 이름에 SQL을 붙여 쓰기도 한다. 예를 들어, 마이크로소프트는 가장 최근 데이터베이스에 SQL Server 2016이라는 이름을 붙였다. 그러나 사실 SQL은 데이터베이스가 아니라 언어라고 봐야 한다. 따라서 이 책에서는 특정 데이터베이스 SQL이 아닌 언어로서의 SQL에 초점을 맞추어 설명할 것이다.

마이크로소프트 SQL Server, MySQL, 그리고 오라클

이 책의 목적은 모든 실행에 적용 가능한 SQL의 핵심 언어를 다루는 것이지만, 결국 특정 SQL 문법 예제도 다루게 될 것이다. 문법은 회사마다 다르기 때문에 가장 대중적인 마이크로소프트 SQL Server, MySQL, 오라클의 세 데이터베이스에서 활용되는 SQL 문법에 초점을 둔다.

이들 데이터베이스는 대부분 동일한 문법을 사용하지만 가끔은 다르다. 이 세 데이터베이스 간에 차이점이 있는 경우, 이 책의 본문에서는 마이크로소프트 SQL Server의 문법을 사용할 것이다. 그 외 MySQL이나 오라클의 문법의 차이점들은 다음과 같이 데이터베이스 차이점 이라고 별도의 표시를 해줄 것이다.

> **데이터베이스 차이점**
>
> 이러한 별도의 표기 방식은 MySQL이나 오라클에 문법 차이가 있을 때마다 나타날 것이다. 마이크로소프트 SQL Server의 문법은 본문에서 다룰 것이다.

마이크로소프트 SQL Server는 여러 버전과 여러 판(edition)으로 존재한다. 가장 최근 버전은 *마이크로소프트 SQL Server 2016*이다. 가장 기본적인 Express 에디션부터 모든 옵션을 가지고 있는 Enterprise 에디션까지 있다. Express 에디션은 무료이지만 데이터베이스 개발을 위해 필요한 옵션을 제대로 갖추고 있어서 일반 사용자들은 이것으로 시작해도 좋다. Enterprise 에디션은 좀더 복잡한 데이터베이스 관리 옵션들을 갖고 있으며, 강력한 business intelligence components(기업 정보 수집활동에 필요한 요소들)도 갖추고 있다.

MySQL은 오라클이 소유하고 있지만 오픈소스 데이터베이스이기 때문에 특정 회사가 개발하는 것은 아니다. MySQL은 윈도(Windows)는 물론, 맥 오에스 텐(Mac OS X)이나 리눅스(Linux)와 같은 다양한 플랫폼에서 사용할 수 있다. MySQL에서 Community 에디션은 무료로 배포하고 있으며 최신 버전은 MySQL 5.7이다.

오라클 데이터베이스는 여러 에디션이 있다. 가장 최근 에디션은 *오라클 Database 12c*이다. 무료로 다운받을 수 있는 데이터베이스 에디션은 Express 에디션이다.

시작할 때, 원하는 데이터베이스를 다운받아 여러 예제를 연습해 보는 것도 좋다. 하지만 이 책은 읽어가기만 하면 SQL을 배울 수 있는 방식으로 썼기 때문에 이 책을 볼 경우에는 그럴 필요가 없다. 사용자가 데이터베이스를 다운로드하고 문장을 직접 입력하지 않아도 다양한 SQL 문장을 실행하였을 때 어떤 결과가 나오는지 이해할 수 있도록 충분한 데이터를 제공하고 있다.

그러나 이런 데이터베이스의 무료 버전을 직접 다운받고 싶어하는 사람을 위해서 책 끝부분에 다운로드에 대한 가이드를 담은 세 개의 부록(Appendix)을 실었다. 부록 A에는 마이크로소프트 SQL Server를 어떻게 시작하는지에 대한 자세한 설명이 있다. 이를 통해 소프트웨어를 어떻게 설치하는지, SQL 명령문을 어떻게 실행하는지를 알 수 있다. 마찬가지로 부록 B와 C에는 각각 MySQL과 오라클에 대한 설명이 있다.

서문에서 언급했듯이, 이 책에서 제공하는 웹사이트에는 이 책에 나온 모든 SQL 문장을 세 가지 데이터베이스 별로 정리한 자료가 있다. 그러나 굳이 이 웹사이트에서 다운을 받거나 추가 자료를 볼 필요는 없을 것이다. 왜냐하면 이 책의 예제들은 설명이 잘 되어 있어서 내용을 이해하기 위해 다른 내용을 추가로 공부할 필요가 없다. 그러나 원한다면 웹사이트의 추가 기능을 활용할 수 있다.

한 가지 덧붙이자면 SQL Server, MySQL, 그리고 오라클 말고도 대중적인 관계형 데이터베이스들이 있다. 예를 들면 다음과 같다.

- IBM의 DB2
- IBM의 Informix
- Sybase의 SQL Anywhere
- 오픈소스 데이터베이스인 PostgreSQL
- 마이크로소프트의 마이크로소프트 Access

위에서 언급한 데이터베이스 중에서 마이크로소프트 Access는 그래픽 요소가 있다는 점에서 독특하다. 본질적으로 보면, Access는 관계형 데이터베이스를 위한 그래픽 인터페이스다. 다시 말해, Access는 사용자가 관계형 데이터에 대한 쿼리를 그래픽적인 방법으로 만들 수 있게 해준다. 초보자들에게 있어서 Access의 장점은 시각적으로 쿼리를 만든 후 SQL 모드로 전환하여 사용자가 만든 SQL 문장을 볼 수 있다는 것이다. Access의 또 다른 특징은 데스크톱 데이터베이스라는 점이다. 따라서 사용자가 Access를 사용하면 사용자의 PC 안에 한 개의 파일로서 존재하는 데이터베이스를 만들 수 있고, 마이크로소프트 SQL Server와 같은 다른 툴로 만든 데이터베이스와 연결도 가능하다.

관계형 데이터베이스

전제 사항을 모두 이야기했으니 이제 관계형 데이터베이스 작동에 대한 기본 사항에 대해 알아보자. 관계형 데이터베이스란 데이터의 집합으로, (한 개 혹은 여러 개의) 테이블로 저장되어 있다. 일반적인 의미의 '관계형'이란 말 그대로 테이블이 어떤 방식으로든 서로 관계되어 있다는 뜻이다. 그러나 보다 정확히 표현하자면 '관계형'이란 단어는 수학적 관계론(mathematical relation theory)을 말하며, 데이터를 담고 있는 테이블들 간의 관계를 규명하는 논리적 특성(logical properties)과 관련이 있다.

예를 들어 Customers와 Orders란 단 두 개의 테이블로 구성된 데이터베이스가 있다고 하자. Customers 테이블은 주문을 한 번이라도 한 적이 있는 손님에 대해 한 개의 레코드(record)를 가지고 있다. Orders 테이블은 각 주문에 대해 한 개의 레코드를 가지고 있다. 각 테이블은 각 레코드에 대한 어트리뷰트(attribute, 속성)를 저장하는 필드(field)를 몇 개든 가질 수 있다. 예를 들어 Customers 테이블은 LastName(성)과 FirstName(이름)과 같은 필드를 가질 수 있다.

이제 테이블과 테이블 안에 있는 데이터를 보면 도움이 될 것이다. 일반적으로 테이블은 행(row)과 열(column)을 가진 격자(grid)로 표현한다. 각 행은 테이블 안에 있는 레코드를, 각 열은 테이블 안의 필드를 나타낸다. 첫 번째 헤더 행은 보통 필드 이름들을 갖고 있으며, 나머지 행들은 실제 데이터이다.

SQL 전문 용어로 레코드와 필드는 시각적으로 의미하는 바에 따라 각각 행과 열로 표현된다. 따라서 관계형 데이터베이스에서 테이블의 디자인을 설명하기 위해 앞으로는 레코드와 필드라는 단어보다는 행과 열이란 단어를 사용할 것이다.

관계형 데이터베이스의 가장 간단한 예제를 보자. 이 데이터베이스는 단 두 개의 테이블로 이루어져 있는데, Customers와 Orders이다. Customers 테이블은 다음과 같다.

CustomerID	FirstName	LastName
1	Bob	Davis
2	Natalie	Lopez
3	Connie	King

Orders 테이블은 다음과 같다.

OrderID	CustomerID	OrderAmount
1	1	50.00
2	1	60.00
3	2	33.50
4	3	20.00

이 예제에서, Customers 테이블은 CustomerID, FirstName, 그리고 LastName이라는

세 개의 열을 가지고 있다. 그리고 테이블에는 Bob Davis, Natalie Lopez, 그리고 Connie King이라는 세 개의 행이 있다. 각 행은 서로 다른 손님을 의미하고, 각 열은 해당 손님에 대한 서로 다른 정보를 의미한다. 같은 맥락에서 Orders 테이블은 네 개의 행과 세 개의 열을 가지고 있다. 이것은 데이터베이스 안에 주문이 네 개 있으며, 각 주문은 속성을 세 개씩 가지고 있다는 것을 뜻한다.

물론 이 예제는 너무 간단한 것이고, 실제 데이터베이스에 저장될 수 있는 데이터의 종류에 대해 맛만 보여준 것이다. 예를 들어 Customers 테이블은 대체로 손님에 대해 설명할 수 있는 다른 속성, 즉 도시나 구, 우편번호, 전화번호 등을 포함한 열이 더 많을 것이다. 마찬가지로 Orders 테이블도 대개 주문날짜, 부과세, 주문을 받은 사람과 같은 주문과 관련된 추가적인 속성을 설명하는 열이 더 많이 있을 것이다.

기본 키와 외래 키

각 테이블의 첫 번째 열을 보자. Customers 테이블에서는 CustomerID가 첫 번째 열이고 Orders 테이블에서는 OrderID가 첫 번째 열이다. 이런 열들을 일반적으로 기본 키라고 부른다. 기본 키가 유용하고 필요한 이유는 두 가지다. 첫 번째 이유는 *기본 키(primary Key)*는 테이블 안에서 특정 행을 찾는 데 도움이 되기 때문이다. 예를 들어 Bob Davis의 행을 찾고 싶다면 이 데이터를 얻기 위해 간단히 CustomerID 열을 이용하면 된다. 기본 키는 유일성(uniqueness)을 보장한다. CustomerID 열을 기본 키로 지정하면 이 열이 테이블 안에 있는 모든 행에 대해서 유일무이한 값을 갖도록 보장한다는 뜻이다. 만약 데이터베이스 안에 Bob Davis라는 이름을 가진 서로 다른 두 명의 손님이 있더라도 CustomerID 열에 있는 각 손님의 행 값은 다를 것이다.

이 예제에서 기본 키 열의 값에 특별한 의미는 없다. Customers 테이블에서 CustomerID 열은 테이블의 세 행에 대해 1, 2, 3이란 값을 갖는다. 데이터베이스 테이블을 설계할 때는 테이블에 새로운 행이 추가될 때마다 기본 키 열에 연속적인 숫자(numerical sequence)를 자동으로 생성하게 되어 있다. 이러한 설계 방식을 *자동증가(auto-increment)*라고 한다.

기본 키가 필요한 두 번째 이유는, 기본 키가 테이블과 테이블 간의 관계를 쉽게 연결할 수 있게 해주기 때문이다. 이 예제에서, Orders 테이블 안의 CustomerID 열은 Customers 테이블의 해당 행을 가리킨다. Orders 테이블의 네 번째 행을 보면, CustomerID가 3이다. 이것은 CustomerID가 3인 손님이 주문한 것임을 의미하며, 그 손님은 바로 Connie King이다. 관계형 데이터베이스의 요소를 설계할 때 테이블들 간에 공통된 열을 사용하는 것은 매우 중요하다.

CustomerID 열은 Customers 테이블을 가리킬 뿐만 아니라 Orders 테이블에서 *외래 키 (Foreign Key)*의 역할을 담당하기도 한다. 외래 키에 대한 내용은 18장, '테이블 관리(Maintaining Tables)'에서 자세히 다룰 것이므로 지금은 외래 키는 해당 열이 유효한 값을 갖도록 규정될 수 있다는 것만 알아두면 된다. 예를 들어, Customers 테이블에 실제로 손님의 CustomerID가 있지 않을 경우, Orders 테이블 안에 있는 그 CustomerID 열이 특정 값을 갖는 걸 원치 않는다고 하자. 그럴 땐 특정 열을 외래 키로 지정하면 원하는 대로 제한할 수 있다.

데이터형식

기본 키와 외래 키는 데이터베이스 테이블의 구조를 갖춰준다. 다시 말해, 기본 키와 외래 키는 데이터베이스 안에 있는 테이블들이 서로 접근하거나 서로 적절히 연결되도록 보장해준다는 말이다. 테이블에 있는 각 열의 또 다른 중요한 속성은 그 열의 데이터형식(Data Types)이다.

데이터형식은 열이 갖고 있는 데이터의 형식을 정의하는 방법이다. 모든 테이블에 있는 각 열에 대해 데이터형식이 지정되어야 한다. 유감스럽게도 관계형 데이터베이스마다 어떤 데이터형식이 가능하고 또 무엇을 의미하는지는 아주 많이 다르다. 예를 들어, 마이크로소프트 SQL Server, MySQL, 그리고 오라클이 허용하는 데이터형식은 각각 30가지가 넘는다.

이 세 개의 데이터베이스만 해도, 모든 데이터형식에 대한 미묘한 차이까지 자세히 설명하는 것은 거의 불가능하다. 이 책에서는 대부분의 데이터베이스에 사용되는 데이터형식의 주 카테고리를 상황 별로 정리해줄 것이다. 이들 카테고리에 속하는 중요한 데이터형식을 이해하면, 나중에 접할 다른 데이터형식도 이해하기 쉬울 것이다. 일반적으로, 데이터형식은 세 종류가 있다. 숫자(numeric), 문자(character), 그리고 날짜/시간(date/time).

숫자 데이터형식은 비트, 정수, 소수, 그리고 실수 등과 같이 다양한 형태가 있다. 비트는 0과 1만 존재하는 숫자 데이터형식이다. 비트 데이터형식은 주로 참/거짓 값만 갖는 속성을 정의하는 데 사용된다. 정수는 소수점 이하 숫자가 없는 숫자다. 소수 데이터형식은 소수점 이하 값을 가질 수 있다. 실수는 비트, 정수, 소수와 달리 내장된 계산 방법을 통해 근사하게 규정된 정확한 값을 갖게 된다. 모든 숫자 데이터형식에 해당되는 뚜렷한 특징은 수학적 연산에 사용될 수 있다는 점이다. 다음은 마이크로소프트 SQL Server, MySQL, 그리고 오라클의 숫자 데이터형식의 대표적인 예다.

General Description	Microsoft SQL Server Datatype	MySQL Datatype	Oracle Datatype	Example
bit	bit	bit	(none)	1
integer	int	int	number	43
decimal	decimal	decimal	number	58.63
real	float	float	number	80.62345

문자 데이터형식은 string 데이터형식 또는 character string 데이터형식으로 불리기도 한다. 숫자 데이터형식과 달리 문자 데이터형식은 숫자에 국한되지 않는다. 문자 데이터형식은 알파벳이나 숫자도 포함할 수 있으며 '*'과 같은 특수문자도 포함할 수 있다. SQL 문장에서 문자 데이터형식의 값을 지정할 때에는 항상 작은 따옴표 안에 넣어야 한다. 반대로, 숫자 데이터형식은 절대 따옴표를 쓰면 안 된다. 다음은 문자 데이터형식의 대표적인 예다.

General Description	Microsoft SQL Server Datatype	MySQL Datatype	Oracle Datatype	Example
variable length	varchar	varchar	varchar2	'Walt Disney'
fixed length	char	char	char	'60601'

두 번째 예(60601)는 짐작대로 우편번호다. 얼핏 보면 숫자로만 이루어져 있어서 숫자 데이터형식으로 여길 수도 있다. 이런 경우가 특이한 것은 아니다. 우편번호는 숫자로만 이루어져 있지만 우편번호로 수학적 연산을 할 필요가 없기 때문에 우편번호는 보통 문자 데이터형식으로 취급한다.

날짜/시간 데이터형식은 날짜와 시간을 나타내는 데 쓰인다. 문자 데이터형식과 마찬가지로 날짜/시간 데이터형식은 반드시 작은 따옴표 안에 넣어야 한다. 이런 데이터형식은 날짜를 갖고 하는 특별한 연산을 허용한다. 예를 들어, 두 개의 날짜/시간 사이에 며칠이 들어있는가 계산하는 특별한 함수를 사용할 수 있다. 다음은 날짜/시간 데이터형식의 예다.

General Description	Microsoft SQL Server Datatype	MySQL Datatype	Oracle Datatype	Example
date	date	date	(none)	'2017-02-15'
date and time	datetime	datetime	date	'2017-02-15 08:48:30'

NULL 값

테이블 안에 있는 각 열의 또 다른 중요한 속성은 그 열이 null 값을 가질 수 있는가, 없는가이다. null은 그 특정 데이터 요소에 대한 데이터가 없음을 의미한다. 그렇다고 null 값은 space나 빈칸이 아니다. 논리적으로 null 값과 space는 다르게 처리된다. null 값을 가진 데이터를 불러오는 것에 대한 미묘한 차이에 대해서는 7장 '불 논리(Boolean Logic)'에서 자세히 설명할 것이다.

많은 데이터베이스는 null 값을 가진 데이터를 표시할 때 NULL이라고 대문자로 나타낸다. 이렇게 하는 이유는 데이터 값이 빈칸이 아닌 null 값을 갖고 있다는 것을 사용자에게 알리기 위해서다. 따라서 이 책에서는 관행에 따라 NULL이 의미하는 특별한 값을 강조하기 위해 대문자로 쓸 것이다.

데이터베이스 안의 기본 키는 절대 NULL 값을 가질 수 없다. 왜냐하면 기본 키의 정의에 따라 기본 키가 가진 값들은 유일성이 보장되어야 하기 때문이다.

SQL의 중요성

관계형 데이터베이스에 대한 일반적인 내용을 마치기 전에 관계형 데이터베이스의 유용함과 SQL의 중요성을 깨닫기 위해 잠시 역사를 살펴보자.

컴퓨팅의 역사 초기인 1960년대에는 데이터가 주로 자기 테이프나 디스크 드라이브에 파일로 저장되곤 했었다. 포트란(FORTRAN)과 코볼(COBOL)과 같은 언어로 쓰여진 컴퓨터 프로그램들은 전형적으로 입력 파일들을 읽고 한 번에 한 개의 레코드만 처리해야만 겨우 데이터를 출력 파일에 쓸 수 있었다. 처리과정도 어쩔 수 없이 복잡했다. 그 이유는 원하는 결과를 얻으려면 프로시저를 임시 테이블, 정렬, 그리고 데이터의 다중 passes(역주 읽거나 쓰기 위해 같은 데이터를 여러 번 중복해서 지나가는 것)와 같은 여러 개의 독립적인 단계로 쪼개야 했기 때문이다.

1970년대에 계층형 데이터베이스와 네트워크형 데이터베이스가 개발되어 활용되면서 진전이 있었다. 내부 포인터를 쓰는 정교한 시스템을 가진 이런 새로운 데이터베이스들은 데이터를 쉽게 읽어 왔다. 예를 들어 프로그램이 손님을 위해 한 개의 레코드를 읽으면, 그 손님이 했던 모든 주문들을 자동으로 가리키고(point), 각 주문에 대한 자세한 사항까지 가리키는 것이 가능해졌다. 하지만 여전히 데이터는 한 번에 한 개의 레코드만 처리할 수 있었다.

관계형 데이터베이스가 개발되기 전 데이터 저장의 가장 핵심적인 문제점은 데이터를 어떻게 저장할 것인가에 대한 것이 아니라 데이터에 어떻게 접근할 것인가에 대한 것이었다. SQL 언어가 개발되고 나서야 관계형 데이터베이스의 획기적인 발전이 이루어졌는데, 이는 관계형 데이터베이스가 데이터에 접근하는 방법을 완전히 새롭게 해주었기 때문이다.

이전의 데이터 검색 방법과 달리, SQL은 사용자가 한 번에 많은 데이터 세트를 불러올 수 있게 해주었다. SQL 명령문은 한 개의 문장으로 여러 개의 테이블로부터 몇 천 개의 레코드를 불러오거나 업데이트 할 수 있다. 그래서 엄청나게 간단해졌다. 이제 컴퓨터 프로그램이 순차적으로 한 번에 딱 한 개의 레코드를 읽어오고, 이와 동시에 이 레코드를 어떤 식으로 처리할지 결정할 필요가 없어진 것이다. 프로그램을 짤 때 단지 몇 줄의 논리로 몇 백 줄의 문장을 대체할 수 있게 된 것이다.

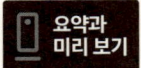 **1장에서는** 관계형 데이터베이스에 대한 배경을 알게 되었으니 이제 데이터베이스에서 데이터를 검색하는 것에 대해 알아보자. 1장에서는 기본 키, 외래 키, 그리고 데이터형식과 같은 관계형 데이터베이스의 중요한 특징들을 배웠다. 또한 데이터에서 NULL 값을 쓸 수 있는 것도 알게 되었다. 7장 '불 논리(Boolean Logic)'에서 NULL 값에 대해 더 자세히 알아보고 18장 '테이블 관리(Maintaining Tables)'에서 데이터베이스 관리에 대해, 19장 '데이터베이스 설계 원칙(Principles of Database Design)'에서 데이터베이스 디자인에 대해 더 자세히 배울 것이다.

데이터베이스 디자인이라는 중요한 주제를 왜 이 책에서는 한참 뒤에 배우는 것일까? 그 이유는 처음부터 디자인의 세부사항에 대해 고민하지 않고 바로 SQL을 배울 수 있게 하기 위해서다. 사실, 데이터베이스 디자인은 과학이기도 하지만 예술이기도 하다. SQL을 통해 데이터를 검색하는 것에 대한 자세한 내용과 섬세한 차이를 다 배운 다음에라야 데이터베이스 디자인에 대한 내용이 좀 더 와닿을 것이다. 따라서 어떤 식으로 데이터베이스를 디자인할지는 조금 미뤄두고 다음 장에서부터 어떻게 데이터를 검색할지에 대해 배우게 될 것이다.

Chapter 02

기본 데이터 검색
(Basic Data Retrieval)

🗩 키워드 소개
SELECT · FROM

이번 장에서는 SQL에서 가장 중요한 주제인 '데이터베이스에서 데이터를 어떻게 검색할 것인가'에 대해 배울 것이다. 얼마나 큰 조직이든 간에 SQL 개발자에게 가장 많이 들어오는 요청은 리포트에 대한 것이다. 데이터를 데이터베이스에 넣는 일도 중요하지만, 일단 데이터가 데이터베이스에 있다면 비즈니스 분석가들은 언제나 자체적으로 갖고 있는 풍부한 데이터에 에너지를 쏟아 그 많은 데이터로부터 유용한 정보를 얻는 데 주력하게 된다.

이 책에서 데이터 검색에 대해 강조하는 것은 일상의 요구에 따른 것이다. SQL에 대한 지식은 조직이나 회사가 보유한 데이터베이스의 데이터가 갖고 있는 비밀들을 알아내는 데 큰 도움이 될 것이다.

간단한 SELECT

SQL에서 뭔가를 검색하려면 SELECT 문장이 필요하다. 더 설명하기 전에 가장 간단한 SELECT 문장의 예제를 살펴보자.

```
SELECT * FROM Customers
```

모든 컴퓨터 언어가 그렇듯이, SQL에서도 특정 단어들은 키워드다. 키워드는 특별한 의미가 있기 때문에 정해진 방식에 따라 사용해야 한다. 이 문장에서는 SELECT와 FROM이 키워드다. SELECT 키워드는 SELECT 문장의 시작을 뜻한다. FROM 키워드는 어떤 테이블에서 데이터를 검색해야 할 것인지를 지정한다. FROM 뒤에는 테이블의 이름이 따라오는데, 이 예제에서는 테이블 이름이 Customers이다. 여기서 별표(*)는 특수 기호로 '모든 열(all columns)'을 의미한다.

관행에 따라 키워드는 전부 대문자화할 것이다. 이는 키워드가 눈에 띄도록 하기 위해서다. 요약하자면, 이 문장은 Customers 테이블에 있는 모든 열을 선택하라는 의미다.

만약 Customers 테이블이 다음과 같다고 하자.

CustomerID	FirstName	LastName
1	Sara	Davis
2	Rumi	Shah
3	Paul	Johnson
4	Samuel	Martinez

SELECT 문장의 실행 결과는 다음과 같다.

CustomerID	FirstName	LastName
1	Sara	Davis
2	Rumi	Shah
3	Paul	Johnson
4	Samuel	Martinez

다시 말해, 예제 문장을 실행하면 테이블에 있는 모든 열을 가져온다.

앞 장에서, 모든 테이블에 대해 기본 키를 지정하는 것이 일반적이라고 했다. 이 예제에서는 CustomerID 열이 기본 키 열이다. 어떤 경우에는 테이블에 행이 삽입될 때마다 기본 키

값으로 연속적인 수를 자동으로 생성하도록 설정된다고 했는데, 이 예제가 바로 그런 경우다. 사실 앞으로 이 책에서 보게 될 대부분의 예제에는 수가 자동적으로 증가하는 열이 기본 키인 열이며, 관행에 따라 테이블의 첫 번째 열이 기본 키 열이 될 것이다.

문법에 대하여

모든 SQL 문장을 쓸 때 명심해야 할 사항이 두 가지 있다. 먼저, SQL에 있는 키워드는 대문자로 쓰든 소문자로 쓰든 상관없다. 즉 SELECT란 단어를 'select'로 쓰든 'Select'로 쓰든 마찬가지라는 말이다.

두 번째로, SQL은 몇 줄에 걸쳐 쓰거나 단어 사이에 빈칸을 몇 개씩 넣어도 상관없다. 다음 두 SQL 예제 문장을 보자.

```
SELECT * FROM Customers
```

위 문장과 다음 문장은 똑같다.

```
SELECT *
FROM Customers
```

중요한 키워드를 쓸 때는(두 번째의 예처럼) 새 줄의 처음에 쓰는 것이 좋다. 후에 SQL 문장이 복잡해질 경우, 이런 식으로 써야 문장의 의미를 빨리 이해할 수 있다.

끝으로, 앞으로 이 책에서 여러 가지 SQL 문장을 소개할 때, 특정한 예제와 일반적인 형식을 둘 다 보여준다. 예를 들어 위에서 언급한 문장의 일반적인 형식은 다음과 같다.

```
SELECT *
FROM table
```

일반적인 형식을 표기할 때는 이탤릭체를 사용한다. 이탤릭체로 쓰여진 *table*은 그 자리에 다른 테이블의 이름을 대입해도 된다는 말이다. 이 책에 있는 모든 SQL 문장에서 이탤릭체로 표기된 단어가 나오면, 그 자리에 다른 유효한 단어나 문장을 넣을 수 있다는 뜻이다.

데이터베이스 차이점 **MySQL과 오라클**

SQL을 구현하는 많은 제품이 각 문장 끝에 세미콜론을 넣으라고 한다. MySQL과 오라클 (Oracle)의 경우는 넣어야 하고, 마이크로소프트 SQL Server의 경우는 넣지 않는다. 그러나 원하는 경우 SQL Server에서 세미콜론을 정의할 수 있다. 이 책에서는 간결함을 위해 SQL 문장을 쓸 때 세미콜론을 생략할 것이다. 만약 MySQL이나 오라클을 쓴다면, 각 문장의 끝에 세미콜론을 붙여야 한다. MySQL과 오라클의 경우라면 앞의 예제를 다음과 같이 쓴다.

```
SELECT *
FROM Customers;
```

주석

SQL 문장을 쓸 때, 대개는 문장 내에, 혹은 문장 근처에 주석(설명)을 써두는 것이 바람직하다. SQL에서 주석을 표현하는 방법은 두 가지가 있다. 먼저 더블 대시(double dash) 방법인데, 그 줄 어디서나 두 개의 대시(--)를 쓰는 것이다. 그 줄에서 대시 두 개(--) 뒤에 오는 모든 글은 무시되고 주석으로 처리된다. 더블 대시 사용 방법에 대한 예제는 다음과 같다.

```
SELECT
-- 이것은 첫 번째 코멘트이다.
FirstName,
LastName -- 이것은 두 번째 코멘트이다.
FROM Customers
```

두 번째 방법은 C 언어처럼 주석을 /*와 */ 사이에 넣는 것이다. /*와 */ 사이에 있는 주석은 몇 줄에 걸쳐서 쓸 수도 있다. 예제는 다음과 같다.

```
SELECT
/* 이것은 첫 번째 코멘트이다. */
FirstName,
LastName /* 이것은 두 번째 코멘트이다.
이것은 여전히 두 번째 코멘트의 부분이다.
이것은 두 번째 코멘트의 끝부분이다. */
FROM Customers
```

데이터베이스 차이점 **MySQL**

MySQL은 더블 대시(--) 방법과 C 언어 형식(/*와 */)을 모두 지원하지만 작은 차이점이 있다. 더블 대시 방법으로 주석을 쓸 때, MySQL은 두 번째 대시 바로 뒤에 빈칸(space)이나 tab과 같은 특수문자를 써야 한다.

또 MySQL에서는 주석을 쓰는 세 번째 방법도 있는데, 더블 대시와 비슷하다. MySQL에서는 줄 안 어디에나 #을 써서 주석을 쓸 수 있다. 그 줄에서 # 뒤에 오는 모든 글은 다 주석으로 간주된다. 이 방법의 예제는 다음과 같다.

```
SELECT FirstName
# 이것은 코멘트이다.
FROM Customers;
```

열 명시하기

앞에 예에서는 테이블에 있는 모든 데이터를 보여주었다. 그런데 특정 열만 고르고 싶다면 어떻게 해야 할까? 가령 지금까지 사용했던 테이블에서 손님의 성만 보여주고 싶다고 하자. 그럴 땐 다음과 같은 SELECT 문장을 사용한다.

```
SELECT LastName
FROM Customers
```

그러면 다음과 같은 결과 데이터가 나온다.

LastName
Davis
Shah
Johnson
Martinez

만약 전부는 아니지만 한 개 이상의 열을 고르고 싶다면 SELECT 문장을 다음과 같이 쓴다.

```
SELECT
FirstName,
LastName
FROM Customers
```

결과는 다음과 같다.

FirstName	LastName
Sara	Davis
Rumi	Shah
Paul	Johnson
Samuel	Martinez

이 문장의 일반적인 형식은 다음과 같다.

```
SELECT columnlist
FROM table
```

기억해야 할 가장 중요한 것은, *columnlist*에 한 개 이상의 열을 명시해야 할 경우 콤마를 이용해 그 열들을 구분해야 한다는 점이다. 또 *columnlist*에 있는 각 열(FirstName, LastName)을 서로 다른 줄에 썼는데 이는 가독성을 높이기 위한 것이다.

빈칸이 포함된 열 이름

만약 열 이름에 빈칸이 포함되어 있다면 어떻게 될까? 예를 들어 'LastName' 열이 두 단어 사이에 빈칸이 들어가 'Last Name'처럼 명시되었다고 하자. 다음과 같이 쓰인 문장은 당연히 작동하지 않는다.

```
SELECT
Last Name
FROM Customers
```

이 문장이 잘못된 이유는 Last와 Name이 열 이름이 아니기 때문이고, 만약 열 이름이었다고 한다면 콤마로 구분했어야 하기 때문이다. 이것을 해결하는 방법은 빈칸을 포함하고 있는 열 이름을 특수문자로 감싸는 것이다. 데이터베이스마다 사용하는 특수문자는 다른데, 마이크로소프트 SQL Server의 경우 사용하는 특수문자는 각괄호([,])이다. 일반적인 형태는 다음과 같다.

```
SELECT
[Last Name]
FROM Customers
```

문법에 대해서 한 가지 더 말하자면 키워드는 대문자로 쓰든 소문자로 쓰든 상관없으며 테이블 이름과 열 이름도 마찬가지다. 예를 들어 앞의 예제를 다음과 같이 써도 결과는 같다.

```
select
[last name]
from customers
```

이 책에서는 모든 키워드와 테이블 이름, 열 이름을 모두 대문자로 표기하겠지만, 꼭 대문자로 써야 할 필요는 없다.

MySQL과 오라클

MySQL의 경우, 빈칸을 포함하는 열 이름을 표기할 때 쓰는 문자는 accent grave(`, 낮은 악센트 표)다. 예를 들어 MySQL 문법에서 앞의 예제는 다음과 같이 쓴다.

```
SELECT
'Last Name'
FROM Customers;
```

오라클의 경우, 빈칸을 포함하는 열의 이름을 표기할 때는 큰따옴표를 쓴다. 오라클 문법에서 앞의 예제는 다음과 같이 쓴다.

```
SELECT
"Last Name"
FROM Customers;
```

마이크로소프트 SQL Sever와 MySQL과 달리 오라클에서 큰 따옴표로 표기한 열 이름은 대문자와 소문자를 구별한다. 따라서 위 예제와 다음 예제는 다른 것이 된다.

```
SELECT
"Last Name"
FROM Customers;
```

완전한 SELECT 문장 미리 보기

이 책의 상당 부분은 이 장에서 소개한 SELECT 문장과 관련이 있다. 3장에서 15장까지는 이 SELECT 문장의 활용에 대해 배우며 SELECT의 가능성과 활용성에 대해 잘 알고 이해하도록 새로운 요소들을 소개할 것이다. 지금까지 우리는 SELECT 문장에 대해 다음 문장만을 배웠다.

```
SELECT columnlist
FROM table
```

무엇이 더 남아있는지에 대한 불안감을 해소하기 위해 완전한 SELECT 문장을 살펴보고 문장 속의 다양한 요소에 대해 간단히 설명을 하겠다. 절을 포함하고 있는 완전한 SELECT 문장은 다음과 같다.

```
SELECT columnlist
FROM tablelist
WHERE condition
GROUP BY columnlist
HAVING condition
ORDER BY columnlist
```

이미 SELECT와 FROM 절에 대해서는 배웠다. 이에 대해서 좀 더 알아보고 다른 절들에 대해서도 알아보자. SELECT 절은 문장을 시작하고, 디스플레이할 열들을 나열한다. 앞으로 많이 배우겠지만, *columnlist*는 지정한 테이블에 실제로 존재하는 열뿐만 아니라, 테이블에 있는 한 개 또는 그 이상의 열로부터 도출된 값을 갖는 열일 수도 있다. *columnlist*에 있는 열들은 함수도 포함할 수 있으며, 이런 함수는 데이터를 변환할 때 일반적으로 사용하는 방법들 외에 추가되는 또 다른 특별한 방법이다.

FROM 절은 데이터가 어디서 오는지, 즉 데이터 소스를 명시한다. 대부분의 경우, 데이터 소스는 테이블일 것이다. 책의 뒷부분에서 이런 데이터 소스가 데이터의 가상 뷰*(view)* SELECT 문장이 될 수도 있다는 것을 배울 것이다. 이 장에서 우리가 다루는 *tablelist*는 한 개의 테이블이다. SQL의 중요한 요소들 중에서 나중에 소개할 것은 단 하나의 SELECT 문장으로 JOIN을 사용하여 여러 개의 테이블을 결합할 수 있는 기능이다. 따라서 앞으로 FROM 절에 있는 *tablelist*가 여러 개의 테이블이 서로 결합되어 있음을 나타내기 위해 여러 줄로 쓰여진 예제를 많이 보게 될 것이다.

WHERE 절은 선택 논리를 나타내기 위해 사용한다. 이 절에서는 데이터 중에서 정확히 어떤 행을 불러올 것인지를 명시할 수 있다. WHERE 절은 등호(=)와 부등호(>, 혹은 <)와 같은 기본적인 수학 연산자를 사용할 수 있으며, OR이나 AND 같은 불(Boolean) 연산자도 사용할 수 있다.

GROUP BY 절은 데이터를 요약하는 데 중요한 역할을 한다. 데이터를 다양한 그룹으로 정리함으로써 분석자는 데이터를 나누는 것뿐만 아니라 각 그룹에 있는 데이터를 데이터의 합이나 데이터의 개수와 같은 다양한 통계로 요약할 수 있다.

데이터를 그룹으로 나눈 다음에는 선택 기준이 좀더 복잡해진다. 선택 기준을 개별 행에만 적용해야 할지 그룹 전체에 적용해야 할지를 생각해 봐야 한다. 예를 들어 손님을 주(state) 단위 그룹으로 나누는데, 각 주의 손님들 중 총 지출액이 특정 값 이상인 경우의 손님들만 나열한 행을 보고 싶다고 하자. 바로 이런 경우에 HAVING 절을 쓰면 된다. HAVING 절은 데이터 그룹 전체에 대해 선택 논리를 명시할 때 쓰인다.

끝으로, ORDER BY 절은 데이터를 오름차순으로나 내림차순으로 정렬하는 데 쓰인다.

앞으로 좀 더 자세히 알아보겠지만, SELECT 문장 안에 다양한 절들이 있다면 반드시 앞에서 보여준 일반적인 형식의 순서에 따라 써야 한다. 예를 들어 SELECT 문장 안에 GROUP BY 절이 있다면 반드시 WHERE 절 다음, HAVING 절 앞에 써야 한다.

앞서 언급한 절 외에도 서브쿼리(subquery, 종속 쿼리)와 집합 논리 등을 포함한 SELECT 문장을 구성할 수 있는 많은 다양한 방법들을 알아볼 것이다. 서브쿼리는 SELECT 문장 안에 또 다른 SELECT 문장을 넣을 수 있는 방법으로서 선택 논리의 특별한 유형에 유용하다. 집합 논리란 여러 개의 쿼리를 한 개의 쿼리 안에 줄줄이 합하는 방법이다.

이번 장에서는 데이터를 불러오기 위해서 SELECT 문장을 사용하는 방법부터 배웠다. 기본적인 문법을 배웠고, 특정 열을 고르는 방법도 배웠다. 그러나 일상에서는 이런 것만으로는 실질적인 도움을 얻기는 힘들다. 가장 중요한 문제는, 데이터를 불러오기 위해 특정 유형의 선택 기준을 어떻게 적용할 것인지를 아직 배우지도 않았다는 점이다. 예를 들어 모든 손님을 선택하는 방법은 알지만 뉴욕 주에 사는 손님만 선택하는 방법은 아직 모른다.

선택 기준에 대해서는 6장에서 배울 것이다. 그럼 그 전에는 무엇을 배울까? 이제 얼마 간은 SELECT 문장의 *columnlist* 요소를 어떻게 사용할지에 대해서 차근차근 배울 것이다. 그 다음에는 다양한 열 선택 방법에 대해 배워 한 개의 열에서 여러 가지 복잡한 계산을 하는 방법을 알아보고, 또 어떤 열에 대해 자세히 묘사하기 위해 열의 이름을 바꾸는 것에 대해서도 알아본다. 4장과 5장에서는 더 복잡하고 강력한 *columnlist*를 만들 수 있는 지식을 쌓은 다음 6장에서 선택 논리를 배우게 되면 사용할 수 있는 모든 방법을 능숙하게 사용할 수 있을 것이다.

계산 영역과 별칭
(Calculated Fields and Aliases)

🗨 키워드 소개

AS

SELECT 문장에서 계산된 필드를 만드는 일반적인 방법에 대해 알아보자. 특정 단어나 값을 선택할 때 사용할 수 있는 문자 값과 한 개의 열 또는 여러 열에 대해 하나의 표현으로 된 수학적 연산, 열과 문자 값을 합하기 위해 사용하는 필드 연결을 배워보자.

데이터 계산

앞 장에서는 SELECT 문장 안에 각열들을 포함하기 위해 어떻게 해야 하는지 배웠다. 이제는 데이터베이스에서 가져온 각각의 데이터 아이템에 대해 계산을 하는 방법을 소개한다. 이 기법을 *calculated fields*라고 부른다. 이 방법을 통해서 손님들의 이름을 원하는 형식으로 바꿀 수 있다. 어떤 회사나 조직에 필요한 특별한 수식을 만들고 보여줄 수 있다. 즉, SQL 개발자들은 종종 원시 데이터를 보다 의미 있는 정보로 변환하기 위해 개별 열을 고객의 요구에 맞게 바꿔줘야 할 필요가 있다. 이런 목적을 이루기 위해 바로 이 calculated fields를 사용한다.

테이블에서 데이터를 선택할 때, 실제로 테이블에 있는 열만 선택해야 하는 것은 아니다. calculated fields란 개념 자체는 여러 가지 가능성을 내포한다. calculated fields를 사용하여 다음과 같은 작업을 할 수 있다.

- 특정 단어나 값을 보여준다.
- 한 열 또는 여러 열에 대해 계산한다.
- 특정 단어나 특정 값들을 여러 열과 결합(combine)할 수 있다.

다음의 Sales 테이블을 이용한 몇 가지 예를 보자.

SalesID	FirstName	LastName	QuantityPurchased	PricePerItem
1	Andrew	Li	4	2.50
2	Carol	White	10	1.25
3	James	Carpenter	5	4.00

문자 값

calculated field의 첫 번째 예제는 전혀 계산을 하지 않는 예이다. 여기서는 특정한 값으로 열을 고를 것인데, 그 값은 테이블에 있는 데이터와 아무런 관련이 없다. 이런 표현을 *문자 값 (Literal Values)*이라고 한다. 다음 예제를 보자.

```
SELECT
'First Name:',
FirstName
FROM Sales
```

이 문장을 실행하면 다음과 같은 데이터를 받게 된다.

(no column name)	FirstName
First Name:	Andrew
First Name:	Carol
First Name:	James

이 문장은 두 개의 데이터 아이템을 선택하게 된다. 첫 번째는 문자 값인 'First Name:'이며, 문자 데이터를 가진 문자 값이라는 것을 나타내기 위해 작은 따옴표를 쓴다는 점을 기억해야 한다. 두 번째 데이터 아이템은 FirstName 열이다.

먼저 주목해야 할 것은, 'First Name:'이라는 문자 값이 모든 행마다 반복된다는 점이다. 첫 번째 열에 대해서 헤더(header) 정보가 없다는 점에도 주목해야 한다. 마이크로소프트 SQL Server에서 실행시킬 때는 열 헤더가 '(no column name)'이라고 표시된다. 헤더가 없는 이유는 이것이 calculated field이기 때문이다. 이 정보와 연관지을 열 이름이 없기 때문이다.

데이터베이스 차이점 **MySQL과 오라클**

MySQL과 오라클은 둘 다 문자 값인 헤더 행에 해당하는 값을 출력한다. MySQL에서는 위 예제에 있는 첫 번째 열의 헤더에 대해서 다음과 같이 출력한다.

```
First Name:
```

오라클에서는 첫 번째 열의 헤더에 대해 다음과 같이 출력한다.

```
'FIRSTNAME:'
```

왜 헤더 행이 중요한가? 만약 데이터를 불러오기만 하려고 SELECT 문장을 쓴다면 헤더 자체가 그렇게 중요하지 않고 데이터만 중요하다. 그러나 만약 사용자에게 종이나 컴퓨터 화면에서 보여줄 리포트에 사용할 데이터를 불러오기 위해 SELECT 문장을 사용하는 경우라면 헤더가 필요할 수 있다. 열 헤더는 보통 리포트를 하는 경우에 쓰인다. 사용자가 리포트에 있는 데이터의 어떤 열을 볼 때, 보통 이 열이 무엇을 나타내는지 궁금해할 것이고, 그 정보를 얻기 위해 열 헤더를 보게 된다. 문자 값의 경우, 그 열에 대해 실질적인 의미가 없기 때문에 헤더가 꼭 필요하진 않다. 그러나 calculated fields인 다른 종류의 경우는 열에 대해 뭔가 의미 있는 명칭을 붙일 필요가 있다. 이런 상황에서 헤더를 제공할 수 있는 방법인 열의 별칭(column aliases)이라는 개념에 대해 이 장의 뒷부분에서 논할 것이다.

문자 값에 대해 한 가지 더 알아보자. 이전 예제들로부터 모든 문자 값은 따옴표가 필요할 것이라고 추측하겠지만 꼭 그렇지는 않다. 예를 들어 다음 문장을 보자.

```
SELECT
5,
FirstName
FROM Sales
```

앞 문장을 실행하면 다음과 같은 데이터가 출력된다.

(no column name)	FirstName
5	Andrew
5	Carol
5	James

5라는 문자 값은 의미는 전혀 없지만 유효한 값이다. 왜냐하면 따옴표가 없어서 5가 숫자 값으로 해석되기 때문이다.

수학적 연산

이제 좀 더 자주 쓰이는 calculated field의 예제를 보자. 수학적 연산은 한 테이블 안에 있는 한 열 또는 여러 열에 대해 계산을 가능하게 해준다. 예를 보자.

```
SELECT
SalesID,
QuantityPurchased,
PricePerItem,
QuantityPurchased * PricePerItem
FROM Sales
```

이 문장을 실행하면 다음과 같은 데이터가 출력된다.

SalesID	QuantityPurchased	PricePerItem	(no column name)
1	4	2.50	10.00
2	10	1.25	12.50
3	5	4.00	20.00

문자 값 예에서처럼, 네 번째 열은 한 열에서 온 것이 아니기 때문에 헤더가 없다. 위에 있는 SELECT 문장의 처음 세 열은 지금까지 배운 것과 다른 것이 없지만, 네 번째 열은 다음의 수식으로부터 계산된 열이다.

```
QuantityPurchased * PricePerItem
```

여기서 별(*) 기호는 곱셈을 뜻하며, 앞 장에서 설명한 '모든 열'을 의미하는 별(*)과는 다르다. 별 기호뿐만 아니라 여러 다른 기호도 calculated fields에서 허용된다. 가장 흔히 쓰이는 기호들은 다음과 같다.

Arithmetic Operator	Meaning
+	addition
-	subtraction
*	multiplication
/	division

마이크로소프트 SQL Server나 MySQL에서 지원하지는 않지만 자주 쓰이는 연산 기호로서 지수(exponentiation)가 있다. SQL에서 지수를 사용하기 위해서는 POWER 함수를 사용해야 하며, 다음 장에서 배운다.

데이터베이스 차이점 　 **오라클**

마이크로소프트 SQL Server나 MySQL과 달리, 오라클은 지수를 위한 연산 기호를 지원하며, 두 개의 별 기호(**)를 사용한다.

필드 연결

연결(concatenation)이란 문자 데이터를 합하거나 이어 붙인다는 것을 의미하는 컴퓨터 용어이다. 숫자 데이터에 대해서 수학적 연산을 할 수 있는 것처럼, 문자 데이터는 서로 합치거나 필드 연결이 가능하다. 필드 연결의 문법은 작업하는 데이터베이스에 따라 다르다. 마이크로소프트 SQL Server에서의 예제를 보자.

```
SELECT
SalesID,
FirstName,
LastName,
FirstName + ' ' + LastName
FROM Sales
```

결과는 다음과 같다.

SalesID	FirstName	LastName	Name
1	Andrew	Li	Andrew Li
2	Carol	White	Carol White
3	James	Carpenter	James Carpenter

처음 세 열은 새로운 게 없지만, 네 번째 열은 다음 SQL 문장의 결과다.

```
FirstName + ' ' + LastName
```

덧셈 기호는 필드 연결을 의미한다. 이 연산은 숫자 데이터가 아닌 문자 데이터를 다루기 때문에, SQL이 아주 똑똑하게도 덧셈 기호를 더하기가 아닌 필드 연결로 해석한다. 여기서 필드 연결은 세 개의 항으로 이루어져 있으며 FirstName 열, 문자 빈칸(' '), 그리고 LastName 열이다. 문자 빈칸을 사용한 이유는 William Smith가 WilliamSmith처럼 출력되는 것을 막기 위해서다.

MySQL은 필드 연결을 할 때 덧셈 기호(+)를 사용하지 않는 대신 CONCAT이라는 함수를 지원한다. 함수는 다음 장에서 다루고, 여기서는 같은 예제를 MySQL에서는 어떤 형태로 표현하는지 만 보여준다.

```
SELECT
SalesID,
FirstName,
LastName,
CONCAT(FirstName, ' ', LastName)
FROM Sales;
```

사실상 CONCAT는 괄호 안에 언급된 세 개의 항을 한 개의 표현으로 합하도록 명시한다. 오라클 은 덧셈 기호(+)보다 두 개의 수직 선(||)으로 필드 연결을 한다. Oralce에서 앞의 예제는 다음과 같 이 표현된다:

```
SELECT
SalesID,
FirstName,
LastName,
FirstName || ' ' || LastName)
FROM Sales;
```

열의 별칭

이 장에서 지금까지 다뤘던 예제들에서 계산된 영역들은 설명이나 이름이 없는 헤더로 표 시되었다. 마이크로소프트 SQL Server는 계산된 영역에는 'no column name(이름 없음)' 이라고 표시한다. 이제부터는 이런 열에 어떻게 헤더를 붙여 줄 수 있는지 알아보자. 간단히 말하면, 열의 별칭(column aliases)을 쓰면 된다. *별칭(alias)*이란 다른 이름이란 뜻이다. 앞의 SELECT 문장 예제에서 열의 별칭을 주려면 다음과 같이 정의하면 된다.

```
SELECT
SalesID,
FirstName,
LastName,
FirstName + ' ' + LastName AS 'Name'
FROM Sales
```

AS 키워드는 열의 별칭을 나타내기 위해 사용되며, 별칭은 이 키워드 바로 뒤에 온다. 열의 별칭은 작은 따옴표 안에 넣어줘야 하며, 결과는 다음과 같다.

SalesID	FirstName	LastName	Name
1	Andrew	Li	Andrew Li
2	Carol	White	Carol White
3	James	Carpenter	James Carpenter

이제 네 번째 열에 헤더가 생겼다. 여기서는 열의 별칭을 작은 따옴표 안에 넣었는데, 열의 별칭에 빈칸이 포함되어 있지 않으면 작은 따옴표를 쓰지 않아도 된다. 또한 AS 키워드도 반드시 필요한 것은 아니지만, 이 책에서는 열의 별칭을 지칭한다고 명시하는 차원에서 AS를 사용할 것이다. 작은 따옴표나 AS 키워드를 쓰지 않으면 앞의 SELECT 문장 예제는 다음과 같이 쓸 수 있고, 결과도 동일하다.

```
SELECT
SalesID,
FirstName,
LastName,
FirstName + ' ' + LastName Name
FROM Sales
```

열의 별칭은 계산된 필드에 헤더를 제공할 뿐만 아니라 테이블 안에 있는 불분명한 열의 이름을 바꾸려고 할 때도 유용하다. 예를 들어 테이블 안에 어떤 열이 'Qty'라는 명칭을 갖고 있다면, 앞에 있는 문장을 이용하여 열 이름을 'Quantity Purchased'로 바꿀 수 있다.

```
SELECT
Qty AS 'Quantity Purchased'
FROM table
```

데이터베이스 차이점   **오라클**

오라클은 열의 별칭을 나타내기 위해 큰 따옴표를 사용하며, 오라클에서 앞의 예제 문장은 다음과 같이 쓴다.

```
SELECT
SalesID,
FirstName,
LastName,
FirstName || ' ' || LastName AS "Name"
FROM Sales;
```

테이블의 별칭

AS 키워드를 사용하면 열뿐만 아니라 테이블에도 다른 이름을 부여할 수 있다. 테이블의 별칭을 사용하는 이유는 일반적으로 세 가지가 있다. 첫 번째 이유는 모호하거나 복잡한 이름을 가진 테이블과 관련이 있다. 예를 들어 어떤 테이블 이름이 Sales123이라면, 다음과 같이 SELECT 문장을 이용하여 테이블에 Sales라는 별칭을 부여할 수 있다.

```
SELECT,
LastName
FROM Sales123 AS Sales
```

열의 별칭과 마찬가지로 AS 키워드는 선택적으로 사용할 수 있다. 그러나 열의 별칭과 달리 테이블의 별칭은 따옴표 안에 표기하지 않는다. 테이블의 별칭을 쓰는 두 번째 이유는, 그 별칭을 선택된 모든 열에 대해 접두사처럼 쓸 수 있기 때문이다. 예를 들어, 위 문장은 다음과 같이 쓸 수 있다.

```
SELECT,
Sales.LastName
FROM Sales123 AS Sales
```

Sales라는 단어는 이제 LastName 열에 접두사처럼 붙여졌고, 온점(.)으로 접두사와 열 이름을 구분했다. 이런 상황에서는 접두사를 생략해도 되는데, 엄밀히 말하면 오히려 불필요하다. 이 쿼리에는 테이블이 딱 하나만 있기 때문에 열에 대해서 굳이 테이블 이름을 접두사로 붙일 필요가 없다. 그러나 데이터가 여러 개의 테이블에서 선택되는 경우 접두사는 대개의 경우 요긴하고, 어떤 때는 꼭 필요하다. 여러 개의 테이블을 다루는 경우 테이블 이름을 접두사로서 붙이면 그 쿼리를 보는 누구나 각 열이 어느 테이블로부터 왔는지 쉽게 알 수 있다. 또한 여러 테이블 안에서 열의 이름이 동일하게 붙여지면 테이블의 별칭을 반드시 써야 한다. 이런 식으로 열의 별칭을 쓰는 방식은 11장, '내부 조인'에서 자세히 다룰 것이다.

테이블의 별칭을 쓰는 세 번째 이유는 종속 쿼리에서 테이블을 쓰는 것과 관련이 있는데, 이것은 14장 '서브쿼리'에서 설명한다.

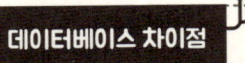

데이터베이스 차이점 오라클

오라클에서 열의 별칭을 쓰기 위해 AS 키워드를 사용할 수 있지만, 오라클은 테이블의 별칭을 쓸 때는 AS 키워드를 허용하지 않는다. 따라서 위 SELECT 문장은 오라클에서 다음과 같이 사용한다.

```
SELECT
Sales.LastName
FROM Sales123 Sales;
```

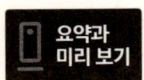
요약과 미리 보기

이번 장에서는 SELECT 문장에서 계산된 필드를 만드는 일반적인 방법 세 가지를 배웠다. 먼저, 문자 값은 특정 단어나 값을 선택할 때 사용할 수 있다. 두 번째로, 하나의 열 또는 여러 열에 대해 하나의 표현으로 된 수학적 연산이 적용될 수 있다. 세 번째로, 열 (들)과 문자 값들을 합하기 위해 필드 연결을 사용할 수 있다. 이와 관련하여 계산된 필드에 자주 사용될 열의 별칭과 앞으로 더 자세히 배우게 될 테이블의 별칭이라는 주제에 대해서도 조금 배웠다.

다음 장에서는 함수라는 주제를 다루며, 함수는 좀 더 복잡하고 흥미로운 계산 방법을 제공한다. 앞서 언급했듯이, 아직 선택 기준을 SQL 문장에 적용하는 단계에 이르지는 못했다. 지금은 SELECT에 있는 *columnlist*에 대해서 기본적으로 어떤 것들을 할 수 있는지 배우는 단계이다. 이런 체계적인 진행으로 6장에서 선택 논리란 주제를 접하게 되면 그간의 인내심에 대해 보상을 받게 될 것이다.

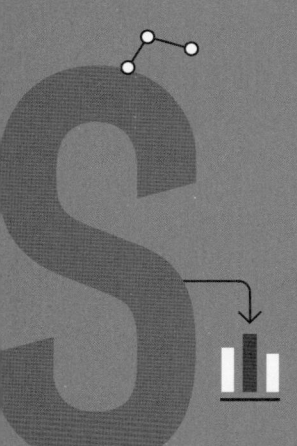

함수 사용
(Using Functions)

 **키워드 소개**

LEFT · RIGHT · SUBSTRING · LTRIM · RTRIM ·
UPPER · LOWER · GETDATE · DATEPART ·
DATEDIFF · ROUND · PI · POWER · ISNULL

마이크로소프트 엑셀에 익숙한 사람이라면 전형적인 스프레드시트 사용자에게 함수가 엄청난 기능을 제공한다는 점을 알고 있을 것이다. 함수를 사용할 줄 모른다면, 스프레드시트에 있는 대부분의 데이터 가치가 제한될 것이다. SQL에서도 마찬가지다. SQL 함수들을 잘 다룰 수 있다면 SQL에 있는 데이터를 보고 있거나 SQL로부터 만들어진 리포트를 보는 이에게 확실하고 효율적인 결과물들을 제공할 수 있을 것이다.

이번 장에서는 서로 다른 네 영역에서 가장 많이 쓰이는 함수들에 대해 소개한다. 문자 함수, 날짜/시간 함수, 숫자 함수, 변환 함수이다. 더 나아가 여러 함수를 하나의 표현으로 합할 수 있는 합성 함수에 대해서도 설명한다.

함수란 무엇인가?

앞에서 살펴 본 계산과 마찬가지로, 함수는 데이터를 다루는 또 하나의 방법이다. 이미 보았듯이, 계산은 덧셈과 같은 수학적 연산이나 필드 연결을 통해 여러 필드를 포함할 수 있다. 마찬가지로, 함수는 여러 값으로부터 온 데이터를 포함할 수는 있지만, 함수의 결과값은 언제나 하나이다.

함수(function)란 무엇인가? 함수란 주어진 입력 값이 몇 개이든 그 값을 단 하나의 출력 값으로 변환하는 법칙이다. 이 법칙은 함수 안에 정의되어 있으며 바꾸면 안 된다. 그러나 함수 사용자는 원하는 어떤 값이든 함수의 입력으로 지정할 수 있다. 어떤 함수는 입력의 일부가 선택적이기도 하다. 다시 말해 그 특정 입력에 대해서는 값을 지정해 줄 필요가 없다는 뜻이다. 또한 함수가 입력 값을 받지 않도록 만들 수도 있다. 하지만 입력 값의 종류나 개수와 상관없이 함수들은 언제나 실행 후 정확히 단 한 개의 출력 값을 반환해야 한다.

함수에는 두 종류가 있다. 스칼라 함수와 집합 함수다. *스칼라(Scalar)*라는 용어는 수학에서 왔는데, 단 한 개의 숫자에 대해 행하는 연산 작업을 말한다. 컴퓨터 분야에서는 함수가 데이터 중 단 한 개의 행에 대해서 적용되는 것을 의미한다. 예를 들어 LTRIM 함수는 데이터의 한 행에 있는 특정 값에 들어있는 빈칸을 없앤다.

반면에, 집합 함수(aggregate function)는 좀 더 큰 데이터 집합에 대해 실행된다. 예를 들어, SUM 함수는 지정된 열에 있는 모든 값들의 합계를 구할 때 사용된다. 집합 함수는 좀 더 큰 데이터 집합이나 데이터 그룹에 적용되기 때문에, 이런 유형의 함수에 대해서는 9장 '데이터 요약(Summarizing Data)'에서 다룰 것이다.

모든 SQL 데이터베이스는 다양한 스칼라 함수를 제공한다. 실제 함수들의 이름이나 작동 방식은 데이터베이스마다 서로 많이 다르다. 따라서 보다 유용한 함수들의 대표적인 예제들만 몇 가지 살펴보도록 하자.

가장 흔한 스칼라 함수들은 세 분야로 분류될 수 있다. 문자, 날짜/시간, 그리고 숫자이다. 이런 함수들은 문자, 날짜/시간, 숫자 데이터형식을 조작할 수 있게 해준다. 데이터의 데이터형식을 변환할 수 있는 변환 함수들에 대해서도 더 알아볼 것이다.

문자 함수

문자 함수는 사용자가 문자 데이터를 다룰 수 있게 해준다. 문자 데이터형식을 *문자열 데이터형식(string datatypes)*이라고도 부르듯이, 문자 함수들을 *문자열 함수(string functions)*라고 부르기도 한다. 이제 LEFT, RIGHT, SUBSTRING, LTRIM, RTRIM, UPPER, LOWER 등의 일곱 가지 문자 함수의 예제를 살펴 보자.

이번 장에서는 특정 테이블로부터 데이터를 불러오지 않고, 간단히 SELECT 문장과 문자 값(literal value)이 들어있는 *columnlist*를 사용할 것이다. 테이블을 명시하는 FROM 절은 쓰지 않을 것이다. 먼저 LEFT 함수의 예제부터 시작해보자. 다음과 같은 SQL 명령이 있다고 하자.

```
SELECT
LEFT('sunlight',3) AS 'The Answer'
```

결과는 다음과 같다.

The Answer
sun

이 SQL 문장에 열의 별칭을 포함하면 출력의 열 헤더에 'The Answer'가 표기된다. 이 SELECT 문장에 FROM 절이 없다는 점을 눈여겨 보아야 한다. 테이블에서 데이터를 불러오는 대신 'sunlight'라는 단 하나의 문자 값(literal value)에서 데이터를 선택하고 있다. SQL Server나 MySQL을 포함해 SQL을 실행하는 대부분의 경우 FROM 절이 SELECT 문장에 반드시 필요한 요소는 아니지만, 실제로 이런 SELECT 문장을 쓰는 경우는 드물다. FROM 절이 없는 이런 형식을 쓰는 이유는 함수가 어떻게 작용하는지 쉽게 보여주기 위해서이다.

이제 이런 함수의 형태에 대해 좀 더 자세히 알아보자. LEFT 함수의 일반적인 형태는 다음과 같다.

```
LEFT(CharacterValue, NumberOfCharacters)
```

모든 함수들은 괄호 사이에 입력 변수를 몇 개 가질 수 있다. 이 예제에서는 LEFT 함수가 *Character Value*와 *Number Of Characters* 두 개의 입력 변수(argument)를 갖는다.

입력 변수(argument)라는 단어는 수학에서 흔히 사용되는데 함수의 한 구성 요소다. 각 함수에 대해서 정의된 다양한 입력 변수들이 그 함수를 진짜로 정의한다. LEFT 함수의 경우, *CharacterValue*와 *NumberOfCharacters* 입력 변수는 LEFT 함수가 불려질 때 어떤 일이 일어날지를 정의하는 데 필요하다.

LEFT 함수는 두 개의 입력 변수가 있는데, 둘 다 필수 요소이다. 앞서 언급했듯이, 다른 함수들은 입력 변수를 더 많이 가질 수도 있고 적게 가질 수도 있다. 입력 변수가 아예 없는 함수들도 있다. 그러나 입력 변수의 개수와 상관없이, 심지어 입력 변수가 없더라도, 모든 함수는 함수 이름 다음에 괄호를 쌍으로 갖는다. 괄호가 있다는 것은 이 표현이 함수임을 나타내는 것이다.

LEFT 함수의 식이 뜻하는 내용은, 명시된 *CharacterValue*를 보고 좌측에서부터 명시된 개수, 즉 *NumberOFCharacters* 만큼의 결과를 갖고 오라는 것이다. 앞의 예제에서는 CharacterValue인 'sunlight'를 보고 왼쪽에서부터 문자 세 개를 갖고 왔으며, 그 결과는 'sun'이다.

명심해야 할 점은, 어떤 함수를 사용하든지 데이터베이스의 레퍼런스 가이드(reference guide)에서 함수에 대해 찾아보고, 몇 개의 입력 변수가 필요하고 그것이 뭘 의미하는지 파악해야 한다는 것이다.

두 번째로 알아볼 함수는 RIGHT 함수다. 이것은 LEFT 함수와 비슷한데, 입력 값의 오른쪽을 명시하는 것만 다르다. RIGHT 함수의 일반적인 형태는 다음과 같다.

```
RIGHT(CharacterValue, NumberOfCharacters)
```

예를 보자.

```
SELECT
RIGHT('sunlight',5) AS 'The Answer'
```

위 예제의 결과는 다음과 같다.

The Answer
light

이 경우, *NumberOfCharacters* 입력 변수는 5라는 값을 가져야 'light'라는 값을 반환할 수 있다. 만약 3이라는 값을 가졌다면 'ght'만 반환했을 것이다.

RIGHT 함수를 사용할 때 문자 데이터 오른쪽에 빈칸이 있는 경우 종종 문제가 생긴다. 20개의 문자를 가질 수 있게 정의된 President라는 열을 가진 한 행짜리 테이블을 예제로 보자. 테이블은 다음과 같다.

President
George Washington

이 테이블에 대해 다음과 같은 SELECT 문장을 적용해보자.

```
SELECT
RIGHT(President,10) AS 'Last Name'
FROM table1
```

다음과 같은 데이터를 얻게 될 것이다.

Last Name
hington

'Washington'이라는 결과를 예상했겠지만 실제로는 'hington'이란 결과가 나왔다. 그 이유는 열 전체 길이가 20개의 문자로 되어 있기 때문이다. 이 예제에서 'George Washington'이라는 값의 오른쪽으로 빈칸이 세 개나 있다. 따라서 오른쪽 10개의 문자를 구했을 때, SQL이 세 개의 빈칸과 원래 단어에서 7개의 문자를 더해 10개를 선택한 것이다. 곧 보겠지만, RIGHT 함수를 쓰기 전에 단어 끝의 빈칸을 없애기 위해선 RTRIM이란 함수를 써야 한다.

표현(expression)의 중간에 있는 데이터는 어떻게 선택하는지 궁금할 것이다. 이것은 SUBSTRING 함수를 쓰면 된다. 이 함수의 일반적인 형태는 다음과 같다.

```
SUBSTRING(CharacterValue, StartingPosition, NumberOfCharacters)
```

예를 들어 다음 문장을 실행해보자.

```
SELECT
SUBSTRING('thewhitegoat',4,5) AS 'The Answer'
```

결과는 다음과 같다.

The Answer
white

이 함수가 뜻하는 바는 4번째 위치에서 시작해서 5개의 문자를 읽으라는 것이다. 그 결과가
'white'이다.

데이터베이스 차이점 **MySQL과 오라클**

MySQL에서는 가끔 함수 이름과 왼쪽(시작) 괄호 사이에 빈칸이 없어야 하는 경우가 있다. 이는
어떤 함수냐에 따라 다르다. 예를 들어 바로 이전 문장을 MySQL에서 사용한다면 보이는 대로 똑
같이 써야 한다. 마이크로소프트 SQL Server에서와 달리 SUBSTRING 다음에 빈칸을 더 넣으면
안 된다.

오라클에서 SUBSTRING과 같은 것은 SUBSTR 함수다. 오라클 버전의 SUBSTR이 한 가지 다
른 점은 두 번째 입력 변수(*StartingPosition*, 시작위치)가 음수 값을 가질 수 있다는 것이다. 이 입
력 변수가 음수 값을 가지면 열의 오른쪽부터 거꾸로 세어간다는 것을 의미한다. (역주 예를 들어 1
이면 왼쪽부터 한 칸을 읽어오는데, –1이면 오른쪽에서부터 거꾸로 한 칸을 읽어온다는 말이다.)

앞서 언급했듯이, 오라클은 FROM 절이 없는 SELECT 문장을 허용하지 않는다. 하지만 이런
상황에서 DUAL이라는 가짜(dummy, 진짜로는 존재하지 않는데 허위로 두는 것) 테이블을 제공한
다. 위에서 본 SUBSTRING 함수를 포함한 SELECT 문장을 오라클에서는 다음과 같이 쓴다.

```
SELECT
SUBSTR('thewhitegoat',4,5) AS "The Answer"
FROM DUAL;
```

이제부터 배울 두 가지의 문자 함수는 어떤 표현의 왼쪽 또는 오른쪽에 있는 모든 빈칸을 없
앨 수 있다. LTRIM 함수는 문자 표현의 왼쪽에 있는 빈칸들을 자른다. 예를 들어,

```
SELECT
LTRIM('the apple') AS 'The Answer'
```

결과는 다음과 같다.

The Answer
the apple

LTRIM이 어구의 중간(단어 사이)에 있는 빈칸은 없애지 않았다는 점을 눈여겨 볼 필요가 있다. 이 함수는 문자 값의 가장 왼쪽에 있는 빈칸들만 없앤다.

LTRIM과 마찬가지로, RTRIM 함수는 문자 값의 오른쪽에 있는 모든 빈칸을 없앤다. RTRIM의 예제는 합성 함수를 다루는 다음 섹션에서 다룬다.

마지막으로 배울 두 개의 문자 함수는 UPPER와 LOWER다. 이 함수들은 어떤 단어나 문장이든 대문자화하거나 소문자화할 수 있게 한다. 문법은 간단하고 쉽다. 다음의 예제는 두 함수를 모두 보여준다.

```
SELECT
UPPER('Abraham Lincoln') AS 'Convert to Uppercase',
LOWER('ABRAHAM LINCOLN') AS 'Convert to Lowercase'
```

결과는 다음과 같다.

Convert to Uppercase	Convert to Lowercase
ABRAHAM LINCOLN	abraham lincoln

합성 함수

문자 함수든, 숫자 함수든, 날짜/시간 함수든, 모든 함수에 해당하는 중요한 특징은 둘 또는 몇 개의 함수들을 합해서 합성 함수를 만들 수 있다는 점이다. 두 개의 함수로 만들어진 합성 함수는 함수의 함수라고도 할 수 있다. 이것을 설명하기 위해서 George Washington 예제를 다시 보자. 이번에도 다음 데이터를 사용한다.

President
George Washington

President 열은 문자 길이가 20개였다는 것을 기억할 것이다. 다시 말해, 'George Washington'의 오른쪽에 세 개의 빈칸이 있다. 이 예제에서는 합성 함수뿐만 아니라 앞부분

에서 얘기했던 RTRIM 함수도 사용한다. 다음과 같은 문장을 보자.

```
SELECT
RIGHT(RTRIM (President), 10) AS 'Last Name'
FROM table1
```

결과는 다음과 같다.

Last Name
Washington

이번에는 왜 제대로 된 값이 나오는 걸까? 이 합성 함수가 어떻게 작용했는지 살펴보자. 여기엔 RIGHT와 RTRIM이라는 두 개의 함수가 포함되어 있다. 합성 함수의 값을 구할 때는 항상 안쪽부터 시작해서 바깥쪽으로 계산한다. 이 예제에서 가장 안쪽에 있는 함수는

```
RTRIM(President)
```

이다.

이 함수는 President 열에 있는 값을 입력 받아 오른쪽에 있는 모든 빈칸을 없앤다. 그 다음엔 그 결과에 RIGHT 함수를 적용하여 원하는 값을 얻었다. 왜냐하면

```
RTRIM(President)
```

은 'George Washington'과 똑같기 때문에,

```
SELECT
RIGHT(RTRIM (President), 10)
```

앞의 구문은 다음과 같다.

```
SELECT
RIGHT('George Washington', 10)
```

다시 말해, 원하는 값을 얻기 위해서는 먼저 RTRIM 함수를 입력 데이터에 적용하고, 그 다음 표현에 RIGHT 함수를 적용하여 결과를 만들어야 한다.

날짜/시간 함수

날짜/시간 함수를 통해 날짜와 시간 값을 다룰 수 있다. 어떤 데이터베이스를 사용하느냐에 따라 이 함수의 이름은 바뀐다. 마이크로소프트 SQL Server에서 우리가 앞으로 사용할 함수들은 GETDATE, DATEPART, DATEDIFF이다.

가장 단순한 날짜/시간 함수는 현재 날짜와 시간을 반환하는 함수이다. 마이크로소프트 SQL Server에서 이 함수의 이름은 GETDATE이다. 이 함수는 입력 변수가 없지만 현재 날짜와 시간을 반환한다. 예를 들어,

```
SELECT GETDATE()
```

라고 하면, 현재 날짜와 시간을 가진 표현을 반환한다. GETDATE 함수는 입력 변수가 없기 때문에 괄호 사이에 따로 쓸 것이 없다. 날짜/시간 필드는 한 개의 필드에 날짜와 시간을 둘다 갖고 있는 특별한 형태의 데이터형식이라는 것을 기억해야 한다. 이런 결과값의 예는 다음과 같다.

```
2017-05-15 08:48:30
```

이 값은 2017년 5월 15일 오전 8시 48분 30초를 의미한다.

데이터베이스 차이점 **MySQL과 오라클**

MySQL에서 GETDATE와 같은 함수는 NOW이다. 위 문장을 MySQL에서 쓴다면 다음과 같다.

```
SELECT NOW()
```

오라클c에서 GETDATE와 같은 함수는 CURRENT_DATE이며, 위 문장은 다음과 같다.

```
SELECT CURRENT_DATE
```

다음에 소개할 날짜/시간 함수는 주어진 날짜를 분석하여 그것이 무슨 요일인지, 또는

몇 번째 주인지 알려주는 값을 반환한다. 이 함수의 이름도 데이터베이스마다 다르다. 마이크로소프트 SQL Server에서는 이 함수를 DATEPART라고 부른다. 일반적인 형태는 다음과 같다.

```
DATEPART(DatePart, DateValue)
```

입력 변수 *DateValue*는 아무 날짜다. 입력 변수 *DatePart*는 연도, 분기, 달, 연중일(역주 한 해 중 몇 번째 날인지), 일(역주 day, 한 주에서 몇 번째 날인지), 주, 요일(weekday), 시, 분, 초 중에서 다른 값들을 가질 수도 있다.

다음 차트는 DATEPART 함수가 서로 다른 입력 변수 *DatePart*에 따라 날짜 '5/6/2017'을 어떻게 보는지를 알려준다.

DATEPART Function Expression	Resulting Value
DATEPART(month, '5/6/2017')	5
DATEPART(day, '5/6/2017')	6
DATEPART(week, '5/6/2017')	18
DATEPART(weekday, '5/6/2017')	7

위 차트에 있는 값들을 살펴보면, 5/6/2017의 월(month)은 5월이라는 것을 알 수 있다. 그리고 날짜(day)는 6일이다. 주(week)는 18인데, 이는 5/6/2017이 해당 연도에서 18번째 주이기 때문이다. 5/6/2017의 요일(weekday)은 7인데, 그 이유는 토요일이 한 주의 7번째 요일이기 때문이다.

데이터베이스 차이점 **MySQL과 오라클**

MySQL에서 DATEPART와 같은 함수는 DATE_FORMAT인데, 이 함수는 DateValue 입력 변수로 다른 값들을 받는다. 예를 들어, '5/6/2017'의 요일을 반환하려면, MySQL에서는 SELECT 문장을 다음과 같이 쓸 것이다.

```
SELECT DATE_FORMAT('2017-05-06', '%d');
```

오라클에는 DATEPART와 비교할 만한 함수가 없다.

마지막으로 살펴 볼 날짜/시간 함수는 DATEDIFF인데, 이것은 어떤 두 날짜 사이의 날 수를

계산한다. 일반적인 형태는 다음과 같다.

```
DATEDIFF (DatePart, StartDate, EndDate)
```

이 함수의 입력 변수 *DatePart*로는 연도, 분기, 월, 연중일, 요일, 월, 시, 분, 초가 있다. 다음 차트는 DATEDIFF 함수가 서로 다른 *DatePart* 입력 변수마다 두 날짜인 7/8/2017과 8/14/2017 사이의 날짜 차이를 어떻게 계산하는지를 보여준다.

DATEPART Function Expression	Resulting Value
DATEDIFF(day, '7/8/2017', '8/14/2017')	37
DATEDIFF(week, '7/8/2017', '8/14/2017')	6
DATEDIFF(month, '7/8/2017', '8/14/2017')	1
DATEDIFF(year, '7/8/2017', '8/14/2017')	0

위 차트는 두 날짜 사이에 있는 날 수(day)는 37일, 주 수(week)는 6주, 개월 수(month)는 1개월, 연수(year)는 0년이 있다는 것을 보여준다.

데이터베이스 차이점 **MySQL과 오라클**

MySQL에서 DATEDIFF 함수는 두 날짜 사이에 있는 날 수만 계산할 수 있으며, 양수 값을 반환받으려면 반드시 마지막 날짜를 먼저 써야 한다. (**역주** 8/8일과 8/12일 사이에 며칠이 있는지 계산하려면, 반드시 8/12, 8/8과 같은 식으로 써야 한다). 일반적인 형태는 다음과 같다.

```
DATEDIFF(EndDate, StartDate)
```

오라클에는 DATEDIFF와 비교할 만한 함수가 없다.

숫자 함수

숫자 함수는 숫자 값들을 다룰 수 있게 해준다. 숫자 함수는 *수학적 함수(mathematical functions)*라고도 불린다. 이번에 배울 함수들은 ROUND, RAND, PI, POWER이다.

ROUND 함수는 어떤 숫자 값도 반올림(round) 할 수 있다. 일반적인 형태는 다음과 같다:

```
ROUND(NumericValue, DecimalPlaces)
```

NumericValue 입력 변수는 양수도 되고 음수도 될 수 있으며, 712.863처럼 소수점이 있어도 되고 −42처럼 없어도 된다. *DecimalPlaces* 입력 변수는 조금 더 주의를 기울여야 한다. DecimalPlaces 입력 변수는 양수, 또는 음수, 또는 0일 수 있다. 만약 *DecimalPlaces*가 양수면, 소수점 밑으로 그 숫자 개수만큼 반올림 하면 된다. (역주 예를 들어, 3.162란 숫자가 있는데 입력 변수가 2이면 소수점 이하 두 번째 자리(6)까지 반올림하란 말이므로 3.16이 된다.) 만약 *DecimalPlaces*가 음수면, 소수점 왼쪽으로 그 숫자 개수까지만 반올림하면 된다. 다음 차트는 712.863이란 수가 서로 다른 *DecimalPlaces* 입력 변수에 따라 어떻게 반올림 되는지를 보여준다.

ROUND Function Expression	Resulting Value
ROUND(712.863, 3)	712.863
ROUND(712.863, 2)	712.860
ROUND(712.863, 1)	712.900
ROUND(712.863, 0)	713.000
ROUND(712.863, −1)	710.000
ROUND(712.863, −2)	700.000

PI 함수는 그냥 파이(π)의 수학적 값을 반환하는 함수이다. 고등학교 기하에서 배웠듯이, 파이(π)는 3.14로 근사되는 무리수다. 이 함수는 자주 쓰이지는 않지만 입력 변수가 없는 숫자 함수의 좋은 예이다. 예를 들어 다음 문장을 보자.

```
SELECT PI()
```

위 문장은 3.14159265358979라는 값을 반환한다. 이 예제를 좀 더 확장하여, 파이의 값을 소수점 아래 두 번째 자리까지 반올림하고 싶다고 해보자. 그럴 땐, PI 함수와 ROUND 함수로 합성 함수를 만들면 된다. PI 함수는 초기값을 얻기 위해서 사용하고, 그 다음 ROUND 함수는 소수점 아래 두 번째 자리까지 반올림하기 위해 사용한다. 다음 문장은 3.14라는 값을 반환한다.

```
SELECT ROUND(PI(),2)
```

데이터베이스 차이점 오라클

오라클은 마이크로소프트 SQL Server와 MySQL과 달리 PI 함수가 없다.

마지막으로 다룰 함수는 PI보다는 훨씬 더 자주 쓰이는 POWER이다. POWER 함수는 지수를 포함하는 숫자 값을 명시하기 위해 사용된다. 함수의 일반적인 형태는 다음과 같다.

```
POWER(NumericValue, Exponent)
```

먼저 5를 두 제곱하는 예제부터 시작하자. 이것은 보통 '5의 제곱'이라고 한다. SELECT 문장은 다음과 같다.

```
SELECT POWER(5, 2) AS '5 Squared'
```

그러면 다음과 같은 데이터가 반환된다.

5 Squared
25

이 예제에서 5는 계산할 숫자 값이며 2는 지수 값이다. 어떤 수의 제곱근은 1보다 작은 지수로 표현이 될 수 있다는 것을 염두에 두자, 25의 제곱근은 다음과 같이 계산한다. 다음 문장을 보자.

```
SELECT POWER(25,.5) AS 'Square Root of 25'
```

결과는 다음과 같다.

Square Root of 25
5

대수적으로 말하면 이 계산은 25의 (또는 0.5) 제곱이다. 이것은 25의 제곱근을 구하는 것과 동일하다.

변환 함수

앞에서 언급한 모든 함수들은 문자, 날짜/시간, 숫자 데이터형식을 다루는 특정한 방식과 관련되어 있다. 이제는 데이터의 데이터형식을 서로 바꾸거나 NULL 값을 뭔가 의미 있는 값으로 바꾸는 방법에 대해 배운다. 이 장의 남은 부분에서는 이런 상황에서 사용할 두 개의 특별한 함수를 다룬다.

CAST 함수는 어떤 데이터형식을 다른 데이터형식으로 변환한다. 이 함수의 일반적인 형태는 다음과 같다.

```
CAST(Expression AS DataType)
```

이 함수의 형태는 지금까지 보았던 여느 함수들의 형태와는 약간 다른데, 그 이유는 두 개의 입력 변수를 콤마로 분리하지 않고 AS 키워드로 분리했기 때문이다. 이 함수의 사용법을 살펴 보면, 대부분의 상황에선 CAST 함수가 별로 필요 없다는 것을 알 수 있다. Quantity 열이 문자 데이터형식으로 정의되어 있다고 가정하고 다음의 문장을 실행시켜 보자.

```
SELECT
2 * Quantity
FROM table
```

이 문장을 처음 보면 Quantity가 숫자 열로 정의되어 있지 않아서 이 문장이 작동하지 않을 거라고 생각할 수도 있다. 그러나 대부분의 SQL 데이터베이스는 자동으로 Quantity 열을 숫자 값으로 변환하여 2를 곱할 수 있을 만큼 똑똑하다.

다음 예제는 CAST 함수가 필요한 경우다. 날짜가 문자 데이터형식으로 된 열에 있는 경우를 생각해 보자. 이 날짜들을 실제 날짜/시간 열로 바꿔야 한다고 하자. 다음 문장은 CAST 함수가 어떻게 변환을 하는지 보여준다.

```
SELECT
'2017-04-11' AS 'Original Date',
CAST('2017-04-11' AS DATETIME) AS 'Converted Date'
```

출력은 다음과 같다.

Original Date	Converted Date
2017-04-11	2017-04-11 00:00:00

Original Date 열은 날짜처럼 보이지만 실제로는 문자 데이터다. 반대로 Converted Date 열은 시간 값으로 알 수 있듯이 실제(숫자) 날짜/시간 열이다.

두 번째로 배울 유용한 변환 함수는 NULL 값을 의미 있는 값으로 변환하는 함수이다. 마이크로소프트 SQL Server에서는 이 함수를 ISNULL이라고 부른다. 1장 '관계형 데이터베이스와 SQL(Relational Databases and SQL)'에서도 언급했듯이 NULL 값은 데이터가 없는 경우에 쓰는 것이다. NULL 값은 빈칸이나 0과 다르다. 예를 들어 다음과 같은 상품들의 테이블이 있다고 하자.

ProductID	Description	Weight
1	Printer A	NULL
2	Printer B	0
3	Monitor C	2
4	Laptop D	4

Printer A는 Weight 열에 NULL 값을 가지고 있다는 것을 눈치챘을 것이다. 이것은 이 프린터의 무게가 아직 주어지지 않았다는 의미다. 모든 제품에 대한 리스트를 뽑아내고 싶다고 하자. 다음 SELECT 문장을 적용해보자.

```
SELECT
Description,
Weight
FROM Products
```

결과는 다음과 같다.

Description	Weight
Printer A	NULL
Printer B	0
Monitor C	2
Laptop D	4

이 결과가 틀린 것은 아니지만 사용자들은 지정되지 않은 값을 NULL이라고 표현하는 것보다 '알 수 없음(unknown)'이라고 하는 것을 선호한다. 그래서 다음과 같은 방법을 사용한다.

```
SELECT
Description,
ISNULL(CAST(Weight AS VARCHAR),'Unknown') AS Weight
FROM Products
```

결과는 다음과 같다.

Description	Weight
Printer A	Unknown
Printer B	0
Monitor C	2
Laptop D	4

문제를 해결하기 위해 ISNULL과 CAST 함수를 둘 다 썼다는 점을 주목하라. ISNULL 함수는 무게 값이 NULL인 경우 'Unknown'으로 나타낸다. Weight 열이 정수로 정의되어 있었다고 가정하면, 정수와 문자 값 모두를 Weight 열 하나에 나타내기 위해 무게를 Varchar 데이터형식으로 바꾸도록 CAST 함수가 필요하다.

데이터베이스 차이점 **MySQL과 오라클**

MySQL에서 ISNULL 함수와 비슷한 것은 IFNULL이다. 또 MySQL은 위 예제에서처럼 CAST 함수를 필요로 하지 않는다. 위 예제를 MySQL에서는 다음과 같이 쓴다.

```
SELECT
Description,
IFNULL(Weight,'Unknown') AS Weight
FROM Products;
```

오라클에서는 ISNULL 함수를 NVL(Null Value)이라고 한다. 오라클에서 위 예제는 다음과 같이 표현된다.

```
SELECT
Description,
NVL(CAST(Weight AS CHAR),'Unknown') AS Weight
FROM Products;
```

한 가지 더 추가하자면, 오라클은 마이크로소프트 SQL Server나 MySQL과 달리 NULL 값을 만나면 NULL이란 단어 대신 대시(dash)로 표시한다.

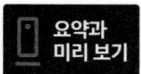
요약과 미리 보기

이번 장에서는 다양한 종류의 함수에 대해 배웠다. 기본적으로 함수란 어떤 값들의 집합을 다른 값으로 바꾸는 미리 정의된 규칙이다. 스프레드시트가 데이터를 다루기 위해 내재된 함수를 제공하는 것처럼, SQL도 비슷한 기능을 제공한다. 기본적인 문자, 날짜/시간, 숫자, 그리고 변환 함수들뿐만 아니라 이런 함수들을 둘 또는 그 이상 사용하여 합성 함수를 만드는 방법도 배웠다.

다양한 가능성을 가진 함수들이 너무나 많기 때문에, 모든 함수의 차이점을 각각 짚고 넘어가는 것은 불가능하다. 한 가지 기억해 둘 것은, 함수를 사용해야 할 때 데이터베이스의 헬프(help) 시스템이나 레퍼런스 가이드를 보면 쉽게 찾을 수 있다는 점이다. 온라인에 있는 레퍼런스 가이드는 각 함수의 작용과 적절한 문법에 대한 정보를 자세히 제공할 것이다.

다음 장에서는 columnlist에 대한 내용은 잠시 접어두고 데이터 정렬과 같은 보다 흥미로운 내용을 배운다. 정렬은 다양한 목적에 유용하게 쓰이며, 사용자가 데이터를 원하는 순서대로 보고 싶어 하는 기본적인 욕구를 충족시켜준다. 정렬을 사용하면, 개별적인 데이터 아이템의 일부나 부분이 아닌, 정보가 보이게 되는 전체적인 방식에 대해 생각하게 한다.

Memo

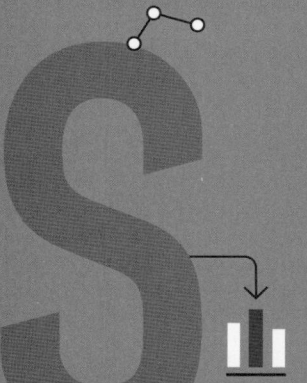

Chapter 05

데이터 정렬
(Sorting Data)

 **키워드 소개**

ORDER BY·ASC·DESC

데이터를 정렬된 순서로 제공하는 것은 일상생활에서도 자주 필요한 일이다. 예를 들어, 자료 분석가가 방대한 양의 고객 리스트를 불규칙한 순서로 갖고 있다면 특정 고객을 찾아내는 일이 매우 어려울 것이다. 그러나 그 리스트가 알파벳 순서로 정렬되어 있다면 원하는 고객을 빨리 찾아낼 수 있을 것이다.

특성상 데이터가 알파벳으로 되어있지 않더라도, 데이터를 정렬하는 것은 여러 상황에 적용될 수 있다. 예를 들어 주문을 주문 날짜 순으로 정렬하면 특정 날짜와 시간에 주문 받은 내용을 빨리 찾을 수 있다. 다른 방식으로, 주문을 주문량 순으로 정렬한다면 가장 적은 주문량에서부터 많은 주문량 순으로 볼 수도 있다. 정렬은 그것이 어떤 형태이든 최종 사용자에게 데이터를 제공하는 좋은 방법이다.

오름차순으로 정렬하기

지금까지는 데이터를 어떤 특정 순서로 반환받지 않았다. SELECT를 사용하면 어떤 행이 먼저 올 지 알 수 없었다. 만약 쿼리가 소프트웨어 프로그램 안에서 실행된다면, 실행되는 바로 그 시간에는 아무도 그 데이터를 보고 있지 않기 때문에, 딱히 (어느 행이 먼저 보이게 되는지) 상관이 없다. 그러나 만약 데이터를 바로 사용자에게 보여줘야 한다면 대개의 경우 행의 순서가 중요하다. 정렬은 SELECT 문장에 ORDER BY 절을 사용하여 간단히 적용할 수 있다.

다음은 ORDER BY 절을 사용한 SELECT 문장의 일반적인 형태다.

```
SELECT columnlist
FROM tablelist
ORDER BY columnlist
```

ORDER BY 절은 언제나 FROM 절 다음에 오며, FROM 절은 언제나 SELECT 키워드 다음에 온다. SELECT와 ORDER BY 키워드 다음에 이탤릭 체로 표기된 *columnlist*는 그 키워드 뒤에 열을 몇 개든 나열할 수 있다는 의미다. *columnlist*에 있는 열들은 독립적인 열이거나 더 복잡한 표현이 될 수도 있다. (역주 여기서 더 복잡한 표현이라는 것은 어떤 테이블의 특정 열이 아니라 이런 문장을 써서 얻어낸 결과가 또 하나의 새로운 열이 되는 경우를 말하는 것이다.) 또한 SELECT와 ORDER BY 키워드 다음에 오는 열들은 서로 다른 열이 될 수도 있다. 이탤릭 체로 표기된 *tablelist*는 FROM 절에 몇 개의 테이블을 나열해도 된다는 의미다. 여러 개의 테이블을 나열하는 문법은 11장 '내부 결합(Inner Joins)'과 12장 '외부 결합(Outer Joins)'에서 소개한다.

다음의 정렬에 관한 예제들은 이 Salespeople 테이블에 있는 데이터를 바탕으로 한다.

SalespersonID	FirstName	LastName
1	Gregory	Brown
2	Carla	Brown
3	Natalie	Lopez
4	Connie	King

데이터를 A가 Z보다 앞에 오도록 알파벳 순으로 정렬하기 위해서는 SELECT 문장에 단지 ORDER BY 절만 추가하면 된다. 다음 예를 보자.

```
SELECT
FirstName,
LastName
FROM Salespeople
ORDER BY LastName
```

결과는 다음과 같다.

FirstName	LastName
Gregory	Brown
Carla	Brown
Natalie	King
Connie	Lopez

여기에 Carla와 Gregory는 둘 다 LastName(성)이 Brown이지만 누가 먼저 나열될 지는 알 수 없다. 이는 LastName만을 가지고 정렬했는데 같은 LastName을 가진 행이 여러 개 있기 때문이다.

비슷한 예로 다음 SELECT 예제를 보자.

```
SELECT
FirstName,
LastName
FROM Salespeople
ORDER BY FirstName
```

이번에는 결과가 다음과 같다.

FirstName	LastName
Carla	Brown
Connie	King
Gregory	Brown
Natalie	Lopez

이제 순서가 완전히 달라졌는데, 이번에는 LastName(성)이 아닌 FirstName(이름)으로 정렬했기 때문이다.

SQL은 ASC라는 특별한 키워드를 제공하는데, 이것은 *오름차순(ascending)*의 준말이다. ASC 키워드는 선택적이며 대체로 사용하지 않는데, 그 이유는 모든 정렬 방식의 기본설정 (default)이 오름차순이기 때문이다. ASC 키워드를 사용한 다음 예제는 앞에서 본 것과 동일한 결과를 반환한다.

```
SELECT
FirstName,
LastName
FROM Salespeople
ORDER BY FirstName ASC
```

ASC라는 키워드를 사용한다면, 이는 어떤 정렬이 내림차순이 아니라 오름차순으로 되어 있다는 것을 강조하기 위해서일 것이다.

내림차순으로 정렬하기

DESC 키워드는 ASC와 반대로 정렬한다. 오름차순이 아니라 내림차순으로 정렬한다. 예를 보자.

```
SELECT
FirstName,
LastName
FROM Salespeople
ORDER BY FirstName DESC
```

다음과 같은 결과를 반환한다.

FirstName	LastName
Natalie	Lopez
Gregory	Brown
Connie	King
Carla	Brown

이제 이름이 Z부터 A로 내림차순 정렬되었다.

여러 개의 열로 정렬하기

이제 여러 명의 Browns가 있을 경우 어떻게 할 건지에 대해 생각해보자. LastName으로 정렬을 하려고 하는데, 같은 LastName을 가진 사람이 한 명보다 많을 때, FirstName으로 이차 정렬을 해야 한다. 다음 예제를 보자.

```
SELECT
FirstName,
LastName
FROM Salespeople
ORDER BY LastName, FirstName
```

결과는 다음과 같다.

FirstName	LastName
Carla	Brown
Gregory	Brown
Connie	King
Natalie	Lopez

이제 두 번째 정렬할 열이 정의되었으므로, Carla Brown이 Gregory Brown보다 먼저 나타난 것을 확인할 수 있다. ORDER BY 절에서 LastName이 FirstName보다 먼저 쓰였다는 점을 주목해야 한다. 열의 순서는 중요하며, 첫 번째로 나열된 열이 항상 정렬의 최우선권을 가진다. 그 뒤에 나열되는 열들은 두 번째, 세 번째 등의 우선 순서를 갖는다.

계산된 필드로 정렬하기

이제 3장에서 배웠던 계산된 필드와 별칭에 대한 지식을 정렬에 적용해서 정렬에 대한 가능성들을 살펴볼 것이다. 다음 예제를 보자.

```
SELECT
LastName + ', ' + FirstName AS 'Name'
FROM Salespeople
ORDER BY Name
```

실행하면 다음 데이터가 반환된다.

Name
Brown, Carla
Brown, Gregory
King, Connie
Lopez, Natalie

결과에서 알 수 있듯이 Name이라는 별칭을 가진 계산된 필드를 만들기 위해 필드 연결을 활용했다. ORDER BY 절에서 바로 그 열의 별칭을 쓸 수도 있다. 이것은 열의 별칭을 사용하는 경우의 장점을 보여주는 좋은 예제다. 또한 계산된 필드 자체의 디자인도 눈여겨보라. 성 열과 이름 열을 분리하면서 일반적으로 이름을 쓰는 형태로 바꾸기 위해 그 사이에 쉼표와 빈칸을 삽입했다. (역주 서양에서는 성과 이름 순으로 쓸 때 성 뒤에 쉼표를 넣는다.) 편리하게도 이런 형태는 정렬에서도 주효하다. 성과 이름을 분리시키기 위해 둘 사이에 쉼표를 넣는 형태로 이름을 보여주는 방법은 기억해야 한다. 이는 많은 사용자들이 이름을 볼 때 이런 형태로 볼 것을 기대하기 때문이다.

새로운 열의 별칭을 쓰지 않고도 ORDER BY 절에 계산된 필드를 넣을 수 있다. 위 예제와 비슷하게 다음과 같이 쓸 수도 있다.

```
SELECT
FirstName,
LastName
FROM Salespeople
ORDER BY LastName + FirstName
```

결과는 다음과 같다.

FirstName	LastName
Carla	Brown
Gregory	Brown
Connie	King
Natalie	Lopez

데이터는 앞의 예제와 비슷하게 정렬되었다. 유일한 차이점이라면 여기서는 ORDER BY 절에 열의 별칭을 쓰지 않고 계산되는 필드를 그대로 명시했다는 것이다. 이것은 LastName 이 우선 정렬 열로 지정되고 FirstName이 두 번째 정렬 열로 지정되었던 경우와 같은 결과를 낸다.

정렬 순서

이전 예제들에서 모든 데이터는 A에서 Z 사이에 있는 문자들로 이루어진 문자 데이터였다. 숫자나 특수기호를 포함하지 않았다. 또한 대문자와 소문자에 대한 고려도 하지 않았다.

모든 데이터베이스는 데이터가 어떻게 정렬되는지를 자세히 알려주는 데이터 정렬 설정 (collation setting)을 사용자가 직접 명시하거나 맞춤 설정할 수 있게 해준다. 이 설정은 데이터 베이스마다 다르지만, 세 가지 사항은 일반적이다. 먼저 데이터가 오름차순으로 정렬되면 NULL 값을 가진 데이터가 가장 먼저 나타난다는 점이다. 앞서 배웠듯이 NULL 값은 데이터 값이 없음을 의미한다. NULL 다음에는 숫자가 나오고, 그 다음에 문자가 나온다. 내림차순으로 정렬이 되는 경우에는 문자가 먼저 나타나고, 그 다음에 숫자, 그 다음에 NULL이 나타난다.

두 번째는 문자 데이터에 관한 것인데, 일반적으로는 대문자와 소문자의 차이가 없다는 점이다. 예를 들어 e와 E는 동일하게 여긴다. 세 번째도 문자 데이터에 관한 것인데, 값을 구성하는 각각의 문자는 왼쪽에서부터 오른쪽으로 평가한다. 문자에 대해 AB가 AC 앞에 온다. TableForSort라는 다음의 테이블을 통해 예제를 살펴보자.

TableID	CharacterData	NumericData
1	23	23
2	5	5
3	Dog	NULL
4	NULL	–6

이 테이블에서 CharacterData 열은 VARCHAR(variable length datatype, 가변 길이 데이터형식)처럼 문자 열로 정의되어 있다. 마찬가지로 NumericData 열은 INT(integer datatype, 정수 데이터형식)와 같은 숫자 열로 정의되어 있다. 데이터가 없는 값은 NULL로 표시된다. TableForSort 테이블에 대해 SELECT 절을 적용시켜 보자.

```
SELECT
NumericData
FROM TableForSort
ORDER BY NumericData
```

결과는 다음과 같다.

NumericData
NULL
−6
5
23

먼저 NULL이 오고, 숫자들이 오름차순으로 나타난다. 우리가 만약 NULL을 0으로 간주하고 싶다면, 앞에서 배웠던 ISNULL 함수를 사용하면 된다. 그러면 SELECT 문장이 다음과 같이 바뀔 것이다.

```
SELECT
ISNULL(NumericData,0) AS 'NumericData'
FROM TableForSort
ORDER BY ISNULL(NumericData,0)
```

결과는 다음과 같다.

NumericData
−6
0
5
23

ISNULL 함수는 NULL 값을 0으로 바꿔주므로 정렬 순서가 바뀌게 된다.

NULL 값을 NULL로 보여줄 것인지, 0으로 바꿔 줄 것인지는 특정 환경에 따라 달라진다. 사용자가 NULL 값이 0을 의미한다고 보면 0으로 보여주는 것이 맞지만, NULL 값이 데이터가 없음을 의미한다면 NULL로 표시하는 것이 적절하다.

같은 테이블을 사용한 다른 ORDER BY 절을 살펴보기 위해 다음과 같은 SELECT 문장을 실행시켜 보자.

```
SELECT
CharacterData
FROM TableForSort
ORDER BY CharacterData
```

결과는 다음과 같다.

CharacterData
NULL
23
5
Dog

예상대로 NULL이 맨 앞에 오고, 숫자 값들이 나온 다음, 알파벳 문자가 온다. 그런데 23이
5보다 앞에 온 점을 주시해 보라. 이는 23과 5가 숫자가 아닌 문자로 간주되었기 때문이다.
문자 데이터는 왼쪽을 오른쪽보다 먼저 읽기 때문에 2가 5보다 낮아 23이 먼저 보이게 되는
것이다.

이 장에서는 데이터를 특정 순으로 정렬하는 기본 방법에 대해 배웠다. 또한 여러 열
에 의해 정렬되는 방법도 알아보았다. 정렬할 때 계산된 필드를 사용하는 방법도 알아
보았다. 문자 열에 있는 NULL 값과 숫자 값의 특별한 정렬 방법에 대해서도 배웠다.

이 장을 시작할 때, 정렬의 일반적인 용도에 대해 언급을 했었다. 이 중 가장 중요한 점은 데이터를 쉽게
이해할 수 있도록 정리하여 사용자들이 원하는 정보를 빨리 찾게 하려는 것이었다. 사람들은 데이터를
어떤 순서로 보기를 원하고, 그 목적을 이뤄주는 것이 정렬이다. 6장, '선택 기준(Selection Criteria)'에서
정렬의 또 다른 흥미로운 용도에 대해 살펴볼 것이다. 6장에서는 키워드 TOP을 소개하고, TOP과 함께
사용하여 정렬하는 다른 방법들도 소개할 것이다. 이 기법은 TOP N 정렬이라고 알려져 있는데, 가령
주어진 기간 내에 주문을 가장 많이 한 다섯 명을 표시하는 것 등이 가능해진다.

다음 장에서는 *columnlists*로 무엇을 할 수 있는가에서 한 걸음 나아가 데이터 선택에 대해 배울 것이
다. SELECT 문장에서 선택 기준을 명시하는 기능은 대부분의 일반적인 쿼리에 있어 대단히 중요하다.
실생활에서 어떤 종류의 선택 기준도 없이 SELECT 문장을 만든다면 그건 아주 특이한 경우라고 볼 수 있
다. 다음 장에서 다룰 주제는 이런 중요한 점을 잘 알려줄 것이다.

Memo

Chapter 06

선택 기준
(Selection Criteria)

📣 키워드 소개
WHERE · TOP · LIKE

    지금까지 우리가 보았던 SELECT 문장은 테이블에 있는 모든 행을 가져왔다. 실생활에서는 이런 경우가 드물고, 대개 어떤 기준에 부합하는 데이터만 가져오는 데 관심이 있다. 예를 들어 주문을 선택할 때, 어떤 조건에 맞는 주문만 보고 싶을 것이다. 상품을 볼 때는, 특정 유형의 상품만 보고 싶을 것이다. 사용자의 데이터에 대한 관심은 대부분 어떤 특별한 경향을 분석할 수 있거나 알아볼 수 있는 데이터의 작은 하위 집합에 집중된다.

선택 기준 적용

SQL에서의 선택 기준으로 WHERE 절부터 시작하자. 키워드 WHERE는 행의 하위 집합을 선택하는 작업을 완성한다. 앞에서 배운 절들과 함께 WHERE 절을 사용한 SELECT 문장의 일반적인 형태는 다음과 같다.

```
SELECT columnlist
FROM tablelist
WHERE condition
ORDER BY columnlist
```

보다시피 WHERE 절은 FROM 절과 ORDER BY 절 사이에 와야 한다. 사실 어떤 절이 사용되든 여기서 보여준 순서대로 해야 한다.

다음 Sales 테이블의 데이터를 갖고 예를 들어 살펴보자.

SalesID	FirstName	LastName	QuantityPurchased	PricePerItem
1	Andrew	Li	4	2.50
2	Carol	White	10	1.25
3	James	Carpenter	5	4.00

간단한 WHERE 절을 사용한 문장으로 시작해보자.

```
SELECT
FirstName,
LastName,
QuantityPurchased
FROM Sales
WHERE LastName = 'Carpenter'
```

결과는 다음과 같다.

FirstName	LastName	QuantityPurchased
James	Carpenter	5

WHERE 절에서 LastName이 'Carpenter'인 행만 선택하라고 규정하고 있으므로 테이

블에 있는 세 행 중에서 한 행만 반환됐다. LastName은 문자 열이기 때문에 LastName 열에서 원하는 값을 따옴표 안에 넣었다는 점을 기억해야 한다. 숫자 필드의 경우에는 따옴표가 필요 없다. 예를 들어 다음 SELECT 문장은 똑같은 내용이며 결과도 똑같다.

```
SELECT
FirstName,
LastName,
QuantityPurchased
FROM Sales
WHERE QuantityPurchased = 5
```

WHERE 절 연산자

앞의 예제에서는 WHERE 절에서 등호(=)가 연산자로 사용되었다. 등호는 같은지를 확인한다. 앞에서 보여준 일반적인 형식처럼 WHERE 절에 *조건(condition)*이 따라와야 한다. 이런 조건은 연산자와 연산자 앞뒤로 표현이 있어야 한다.

WHERE 절에서 사용할 수 있는 기본 연산자는 다음과 같다.

WHERE 연산자		의미
=	equals	같다
<>	does not equal	같지 않다
>	is greater than	~보다 크다
<	is less than	~보다 작다
>=	is greater than or equal to	~보다 크거나 같다
<=	is less than or equal to	~보다 작거나 같다

고급 연산은 다음 장에서 다룬다.

등호(=)와 부등호(<, >) 연산자의 의미는 명확해야 한다. 같은 Sales 테이블로부터 부등호를 포함한 WHERE 절의 예를 살펴보자.

```
SELECT
FirstName,
LastName,
QuantityPurchased
FROM Sales
WHERE QuantityPurchased > 6
```

결과는 다음과 같다.

FirstName	LastName	QuantityPurchased
Carol	White	10

이 예제에서 한 행만 QuantityPurchased 열이 6보다 크다는 조건을 만족시킨다. 그리 자주 사용되는 것은 아니지만 '~보다 큰' 부등호 연산자는 문자 열과 함께 사용할 수도 있다. 예를 보자.

```
SELECT
FirstName,
LastName
FROM Sales
WHERE LastName > 'K'
```

결과는 다음과 같다.

FirstName	LastName
Andrew	Li
Carol	White

성이 K보다 더 큰지를 확인하는 것이기 때문에 Carpenter를 제외한 Li와 White만 반환 된다. 문자 필드에 적용할 때 부등호(>, <) 연산자는 값의 순서를 알파벳 순으로 선택하는 것을 말한다. 여기서는 Li와 White가 반환되었는데, 그 이유는 알파벳에서 L과 W가 K보다 뒤에 오기 때문이다.

행 제한

우리는 종종 테이블에 있는 행에 대해 더 작은 하위집합을 선택하고 싶긴 하지만 어떤 행이 반환되든 신경 쓰지 않는 경우가 있다. 가령, 행이 50,000개로 구성된 테이블이 있는데, 데이터가 어떤 유형인지 알아보기 위해 몇 행만 보고 싶다고 하자. 어떤 특별한 행을 선택해야 할지 모르기 때문에 WHERE 절은 이런 목적에 어울리지 않는다.

이런 상황에서 해결책은 얼마나 많은 행으로 제한하여 반환할지를 명시하는 특별한 키워드를 사용해야 한다. 이 또한 데이터베이스마다 문법이 다른 또 하나의 예이다. 마이크로소프트 SQL Server에서 이런 제한을 두는 키워드는 TOP이다. 일반적인 형태는 다음과 같다.

```
SELECT
TOP number columnlist
FROM tablelist
```

 **데이터베이스 차이점** **MySQL과 오라클**

MySQL은 TOP 대신 키워드로 LIMIT을 쓴다. 일반적인 형태는 다음과 같다.

```
SELECT columnlist
FROM tablelist
LIMIT number
```

오라클은 TOP 대신 키워드로 ROWNUM을 사용한다. ROWNUM 키워드는 다음과 같이 WHERE 절에서 명시해줘야 한다.

```
SELECT columnlist
FROM tablelist
WHERE ROWNUM <= number
```

가령 테이블에서 첫 열 줄만 보고 싶다고 하자. 이 목적을 해결할 SELECT 문장은 다음과 같다.

```
SELECT
TOP 10 *
FROM table
```

이 문장은 테이블에 있는 첫 10행의 모든 열을 반환해준다. ORDER BY 절이 없는 다른 SELECT 문장과 같이 어느 행 10개가 반환될지 알 수 있는 방법은 없다. 테이블에 데이터가 실제로 어떻게 저장되어 있는지에 달려 있다.

마찬가지로 반환할 열을 명시해줄 수도 있다.

```
SELECT
TOP 10
column1,
column2
FROM table
```

본질적으로 키워드 TOP은 명시된 테이블에 있는 행들의 작은 하위집합을 반환한다는 점에서 WHERE 절과 비슷한 작업을 한다고 볼 수 있다. 하지만 키워드 TOP을 사용해서 반환하는 행은 엄밀히 말해 통계적 측면에서 보면 무작위 표본은 아니다. 실제 데이터베이스에 저장된 방법에 따라 첫 행이란 조건을 충족시킬 뿐이다.

정렬에 의한 행 제한

키워드 TOP를 사용하는 또 다른 방법은 정해둔 기준을 바탕으로, 최고치를 가진 행들을 지정된 개수만큼 얻기 위해 ORDER BY 절과 함께 사용하는 것이다. 이런 유형의 데이터 선택은 보통 *Top N* 선택이라고 부른다. 책에 관한 테이블을 예로 들어 보자.

BookID	Title	Author	CurrentMonthSales
1	Pride and Prejudice	Austen	15
2	Animal Farm	Orwell	7
3	Merchant of Venice	Shakespeare	5
4	Romeo and Juliet	Shakespeare	8
5	Oliver Twist	Dickens	3
6	Candide	Voltaire	9
7	The Scarlet Letter	Hawthorne	12
8	Hamlet	Shakespeare	2

이 달에 가장 많이 판매된 책 삼 종을 알아보고 싶다고 하자. 다음 SELECT 문장이 이 목적을 수행할 것이다.

```
SELECT
TOP 3
Title AS 'Book Title',
CurrentMonthSales AS 'Quantity Sold'
FROM Books
ORDER BY CurrentMonthSales DESC
```

결과는 다음과 같다.

Book Title	Quantity Sold
Pride and Prejudice	15
The Scarlet Letter	12
Candide	9

윗 문장을 좀 자세히 살펴보자. 두 번째 줄의 TOP 3는 데이터 3행만 반환될 것을 알려준다. 여기서 나와야 할 질문은 어떤 세 행을 보여줄 것인지를 어떻게 결정하느냐는 것이다. 답은 ORDER BY 절에 있다. ORDER BY 절이 없다면, SELECT는 단순히 데이터로부터 아무 행이나 세 개를 가져올 것이다. 하지만 이것은 우리가 원하는 바가 아니다. 가장 매출이 높은 행 셋을 원하는 것이다. 원하는 결과를 얻기 위해서는 CurrentMonthSales 열을 내림차순으로 정렬하는 것이 필요하다. 왜 내림차순이어야 할까? 데이터가 내림차순으로 저장되어 있다면 최고치가 맨 먼저 나타난다. 만약 오름차순으로 정렬했다면 가장 많이 팔린 책이 아니라, 많이 팔린 책 중에서 가장 적게 팔린 책부터 보여진다.

이제 시나리오에 한 가지 변화를 더 줘서, 셰익스피어의 책 중에서 가장 많이 팔린 것은 어떤 것인지 알고 싶다고 하자. 원하는 결과를 얻기 위해 다음과 같이 WHERE 절을 추가해야 한다.

```
SELECT
TOP 1
Title AS 'Book Title',
CurrentMonthSales AS 'Quantity Sold'
FROM Books
WHERE Author = 'Shakespeare'
ORDER BY CurrentMonthSales DESC
```

다음과 같은 데이터를 돌려줄 것이다.

Book Title	Quantity Sold
Romeo and Juliet	8

WHERE 절은 셰익스피어의 책만 보라는 조건을 추가시킨다. 또 키워드 TOP을 TOP 1으로 바꿔 데이터의 한 행만 보여달라고 지시하였다.

패턴 매칭

반환할 데이터가 정확히 정의되어 있지 않은 상황을 생각해보자. 명확하지 않은 단어나 구를 비교해서 데이터를 찾기 원하는 경우가 종종 있다. 예를 들어 이름에 "bank"라는 단어가 들어 있는 회사를 찾고 싶다고 하자. 구(phrase) 안에서 명확하지 않은 비교를 통해 데이터를 선택하는 것을 종종 '*패턴 매칭(pattern matching)*'이라고 한다. SQL에서는 열의 값 일부와 비교해서 결과에 부합하는 것을 찾게 해주는 것이 WHERE 절 내에서 사용되는 LIKE 연산자이다. LIKE 연산자는 매치되는지를 알아내기 위해 어떻게 비교해야 하는지 정확히 명시하기 위해 특별한 와일드카드 문자를 사용한다. 다음의 영화 테이블을 통해 예를 살펴보자.

MovieID	MovieTitle	Rating
1	Love Actually	R
2	North by Northwest	Not Rated
3	Love and Death	PG
4	The Truman Show	PG
5	Everyone Says I Love You	R
6	Down with Love	PG-13
7	Finding Nemo	G

LIKE 연산자를 사용한 첫 예제는 다음과 같다.

```
SELECT
MovieTitle AS 'Movie'
FROM Movies
WHERE MovieTitle LIKE '%LOVE%'
```

여기서 퍼센트 표시(%)가 바로 와일드카드 문자이다. % 표시는 *any characters*(아무 문자)를 의미한다. 여기서 아무 문자는 문자가 없는 경우까지도 포함한다. LOVE 앞의 %는 LOVE 앞에 어떤 문자, 혹은 아무 문자도 없는 구를 다 받겠다는 의미다. 이와 유사하게

LOVE 다음의 %는 LOVE 다음에 어떤 문자가 오거나 아무 문자도 없는 구도 허용된다는 뜻이다. 다시 말해서 LOVE란 단어를 포함한 영화제목을 모두 찾겠다는 것이다. SELECT 문장을 수행한 결과는 다음과 같다.

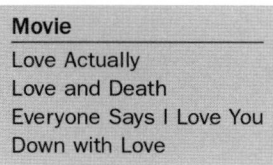

Movie
Love Actually
Love and Death
Everyone Says I Love You
Down with Love

LOVE는 영화 제목 중에 앞에 나오기도 하고, 맨 뒤에 나오기도 하고, 중간에 끼어 있기도 하다는 점을 기억하라.

데이터베이스 차이점 **MySQL과 오라클**

오라클은 마이크로소프트 SQL Server나 MySQL과 달리 문자를 검토할 때 대문자와 소문자를 구별한다. 오라클에서 LOVE와 Love는 같지 않다. 오라클에서 앞의 예제와 같은 문장을 쓰면 다음과 같다.

```
SELECT
MovieTitle AS Movie
FROM Movies
WHERE MovieTitle LIKE '%LOVE%';
```

이렇게 하면 데이터를 하나도 반환하지 못한다. 왜냐하면 모두 대문자만으로 쓴 LOVE를 포함한 영화 제목이 하나도 없기 때문이다. 오라클에서 이를 해결하는 방법 중 하나는 데이터를 모두 대문자로 바꿔주는 UPPER 함수를 사용하는 것이며, 문장은 다음과 같이 쓴다.

```
SELECT
MovieTitle AS Movie
FROM Movies
WHERE UPPER(MovieTitle) LIKE '%LOVE%';
```

이제 LOVE로 시작하는 영화만 찾아 보자. 다음과 같이 해보자.

```
SELECT
MovieTitle AS 'Movie'
FROM Movies
WHERE MovieTitle LIKE 'LOVE%'
```

그러면 다음과 같은 결과가 나온다.

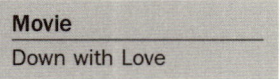

Movie
Love Actually
Love and Death

퍼센트 기호 와일드카드 문자(%)를 LOVE라는 단어 뒤에만 사용했기 때문에 LOVE로 시작하는 영화만 반환한다. 비슷한 예를 보자.

```
SELECT
MovieTitle AS 'Movie'
FROM Movies
WHERE MovieTitle LIKE '%LOVE'
```

그러면 다음과 같은 데이터만 얻게 된다.

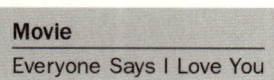

Movie
Down with Love

그 이유는 LOVE라는 단어로 끝나는 구만 받기로 명시했기 때문이다.

그럼 LOVE라는 단어가 맨 앞이나 맨 뒤에 있는 영화를 제외하고, 제목 가운데에만 LOVE 라는 단어를 포함한 영화만 볼 수 있게 해주는 와일드카드 사용법은 무엇인지 궁금해 할 것이다. 방법은 다음과 같다.

```
SELECT
MovieTitle AS 'Movie'
FROM Movies
WHERE MovieTitle LIKE '% LOVE %'
```

단어 LOVE와 양쪽의 % 와일드카드 사이에 빈칸이 각각 하나씩 삽입되었다는 점에 주목 해야 한다. 이렇게 하면 단어 앞뒤로 빈칸이 최소 하나씩 있다는 것을 의미한다. 이 문장을 실행한 결과는 다음과 같다.

Movie
Everyone Says I Love You

와일드카드

%가 LIKE 연산자와 함께 가장 많이 사용되는 와일드카드지만 다른 방법들도 있긴 하다. 이중에는 언더 바(_), 각괄호([ ]) 속에 들어 있는 *characterlist*, 각괄호 속에 탈자기호(^)와 함께 들어 있는 *characterlist* 등이 있다. 다음 테이블은 이들 와일드카드와 그 의미를 정리한 것이다.

와일드 카드	의미
%	아무 문자(0 개도 가능함)
_	정확히 한 문자(아무 문자)
[*characterlist*]	*characterlist*에 있는 딱 하나의 문자
[^*characterlist*]	*characterlist*에 없는 딱 하나의 문자

다음의 배우 이름 테이블을 사용해 이 와일드카드를 사용한 문장에 대해 알아볼 것이다.

ActorID	FirstName	LastName
1	Cary	Grant
2	Mary	Steenburgen
3	Jon	Voight
4	Dustin	Hoffman
5	John	Wayne
6	Gary	Cooper

다음은 언더 바(_) 와일드카드가 어떻게 사용되는지 보여주는 예다.

```
SELECT
FirstName,
LastName
FROM Actors
WHERE FirstName LIKE '_ARY'
```

이 SELECT에 대한 결과는 다음과 같다.

FirstName	LastName
Cary	Grant
Mary	Steenburgen
Gary	Cooper

이 문장은 배우 이름이 ARY로 끝나는 문구 앞에 정확히 한 문자가 있는 세 명의 배우 이름

을 가져왔다.

비슷하게 이 문장을 다음과 같이 작성해보자.

```
SELECT
FirstName,
LastName
FROM Actors
WHERE FirstName LIKE 'J_N'
```

결과는 다음과 같다.

FirstName	LastName
Jon	Voight

배우 John Wayne은 J_N 패턴에 맞지 않기 때문에 선택되지 않았다. 언더 바는 딱 하나의 문자만 올 수 있기 때문이다.

마지막 와일드카드는 [*characterlist*]와 [^*characterlist*]인데, 이들은 한 곳에 있는 여러 와일드카드 값을 명시할 수 있게 해준다.

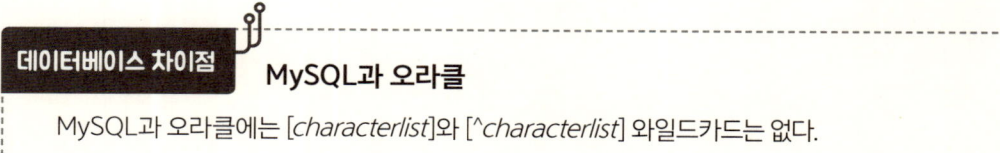

데이터베이스 차이점 **MySQL과 오라클**

MySQL과 오라클에는 [*characterlist*]와 [^*characterlist*] 와일드카드는 없다.

다음은 [*characterlist*] 와일드카드의 예를 보여준다.

```
SELECT
FirstName,
LastName
FROM Actors
WHERE FirstName LIKE '[CM]ARY'
```

이렇게 하면 FirstName(이름) 행이 C나 M으로 시작하고, ARY로 끝나는 행을 모두 선택한다. 결과는 다음과 같다.

FirstName	LastName
Cary	Grant
Mary	Steenburgen

다음은 [^characterlist] 와일드카드의 예를 보여준다.

```
SELECT
FirstName,
LastName
FROM Actors
WHERE FirstName LIKE '[^CM]ARY'
```

이렇게 하면 FirstName 행이 C나 M으로 시작하지 않고, ARY로 끝나는 행을 모두 선택한다. 결과는 다음과 같다.

FirstName	LastName
Gary	Cooper

 **이 장에서는** 원하는 쿼리에 대해 선택 기준을 적용하는 방법을 알아보았다. 등호, 부등호와 같은 기본 연산자도 배웠다. 이런 기본 선택 기준의 유형을 규정하는 방법은 SELECT 문장을 정말 유용하게 사용할 수 있게 해준다. 또 쿼리에 대한 결과로 보여지는 행의 수를 제한하는 것과 관련된 주제도 다뤘다. TOP N 유형을 ORDER BY 절과 함께 사용하여 행을 제한하는 방법은 데이터 선택을 용이하게 해준다.

이 장의 끝에서는 명시된 패턴에 따라 단어나 구를 찾는 방법을 알아보았다. 패턴에 따라 찾는 방법은 SQL에서 중요하고 널리 사용되는 기능이다. 검색 창에 단어를 입력하고 그 단어를 포함한 모든 엔트리를 검색하려는 시도를 할 때마다 이미 패턴 매칭 방법을 활용하고 있는 것이다.

다음 장인 '불 논리(Boolean Logic)'에서는 WHERE 절에 높은 수준의 논리를 추가하는 새로운 키워드를 소개하여 선택 기준 능력을 훨씬 강화할 것이다. 지금으로서는 뉴욕에서 온 모든 고객을 선택하는 것 정도만 할 수 있지만, 실생활에서는 일반적으로 더 많은 것이 요구되기도 한다. 불 논리는 뉴욕 주나 캘리포니아 주에 살지만 로스앤젤레스 시나 앨버커키 시에 살지 않는 고객을 선택하라는 요구와 같은 표현도 만들어 낼 수 있게 해준다.

Memo

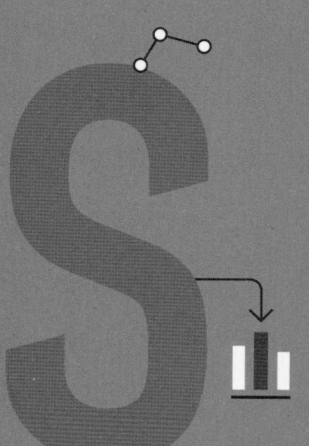

Chapter 07

불 논리
(Boolean Logic)

 **키워드 소개**

AND · OR · NOT · BETWEEN · IN · IS NULL

앞 장에서는 간단한 형태의 선택 기준에 대한 개념을 배웠다. 이제 SELECT 문장을 실행하여 반환 받을 행을 명시하는 기능을 훨씬 강화된 개념으로 확장해 보자. 이 부분이 바로 SQL에서의 순수 논리가 활동하기 시작하는 시점이다. 이 장에서는 복잡한 논리적 표현을 만들어 내는 다양한 연산자를 소개한다.

가령 어떤 고객이 우편번호가 60601에서부터 62999까지인 지역에 사는 사람 중에서 30세 미만인 사람과 이메일 주소가 없는 사람을 제외하고 남은 모든 여성 고객의 목록을 요청할

복잡한 논리 조건

앞 장에서 소개한 WHERE 절은 다음과 같이 간단한 선택 기준만 사용한 절이었다.

```
WHERE QuantityPurchased = 5
```

이 WHERE 절의 조건은 아주 단순하다. QuantityPurchased 열에 5라는 값이 있는 모든 행을 보여달라는 조건만 제시한다. 실생활에서 데이터를 선택하려면 이런 단순한 요구보다 훨씬 복잡한 경우가 많다. 따라서 선택 기준이 더 복잡한 논리 조건을 규정하는 방법에 대해 알아보자.

복잡한 논리 조건을 강구하는 방법을 불 논리(Boolean logic)라고 부른다. 이 용어는 수학에서 왔는데, 참이나 거짓으로 평가되는 복잡한 조건을 표현하는 방법을 말한다. 앞의 예에서 QuantityPurchased = 5라는 조건은 테이블의 각 행에 대해 참과 거짓을 평가한다. 당연히 사용자는 조건이 참으로 평가되는 행만 보고자 할 것이다.

복잡한 불 논리를 만드는 데 사용되는 기본 키워드는 AND, OR, NOT이다. 이 세 연산자를 이용해서 WHERE 절에 추가 기능을 제공할 수 있다. AND, OR, NOT 연산자를 괄호와 함께 적절히 조합해서 사용하면 상상할 수 있는 거의 모든 논리적 표현을 다 규정할 수 있다.

AND 연산자

다음 Purchases 테이블을 바탕으로 몇 가지 예제를 실행하려고 한다.

PurchaseID	CustomerName	State	QuantityPurchased	PricePerItem
1	Andrew Li	IL	4	2.50
2	Carol White	CA	10	1.25
3	James Carpenter	NY	5	4.00

AND 연산자를 사용한 WHERE 절의 예를 보자.

```
SELECT
CustomerName,
QuantityPurchased
FROM Purchases
WHERE QuantityPurchased > 3
AND QuantityPurchased < 7
```

AND 절은 선택될 행에 대해 모든 조건이 참으로 평가되어야 한다. 이 SELECT 문장은 QuantityPurchased가 3보다 크고 7보다 작은 행만 반환하라고 규정하고 있다. 그래서 다음과 같이 두 행만 반환된다.

CustomerName	QuantityPurchased
Andrew Li	4
James Carpenter	5

Carol White 행은 반환되지 않았는데, 이는 Carol이 10개를 구매했기 때문에 사실 첫 번째 조건(QuantityPurchased > 3)은 충족했지만 두 번째 조건(QuantityPurchased < 7)을 충족시키지 못해서 거짓이 된 것이다. AND 연산자를 사용할 땐 그 행에 대해 명시된 모든 조건이 참일 때 참이 된다.

OR 연산자

AND 연산자는 선택될 행에 대해 모든 조건이 참이어야 함을 의미했지만, OR 연산자는 조건 중 하나라도 참이라고 평가되면 그 행이 선택된다.

다음 예를 보자. 앞에서 사용했던 테이블을 사용한다.

```
SELECT
CustomerName,
QuantityPurchased,
PricePerItem
FROM Purchases
WHERE QuantityPurchased > 8
OR PricePerItem > 3
```

SELECT 문장은 다음 데이터를 반환한다.

CustomerName	QuantityPurchased	PricePerItem
Carol White	10	1.25
James Carpenter	5	4.00

왜 Andrew Li 행은 반환되지 않고 Carol White와 James Carpenter 행을 반환되었을까? Carol White 행은 첫 번째 조건(QuantityPurchased > 8)을 충족시키며, OR 조건은 한 조건만 참이어도 되기 때문에 두 번째 조건(PricePerItem > 3)이 참이 아니어도 상관 없다. 마찬가지로 James Carpenter 행도 이 두 번째 조건(PricePerItem > 3)이 참이기 때문에 선택되었다. Andrew Li 행은 이 두 조건 중 하나도 충족시키지 못하기 때문에 선택되지 않은 것이다.

괄호 사용하기

일리노이 주나 캘리포니아 주에 사는 고객의 주문에만 관심이 있다고 가정해보자. 그 중에서 주문 양이 8보다 큰 경우를 보고 싶다면 다음의 SELECT 문장을 사용한다.

```
SELECT
CustomerName,
State,
QuantityPurchased
FROM Purchases
WHERE State = 'IL'
OR State = 'CA'
AND QuantityPurchased > 8
```

이 문장은 데이터 중 한 행만 반환될 것을 예상할 수 있다. 일리노이 주나 캘리포니아 주에 사는 고객은 두 행(Li와 White)이지만, 그 중 한 고객(White)만 8보다 많이 주문했다. 하지만 이 문장이 실행되면 다음과 같은 결과를 얻게 된다.

CustomerName	State	QuantityPurchased
Andrew Li	IL	4
Carol White	CA	10

한 행만을 예상했는데 두 행이 함께 반환되었다. 뭐가 문제일까? SQL이 AND 연산자와 OR 연산자를 둘 다 포함하고 있는 WHERE 절을 해석하는 방법에 문제가 있다. 다른 컴퓨터 언어들과 마찬가지로 SQL도 다양한 연산자를 실행하는 순서가 미리 규정되어 있다. 다른 특별한 언급이 없는 경우, SQL은 항상 AND 연산자를 OR 연산자보다 먼저 실행한다. 그래서 앞 예제에서도 AND 연산자를 먼저 보고 다음 조건을 우선적으로 평가한다.

```
State = 'CA'
AND QuantityPurchased > 8
```

이 조건을 만족시키는 행은 Carol White이다. SQL은 그 다음에 OR 연산자를 실행하는데, 주가 IL(일리노이)인 행을 찾는다. 그래서 Andrew Li 행을 반환한다. 결과적으로 이 SQL 문장을 실행하면 Andrew Li와 Carol White 행이 반환된다.

이건 우리가 원하는 결과가 아니다. 하나의 WHERE 문장에 AND 연산자와 OR 연산자를 함께 쓰는 경우 이런 유형의 오류가 종종 발생한다. 이런 모호함을 해결하기 위해서 괄호를 사용해서 원하는 평가 순서를 명시할 수 있다. 괄호 안에 있는 것이 항상 먼저 평가된다.

이 상황에 맞도록 앞의 SELECT 문장에 괄호를 넣었다.

```
SELECT
CustomerName,
State,
QuantityPurchased
FROM Purchases
WHERE (State = 'IL'
OR State = 'CA')
AND QuantityPurchased > 8
```

이 문장이 실행된 결과는 다음과 같다.

CustomerName	State	QuantityPurchased
Carol White	CA	10

SELECT 문장에 있는 괄호가 OR 표현(State = 'IL' OR State = 'CA')을 먼저 검토하도록 하여 원하는 결과가 나오게 되었다.

다중 괄호

이번에는 Purchases 테이블에서 다른 두 개의 집합을 선택하는 방법을 알아보자. 먼저 뉴욕의 고객 행 집합을 구하고, 다음에 3개 이상 10개 이하의 물건을 구입한 일리노이의 고객들의 집합을 구해보자. 다음 SELECT 문장을 실행하면 이 요구를 수행한다.

```
SELECT
CustomerName,
State,
QuantityPurchased
FROM Purchases
WHERE State = 'NY'
OR (State = 'IL'
AND (QuantityPurchased >= 3
AND QuantityPurchased <= 10))
```

결과는 다음과 같다.

CustomerName	State	QuantityPurchased
Andrew Li	IL	4
James Carpenter	NY	5

여기에는 두 세트의 괄호가 있다. 한 세트의 괄호 안에 다른 괄호 세트가 포함되어 있다. 이러한 괄호 사용법은 4장에서 배운 합성 함수에서 사용된 괄호 사용법과 비슷하다. 괄호 세트가 한 개 이상인 경우 항상 가장 안쪽의 괄호를 먼저 실행한다. 불 연산식(Boolean expressions)에서 사용되는 괄호 용법과 같다. 이 예에서 가장 안쪽 괄호는 다음과 같다.

```
(QuantityPurchased >= 3
AND QuantityPurchased <= 10)
```

각 행에 대해 이 조건을 평가한 다음, 두 번째 괄호인 바깥 괄호 세트에 논리를 적용한다.

```
(State = 'IL'
AND (QuantityPurchased >= 3
AND QuantityPurchased <= 10))
```

마지막으로 (아무 괄호도 없는) 뉴욕에 관한 WHERE 절의 마지막 논리를 검토한다.

```
WHERE State = 'NY'
OR (State = 'IL'
AND (QuantityPurchased >= 3
AND QuantityPurchased <= 10))
```

본질적으로 SQL 논리는 가장 안쪽 괄호에 있는 표현을 제일 먼저 평가하고 바깥 괄호로 진행하면서 남은 표현을 처리한다.

NOT 연산자

복잡한 논리 조건을 표현하기 위해 NOT 연산자도 AND 연산자나 OR 연산자와 함께 자주 사용된다. NOT 표현은 NOT 뒤에 오는 내용을 부정하거나 반대를 의미한다. 예를 보자.

```
SELECT
CustomerName,
State,
QuantityPurchased
FROM Purchases
WHERE NOT State = 'NY'
```

결과는 다음과 같다.

CustomerName	State	QuantityPurchased
Andrew Li	IL	4
Carol White	CA	10

주가 NY가 아닌 행을 선택하라고 명시한 것이다. 이 간단한 예에서는 사실 NOT이 필요하지 않으며, 앞 문장의 논리를 다음과 같은 문장으로 수행할 수도 있다.

```
SELECT
CustomerName,
State,
QuantityPurchased
FROM Purchases
WHERE State <> 'NY'
```

여기서, 부등호 연산자(<>)가 NOT 연산자와 같은 역할을 한다. 이제 NOT 연산자를 사용한 좀더 복잡한 예를 보자.

```
SELECT
CustomerName,
State,
QuantityPurchased
FROM Purchases
WHERE NOT (State = 'IL'
OR State = 'NY')
```

결과는 다음과 같다.

CustomerName	State	QuantityPurchased
Carol White	CA	10

NOT 연산자가 괄호 세트보다 먼저 검토되면 괄호 안의 내용은 모두 부정이 된다. 이 예에서는 주가 일리노이가 *아니거나* 뉴욕이 아닌 모든 행을 기대한다.

다시 여기서도 NOT 연산자가 꼭 필요한 것은 아니며, 앞의 쿼리는 다음 문장으로도 똑같이 실행된다는 점을 고려하자.

```
SELECT
CustomerName,
State,
QuantityPurchased
FROM Purchases
WHERE State <> 'IL'
AND State <> 'NY'
```

왜 앞에 나온 두 문장이 동일한가? 처음 문장은 NOT 연산자와 OR 연산자를 사용한 논리적 표현을 사용했다. 두 번째 문장은 AND 연산자를 사용한 논리 표현으로 바꿨다.

이제 복합문에 사용된 NOT 연산자의 예를 살펴보자.

```
SELECT
CustomerName,
State,
QuantityPurchased
FROM Purchases
WHERE NOT (State = 'IL'
AND QuantityPurchased > 3)
```

이 쿼리는 '주는 일리노이이며 QuantityPurchased가 3보다 크지 않은' 고객을 선택하라고 하는 것이다. NOT 연산자는 '주가 일리노이와 같고 QuantityPurchased가 3보다 크다'는 논리적 표현 전체를 부정하는 것이다. 그래서 결과는 다음과 같다.

CustomerName	State	QuantityPurchased
Carol White	CA	10
James Carpenter	NY	5

이 두 줄이 선택된 것은 일리노이에 살며 QuantityPurchased가 3보다 큰 사람이 Andrew Li밖에 없기 때문이다. 이 논리 전체에 대한 부정을 하기 때문에 최종 결과는 (Andrew Li가 아닌) 나머지 두 사람이 된 것이다.

여기서도 이 쿼리를 NOT을 사용하지 않은 다음 문장으로도 표현될 수 있다.

```
SELECT
CustomerName,
State,
QuantityPurchased
FROM Purchases
WHERE State <> 'IL'
OR QuantityPurchased <= 3
```

이 예에서 보다시피 등호(=)나 부등호(<)와 같은 수학적 연산자와 함께 복합문을 만들 때 NOT 연산자를 논리적으로 꼭 사용해야 하는 것은 아닐 수도 있다. 하지만 NOT을 사용하지 않은 표현으로 바꾸려고 애쓰기보다 논리적 표현 앞에 NOT을 두는 것이 더 쉬울 때가 많다. 다시 말하면 NOT 연산자를 이용하면 논리적 사고를 편리하고 유용하게 표현할 수 있다.

BETWEEN 연산자

이번에는 주로 OR나 AND를 필요로 하는 논리 표현을 간단하게 만들어주는 특별한 연산자인 BETWEEN과 IN에 대해서 알아보자. BETWEEN 연산자는 이상(>=)과 이하(<=)를 AND와 함께 쓰는 표현을 하나의 연산자로 간략하게 표현하는 방법이다.

예를 들어 보자. 구입 물량이 5에서 20 사이에 있는 모든 행을 고르고 싶다고 하자. 결과를 얻기 위해 다음과 같은 SELECT 문장을 쓰는 것이 한 방법이다.

```
SELECT
CustomerName,
QuantityPurchased
FROM Purchases
WHERE QuantityPurchased >= 5
AND QuantityPurchased <= 20
```

앞의 내용과 똑 같은 결과를 얻기 위해 BETWEEN 연산자를 사용하여 다음과 같이 작성할 수 있다.

```
SELECT
CustomerName,
QuantityPurchased
FROM Purchases
WHERE QuantityPurchased BETWEEN 5 AND 20
```

두 경우의 SELECT 문장 모두 다음과 같은 결과를 반환한다.

CustomerName	QuantityPurchased
Carol White	10
James Carpenter	5

BETWEEN 연산자는 항상 상응하는 두 숫자 사이에 AND를 써야 한다.

BETWEEN 연산자가 얼마나 간결한지와 함께 BETWEEN은 명시된 두 숫자를 포함한다는 점을 알아챘을 것이다. 이 예에서, BETWEEN 5 AND 20은 5와 20을 포함한다. 그래서 BETWEEN은 이상(>=)과 이하(<=) 연산자와 같은 것이다. 숫자 영역보다 작거나(<) 큰(>) 경우의 부등호 표현을 대신해서 사용할 수는 없다. James Carpenter 행이 선택된 것은 구입량이 5와 같아서 5와 20 사이에 있다고 보기 때문이다.

NOT 연산자도 BETWEEN 연산자와 함께 결합해서 사용할 수 있다. 예를 들어 다음 SELECT 문장을 보자.

```
SELECT
CustomerName,
QuantityPurchased
FROM Purchases
WHERE QuantityPurchased NOT BETWEEN 5 AND 20
```

결과는 다음과 같다.

CustomerName	QuantityPurchased
Andrew Li	4

IN 연산자

BETWEEN 연산자가 AND 연산자의 특별한 경우를 대신하는 것처럼, IN 연산자는 OR 연산자의 특별한 경우를 대신한다. 예를 들어 주가 일리노이이거나 뉴욕인 행들을 보고 싶다고 하자. IN 연산자를 사용하지 않으면 다음과 같이 표현할 수 있다.

```
SELECT
CustomerName,
State
FROM Purchases
WHERE State = 'IL'
OR State = 'NY'
```

IN 연산자를 사용하면 같은 내용을 다음과 같이 표현할 수 있다.

```
SELECT
CustomerName,
State
FROM Purchases
WHERE State IN ('IL', 'NY')
```

두 경우 모두 결과는 다음과 같다.

CustomerName	State
Andrew Li	IL
James Carpenter	NY

IN 연산자는 괄호 안에 값들을 나열하고, 각 값들 사이에 쉼표를 사용해야 한다.

두 개의 주만 나열된 이 예에서는 IN 연산자의 유용성이 잘 드러나지 않았을 수도 있다. 하지만 IN은 특별한 값을 많이 포함하는 경우에 쉽게 사용할 수 있다. 그러면 그런 문장을 모두 입력하는 번거로움이 대폭 줄어든다. IN 연산자의 또 다른 장점은 엑셀 시트로부터 값을 받았을 때 나타난다. 스프레드 시트의 인접한 셀로부터 SQL 문장으로 여러 개의 값들을 받으려면 쉼표를 구분자(delimiter)로 사용하면서 그 값들을 복사해야 한다. 그런 다음 IN 연산자 뒤에 오는 괄호 안에 그 값들을 붙이면 된다.

NOT 연산자는 다음 예와 같이 BETWEEN 연산자처럼 IN 연산자와 함께 사용될 수 있다.

```
SELECT
CustomerName,
State
FROM Purchases
WHERE State NOT IN ('IL', 'NY')
```

결과는 다음과 같다.

CustomerName	State
Carol White	CA

IN 연산자에 대해 한 가지 주의할 점이 있다. 여기서 얘기한 문법과 상당히 다른 IN 연산자의 두 번째 사용법이 있다. 두 번째 유형은 SELECT 문장 전체가 괄호로 명시되어 각 값이 필요할 때마다 만들어지게 한다. 이를 '*서브 쿼리*'라고 하는데, 14장에서 자세히 다룰 것이다.

불 논리와 NULL 값

이 장을 시작할 때 SQL에서 불 논리는 복잡한 표현을 참 또는 거짓으로 평가한다고 했다. 그러나 이 주장이 완전히 정확한 말은 아니다. WHERE 절의 조건을 평가할 때 세 가지 가능성이 있다. 참, 거짓, 그리고 알 수 없음. 알 수 없는 값이 나오는 것은 SQL 데이터베이스 열이 종종 NULL 값을 가질 수 있기 때문이다. 1장에서 언급한 바와 같이 NULL 값은 데이터가 없음을 뜻한다.

SQL은 WHERE 절에서 명시한 열에 대해 NULL 값을 갖고 있는가를 확인하는 특별한 키워드를 갖고 있다. 이 키워드는 IS NULL이다. 앞에서 보았던 Products 테이블을 통해 예를 살펴보자.

ProductID	Description	Weight
1	Printer A	NULL
2	Printer B	0
3	Monitor C	2
4	Laptop D	4

이 예에서 각 행이 Products 테이블에 추가될 때 처음에 Weight(무게)이 주어지지 않았다고 가정해보자. Weight 열에 초기값으로 NULL을 주고 나중에 사용자가 그 상품의 무게를 넣어준다.

다음 SELECT 문장을 사용해 무게가 없는 상품을 찾아보기로 하자.

```
SELECT
Description,
Weight
FROM Products
WHERE Weight = 0
```

결과는 다음과 같다.

Description	Weight
Printer B	0

이것은 우리가 원하는 것이 아니다. 무게가 0인 것과 무게가 NULL 값을 갖고 있는 것은 다르다. 이것을 수정하려면 다음과 같이 해야 한다.

```
SELECT
Description,
Weight
FROM Products
WHERE Weight = 0
OR Weight IS NULL
```

결과값은 다음과 같다.

Description	Weight
Printer A	NULL
Printer B	0

IS NULL 키워드는 IS NOT NULL처럼 전체를 부정할 수도 있는데, 그러면 특정 열의 값으로 NULL을 갖지 않은 열을 가져올 수 있다.

4장에서 언급한 ISNULL 함수는 IS NULL 키워드를 대체하는 방법을 제공한다. (**역주** 함수 이름은 ISNULL이고, 키워드는 IS와 NULL 사이에 빈칸이 있음에 주의해야 한다.) 앞의 SELECT 문장에 ISNULL 함수를 사용하면 다음과 같다.

```
SELECT
Description,
Weight
FROM Products
WHERE ISNULL(Weight, 0) = 0
```

이 SELECT 문장도 똑같이 두 행을 가져온다. ISNULL 함수는 Weight 열이 NULL인 경우 모두 0으로 변환한다. 결과적으로 0 또는 NULL이 있는지 확인하는 이전의 문장과 같은 결과를 반환한다.

다음 예와 같이 ISNULL 함수와 IS NULL 키워드를 함께 사용할 수도 있다.

```
SELECT
Description,
ISNULL(Weight, 0) AS 'Weight'
FROM Products
WHERE Weight = 0
OR Weight IS NULL
```

결과는 다음과 같다.

Description	Weight
Printer A	0
Printer B	0

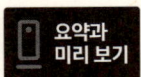
이 장에서는 선택 논리의 복잡한 표현을 만드는 중요한 주제에 대해 알아 보았다. 여기 사용된 기본적인 불 연산자들은 AND, OR, NOT이었다. 또 BETWEEN, IN 연산자도 다루었는데, 이들은 어떤 상황에서 AND와 OR 연산자를 사용한 문장을 간결하게 만들어준다. 괄호도 복잡한 표현을 서술하는 데 필요한 또 다른 필수 도구다. 괄호를 사용하면 상상할 수 있는 거의 모든 논리 조건을 다 만들 수 있다. 끝으로 데이터를 선택할 때 NULL 값을 다루는 방법도 알아보았다.

다음 장에서는 *columnlist*를 다시 살펴보고, *columnlist*에 있는 각 열에 논리를 붙어넣어 주는 중요한 방법을 알아본다. 이 방법을 *조건부 논리(conditional logic)*이라고 한다. 이 장에서 다른 키워드들과 함께 배웠던 바로 그 불 논리 연산자들을 사용해서 *columnlist*에 있는 각각의 열들이 어떻게 디스플레이 되는 지를 결정하는 논리를 명시할 수 있게 된다.

Chapter 08

조건부 논리
(Conditional Logic)

 **키워드 소개**

CASE · WHEN · THEN · ELSE · END

이 장의 주요 주제는 *조건부 논리(conditional logic)*이다. 이 용어는 SQL에 있는 표현이나 *columnlist*에 있는 특별한 열에 나타나는 값에 논리를 불어넣는 기능을 말한다. SQL 문장이 실행될 때 논리가 어떻게 평가되는지에 따라 다양한 값이 열에 나타날 수 있다. 그래서 나타난 값들은 명시된 논리에 대해 *조건부(conditional)*가 된다. 좀더 구체적으로 말하자면, 조건부 논리는 CASE 키워드로 시작하는 표현에 의해 제시된다. 이를 종종 CASE 표현이라고 부른다.

본질적으로 CASE 표현은, 논리적 조건에 따라 특정 열이나 데이터 요소의 평가에 적용되어 사용자에게 보여줄 출력을 변경할 수 있다. CASE라는 단어를 사용하는 것은 대문자인지, 소문자인지와는 아무 상관이 없다. (**역주** 여기서의 CASE는 UPPER CASE(대문자), LOWER CASE(소문자)에서의 CASE와 무관하다는 말이다.) 이 단어는 조건부적인 특별한 상황이나 논리 집합을 지칭하는 데 사용된다.

SQL 초보 개발자들은 CASE 표현이 비교적 고급 개념이라는 점을 알아야 한다. CASE 표현을 전혀 사용하지 않고도 그런대로 아주 유용한 쿼리를 작성할 수 있다. 그럼에도 불구하고 조건부 논리를 이해하고 사용할 수 있다면 초보적인 요구를 좀더 멋진 뭔가로 변화시켜 줄 수 있다. 엄밀히 말하면, 이 기술을 사용해 흥미로운 것들을 성취할 수 있다는 점에서, 이 책을 다 읽고 나서 다시 한 번 볼 필요가 있는 주제이다.

CASE 표현

SQL의 CASE 표현은 *columnlist*에 있는 요소 하나로 표현에 논리를 적용할 수 있게 해준다. 2장에서 설명했듯이 SELECT 문장의 전체 형식은 다음과 같다.

```
SELECT columnlist
FROM tablelist
WHERE condition
GROUP BY columnlist
HAVING condition
ORDER BY columnlist
```

CASE 표현은 SELECT 문장의 몇 곳에 나타날 수 있다. *Columnlist*의 SELECT 키워드 바로 다음에 올 수도 있고, GROUP BY 절이나 ORDER BY 절에 올 수도 있다. 또한 WHERE 절이나 HAVING 절의 조건에 요소로 나타날 수도 있다. 이 장에서는 SELECT *columnlist*에서 CASE 표현을 사용하는 예부터 시작한다. 그 다음엔 WHERE 절이나 ORDER BY 절에서 어떻게 사용될지 보여줄 것이다.

CASE 표현은 *columnlist*에 있는 각각의 열이나 WHERE 절, HAVING 절의 조건에서 언급된 표현을 대체할 수 있다. *columnlist*에서의 용법에 초점을 맞춘다면, 열과 CASE 표현을 둘 다 포함한 SELECT 문장은 다음과 같다.

```
SELECT
column1,
column2,
CaseExpression
FROM table
```

CASE 표현 자체는 전통적인 IF-THEN-ELSE 구조에 내포된 논리를 포함하고 있다. IF-THEN-ELSE란 용어는 절차적 프로그래밍 언어에서 흔히 사용되는 논리 구조이다. 일반적으로 이런 유형의 논리는 다음과 같다.

```
IF some condition is true
THEN do this
ELSE do that
```

IF-THEN-ELSE에 표현된 조건은 앞 장에서 다룬 불 논리의 전체 범위를 포함할 수 있다. 그러므로 표현에는 AND, OR, NOT, BETWEEN, IN 연산자와 괄호가 포함될 수 있다.

단순형 CASE

CASE 표현에는 보통 *단순형(simple)*과 *검색형(searched)*의 두 가지 유형이 있다. 단순형은 다음과 같다.

```
CASE ColumnOrExpression
WHEN value1 THEN result1
WHEN value2 THEN result2
(WHEN-THEN을 몇 번이든 반복한다.)
[ELSE DefaultResult]
END
```

보다시피, CASE 표현은 CASE 말고도 많은 키워드를 사용한다. WHEN, THEN, ELSE, END를 포함하고 있다. CASE 표현의 논리를 완전히 정의하려면 이 키워드들을 사용해야만 한다. WHEN과 THEN 키워드는 평가된 조건을 정의한다. WHEN 다음에 오는 값이 참이면 THEN 다음의 결과가 사용된다. WHEN과 THEN 키워드는 몇 번이고 사용될 수 있다. WHEN 이 있으면 거기 상응하는 THEN이 반드시 있어야 한다. ELSE 키워드는 WHEN-THEN 조건 이 참인 경우가 없을 때 디폴트로 사용할 값을 정의하는 데 사용된다. 각괄호로 표시되었듯이 ELSE 키워드는 꼭 필요한 것은 아니다. 그렇지만 CASE 표현마다 디폴트 값을 명확히 서술하 도록 ELSE 키워드를 포함시켜주는 것이 좋다. END 키워드는 CASE 문장을 마친다.

Groceries 테이블을 사용한 특별한 예제를 보자.

GroceryID	CategoryCode	Description
1	F	Apple
2	F	Orange
3	S	Mustard
4	V	Carrot
5	B	Water

이 데이터에서 CategoryCode 열의 의미를 보면 F는 과일(Fruit), S는 향료(Spice), V는 채 소(Vegetable), B는 음료(Beverage)라는 것이다. 이 테이블의 데이터에 대해 CASE 표현을 사 용한 SELECT는 다음과 같다.

```
SELECT
CASE CategoryCode
WHEN 'F' THEN 'Fruit'
WHEN 'V' THEN 'Vegetable'
ELSE 'Other'
END AS 'Category',
Description
FROM Groceries
```

그리고 다음의 결과가 나온다.

Category	Description
Fruit	Apple
Fruit	Orange
Other	Mustard
Vegetable	Carrot
Other	Water

SELECT 문장을 자세히 살펴보자. 첫 줄에는 SELECT 키워드가 있다. 둘째 줄에는 CASE 키워드가 있는데, CategoryCode 열을 분석해야 한다는 점을 명시하고 있다. 셋째 줄은 첫 WHEN-THEN 조건이 소개된다. 이 줄은 CategoryCode 열이 F이면 'Fruit'이라고 표시하라는 뜻이다. 다음 줄은 CategoryCode가 V이면 'Vegetable'이라고 표시하라는 뜻이다. ELSE 줄은 CategoryCode가 F도 아니고 V도 아닌 경우 사용할 디폴트 값을 'Other'로 표시하라고 주는 것이다. 다른 말로 설명하면, 영역이 과일도 아니고 채소도 아니면 'Other'로 분류하라는 말이다. END 줄은 CASE 표현을 마무리하며, 열의 별칭을 정해주는 AS 키워드도 포함하고 있다. 다음 줄은 Description인데 CASE 표현과는 아무 상관이 없고, 다른 하나의 열이다.

보다시피 CASE 표현은 기호처럼 아리송한 값(F, V)을 의미 있는 설명(과일인지 채소인지)으로 바꿔주는 데 아주 유용하게 사용된다. 이 예제에서, Groceries 테이블의 CategoryCode 열은 상품의 유형을 나타내는 코드로 한 개의 문자로만 되어 있었다. CASE 표현이 의미를 알려주도록 한 것이다.

검색형 CASE

검색형(searched) CASE의 일반적인 유형은 다음과 같다.

```
CASE
WHEN condition1 THEN result1
WHEN condition2 THEN result2
(WHEN-THEN을 몇 번이든 반복한다.)
[ELSE DefaultResult]
END
```

앞의 SELECT 문장과 같은 두 번째 CASE 유형은 다음과 같다.

```
SELECT
CASE
WHEN CategoryCode = 'F' THEN 'Fruit'
WHEN CategoryCode = 'V' THEN 'Vegetable'
ELSE 'Other'
END AS 'Category',
Description
FROM Groceries
```

이 문장을 실행해서 얻은 데이터는 처음의 단순형 CASE에서 얻은 것과 같다. 하지만 미묘한 차이를 주의하여 보자. 단순형에서는 평가되는 열의 이름이 CASE 키워드 다음에 왔고, WHEN 뒤에 오는 표현은 간단한 문자값이었다. 검색형에서는 평가될 열의 이름이 CASE 키워드 다음에 오지 않았다. 대신 이 유형에서는 WHEN 키워드 다음에 더 복잡한 조건문이 명시되어 있다.

앞의 예에서는 CASE 절에 대한 두 유형이 모두 사용될 수 있고, 결과도 같다. 이제 검색형 CASE만 원하는 결과를 낼 수 있는 예를 보자. 다음의 데이터를 사용할 것이다.

GroceryID	Fruit	Vegetable	Spice	Beverage	Description
1	X				Apple
2	X				Orange
3			X		Mustard
4		X			Carrot
5				X	Water

여기서는 테이블이 CategoryCode 열을 하나만 갖고 있지 않고 상품의 유형을 알려주는 열을 다수 갖고 있다. 예를 들어 Fruit 열의 X 값은 상품이 과일이라는 것을 알려준다. 그래서 단순형의 CASE 표현으로 이런 데이터를 평가하는 것은 불가능하다. 단순형은 열이 하나인 경우만 가능하다. 검색형을 사용하여 이런 유형의 데이터를 처리하는 CASE 표현은 다음과 같다.

```
SELECT
CASE
WHEN Fruit = 'X' THEN 'Fruit'
WHEN Vegetable = 'X' THEN 'Vegetable'
ELSE 'Other'
END AS 'Category',
Description
FROM GroceryCategories
```

결과는 다음과 같다.

Category	Description
Fruit	Apple
Fruit	Orange
Other	Mustard
Vegetable	Carrot
Other	Water

복수의 열에 있는 데이터를 평가하여 하나의 결과를 제출하기 위해 검색형 CASE 표현을 사용했다.

CASE 표현은 SELECT 문장의 *columnlist*에 있을 수 있는 많은 상황에서 사용될 수 있다. CASE 표현이 유용하게 사용되는 예는 0으로 나누는 경우를 포함한 상황에서다. 0으로 나눌 가능성이 있는 수학식을 만들 때, 분모가 0과 같으면 다른 대안을 주도록 신경을 써야 한다. 다른 컴퓨터 언어들과 마찬가지로 SQL은 0으로 나누려고 하면 에러가 발생한다. 이런 문제점을 해결하기 위해 다음의 일반적인 예와 같은 CASE 표현을 사용할 수 있다.

```
SELECT
CASE
WHEN Denominator = 0 THEN 0
ELSE Numerator / Denominator
END
FROM table
```

이 예에서는 분모가 0인지 아닌지를 확인한다. 만약 분모가 0이면, 계산 결과는 0으로 설정된다. 분모가 0이 아니면 일상적인 계산이 진행된다. 따라서 분모가 0인 경우 "0으로 나눠" 발생할 수 있는 에러를 피할 수 있게 된다.

ORDER BY 절의 조건부 논리

이 장을 시작할 때 언급했듯이 CASE 표현은 SELECT 문장의 곳곳에서 사용될 수 있다. ORDER BY 절에서의 용법을 알아보기 위해, US와 Canada의 도시들을 나타낸 테이블이 있다고 생각해보자. 이런 시나리오에서 미국의 State와 캐나다의 Province 열이 분리되어 있다. 이런 데이터는 다음과 같을 것이다.

CityID	Country	State	Province	City
1	US	VT		Burlington
2	CA		QU	Montreal
3	US	CO		Denver
4	US	CO		Boulder
5	CA		AB	Edmonton

이 예의 목표는 우선 국가별로 정렬하고, 그 다음에 state(주)나 province(주)에 따라 정렬하고, 마지막으로 도시 순으로 정렬하는 것이다. 이 목표를 성취하기 위한 문장은 다음과 같을 것이다.

```
SELECT *
FROM NorthAmerica
ORDER BY
Country,
CASE Country
WHEN 'US' THEN State
WHEN 'CA' THEN Province
ELSE State
END,
City
```

이 문장의 결과는 다음과 같다.

CityID	Country	State	Province	City
5	CA		AB	Edmonton
2	CA		QU	Montreal
4	US	CO		Boulder
3	US	CO		Denver
1	US	VT		Burlington

CASE 표현은 국가 열을 평가해서 US인지 CA인지 결정한다. 만약 데이터가 US이면 정렬하기 위해 State 열을 사용한다. CA이면 Province 열을 사용한다. 결과는 국가별로 정렬한 다음 State나 Province에 따라 정렬하고, 끝으로 도시에 따라 정렬한다.

WHERE 절에서의 조건부 논리

CASE 표현이 *columnlist* 안에 사용될 수 있었던 것처럼, WHERE 조건문 안에서도 사용될 수 있다. 이 예에서는 다음과 같은 고객 데이터가 있다고 하자.

CustomerID	Sex	Age	Income
1	M	55	80000
2	F	25	65000
3	M	35	40000
4	F	42	90000
5	F	27	25000

목표는 인적 사항과 수입이라는 복합적 요건을 만족하는 고객을 선택하는 것이다. 남자이면 최소 50세 이상이며 수입이 75,000달러라야 자격이 된다. 여자이면 최소 35세 이상이며 수입은 60,000달러라야 자격이 된다. 그렇지 않은 사람들은 수입이 최소 50,000달러라야 자격이 된다. CASE 문장을 사용해 기준을 명시하는 문장은 다음과 같다.

```
SELECT *
FROM CustomerList
WHERE Income >
CASE
WHEN Sex = 'M' AND Age >= 50 THEN 75000
WHEN Sex = 'F' AND Age >= 35 THEN 60000
ELSE 50000
END
```

CASE 표현 전체가 WHERE 절에서 조건을 표현하는 한 부분을 대신하고 있다는 점에 주목하자. 일반적인 WHERE 절의 형태는 다음과 같다.

```
WHERE Income > CASE_Expression
```

CASE 표현은 선택 논리에서 수입을 비교한 값을 제공한다. 이 문장이 실행되면 결과는 다음과 같다.

CustomerID	Sex	Age	Income
1	M	55	80000
2	F	25	65000
4	F	42	90000

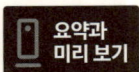 **요약과 미리 보기**

CASE 표현은 SQL 문장에서 다양한 요소에 논리를 불어넣어주는 강력한 도구이다. 이번 장에서는 먼저 SELECT *columnlist*, ORDER BY 절, WHERE 절에서 사용된 CASE 표현을 살펴보았다. 다음에는 GROUP BY 절이나 HAVING 절과 같은 다른 부분에서 사용되는 CASE 표현을 알아보았다.

CASE 표현에는 기본적으로 단순형과 검색형의 두 가지 형태가 있다. 단순형은 전형적으로 기호처럼 애매한 값을 가진 데이터를 이해하기 쉽게 바꿔준다. 검색형은 논리가 더 복잡한 경우에 사용할 수 있다.

다음 장인 데이터 요약(Summarizing Data)에서는 데이터를 몇 그룹으로 나누고 그 그룹의 값들을 다양한 통계를 사용한 값으로 요약하는 데 관심을 둘 것이다. 4장 '함수 사용(Using Functions)'에서는 스칼라 함수에 대해 배웠다. 다음 장에서는 다른 유형의 함수인 집계 함수(aggregate functions)에 대해 배울 것이다. 이 집계 함수는 여러 유용한 방법으로 데이터를 요약할 수 있다. 예를 들어, 주문에 대한 특정 그룹을 볼 수 있으며, 주문의 수, 주문한 값의 총액이나 주문의 평균값을 알아볼 수 있다. 이 기법은 고객에게 단순히 상세 자료를 보여주기만 하는 것을 넘어 요약된 정보를 제공함으로써 진정한 가치를 더할 수 있다.

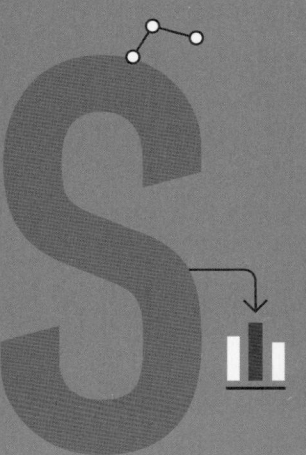

Chapter 09

데이터 요약
(Summarizing Data)

💬 키워드 소개

DISTINCT · SUM · AVG · MIN · MAX · COUNT · GROUP BY · HAVING · ROW_NUMBER · RANK · DENSE RANK · NTILE · OVER · PARTITION BY

지금까지 사용했던 모든 계산, 함수, CASE 표현은 각 열에 대한 값을 변경한 것에 불과했다. 반환된 행은 원시 데이터 테이블의 행에 대응하는 것이다. 이제는 여러 행에 있는 값들을 결합해서 데이터를 요약하는 다양한 방법을 배워보자.

대개 이런 유형의 시도와 관련된 컴퓨터 용어로서 *집합, 집계(aggregation)*가 있는데, '그룹별로 결합한다'는 의미이다. 데이터를 집계하고 요약하는 능력은 단순히 데이터를 보여주는 것을 넘어 진정한 의미의 정보를 얻는 데 필요한 열쇠이다. 사용자가 보고서에서 요약된 데이터를 보게 되는 데는 약간의 마술이 숨어 있다. 요약할 수 있는 능력은 그 모든 데이터들이 어떤 의미를 갖는지를 명확히 알 수 있도록 데이터베이스에 있는 대량의 데이터로부터 진정한 의미를 뽑아내는 기회를 제공한다.

중복 제거

진정한 의미의 집계를 내놓지 못하더라도 데이터를 요약하는 가장 기본적인 방법은 중복된 데이터를 제거하는 것이다. SQL의 DISTINCT 키워드는 출력에서 중복된 값을 제거하는 데 사용하는 쉬운 방법이다. 다음에 제시된 SongTitles 테이블과 함께 사용된 DISTINCT 키워드의 예를 보자.

SongID	Artist	Album	Title
1	The Beatles	Revolver	Yellow Submarine
2	The Beatles	Revolver	Eleanor Rigby
3	The Beatles	Abbey Road	Here Comes the Sun
4	The Rolling Stones	Beggars Banquet	Sympathy for the Devil
5	The Rolling Stones	Let It Bleed	Gimme Shelter
6	Paul McCartney	Ram	Too Many People

테이블에 있는 아티스트의 목록을 보고 싶다고 해보자. 다음 문장을 실행하면 될 것이다.

```
SELECT
DISTINCT
Artist
FROM SongTitles
ORDER BY Artist
```

결과는 다음과 같다.

Artist
Paul McCartney
The Beatles
The Rolling Stones

DISTINCT 키워드는 언제나 SELECT 키워드 바로 다음에 온다. DISTINCT 키워드는 뒤따르는 *columnlist*에서 유일무이한 값만 명시한다. (역주 같은 이름이 여러 번 있어도 같은 이름은 한 번만 반환한다는 말이다.) 이 경우, 세 명의 아티스트만 있기 때문에 세 개의 행만 반환된다. 만일 아티스트와 앨범의 유일무이한 조합이 필요하다면 다음과 같이 한다.

```
SELECT
DISTINCT
Artist,
Album
FROM SongTitles
ORDER BY Artist, Album
```

결과는 다음과 같다.

Artist	Album
Paul McCartney	Ram
The Beatles	Abbey Road
The Beatles	Revolver
The Rolling Stones	Beggars Banquet
The Rolling Stones	Let It Bleed

테이블에는 Revolver 앨범에 있는 노래가 두 곡이 있지만 Revolver는 한 번만 표기되었다. 이는 DISTINCT 키워드는 나열된 열에 있는 값만 고려하기 때문이다.

집계 함수

4장 함수 사용에서 언급한 함수는 모두 스칼라 함수였다. 즉 이 함수들은 모두 하나의 숫자나 값에 대해 실행하는 것이었다. 이와 대조적으로 *집계* 함수(*aggregate functions*)는 데이터 그룹에 대한 함수다. 가장 널리 사용되는 집계 함수는 COUNT, SUM, AVG, MIN, MAX다. 이들 함수는 데이터 그룹의 총수, 총합, 평균, 최소값, 최대값을 제공한다.

집계 함수의 모든 예제는 다음에 오는 학생들의 Fee와 Grade에 관한 두 개의 데이터 테이블을 다룰 것이다. Fee 테이블에는 다음 내용이 포함되어 있다.

FeeID	Student	FeeType	Fee
1	Jose	Gym	30
2	Jose	Lunch	10
3	Jose	Trip	8
4	Rama	Gym	30
5	Julie	Lunch	10

다음은 Grades(점수) 테이블이다.

GradeID	Student	GradeType	Grade	YearInSchool
1	Isabella	Quiz	92	7
2	Isabella	Quiz	95	7
3	Isabella	Homework	84	7
4	Hailey	Quiz	62	8
5	Hailey	Quiz	81	8
6	Hailey	Homework	NULL	8
7	Peter	Quiz	58	7
8	Peter	Quiz	74	7
9	Peter	Homework	88	7

SUM 함수부터 시작해보자. 학생들이 지불한 Gym Fee(체육관 비용)의 총액을 보고 싶다고 하자. 다음의 문장을 실행하면 된다.

```
SELECT
SUM(Fee) AS 'Total Gym Fees'
FROM Fees
WHERE FeeType = 'Gym'
```

결과는 다음과 같다.

Total Gym Fees
60

보다시피, SUM 함수는 WHERE 절에서 명시된 선택 논리에 따라 Fee 열의 값 전체를 합산한다. *columnlist*에 있는 유일한 표현이 집계 함수이기 때문에 쿼리에 의해 집계된 총액과 함께 데이터 행 하나만 반환된다.

AVG, MIN, MAX 함수도 SUM 함수와 비슷하다. 이제 AVG 함수의 예를 보자. Grade 테이블에 있는 모든 퀴즈에 대한 평균 점수를 얻고자 한다.

```
SELECT
AVG(Grade) AS 'Average Quiz Score'
FROM Grades
WHERE GradeType = 'Quiz'
```

결과는 다음과 같다.

Average Quiz Score
77

한 문장에 한 개 이상의 집계 함수가 사용될 수 있다. 다음 SELECT 문장은 한 문장 안에서 어떻게 AVG, MIN, MAX를 활용하는지 보여주고 있다.

```
SELECT
AVG(Grade) AS 'Average Quiz Score',
MIN(Grade) AS 'Minimum Quiz Score',
MAX(Grade) AS 'Maximum Quiz Score'
FROM Grades
WHERE GradeType = 'Quiz'
```

결과는 다음과 같다.

Average Quiz Score	Minimum Quiz Score	Maximum Quiz Score
77	58	95

COUNT 함수

COUNT 함수는 세 가지 다른 방법으로 사용될 수 있다는 점에서 앞서 설명한 집계 함수들보다 조금 더 복잡하다. 먼저, COUNT 함수는 어떤 특별한 열의 값과는 무관하게 모든 선택된 행들의 개수를 반환하는 데 사용될 수 있다. 예를 들어 다음 문장은 Homework(숙제) 점수를 가진 모든 행의 수를 반환한다.

```
SELECT
COUNT(*) AS 'Count of Homework Rows'
FROM Grades
WHERE GradeType = 'Homework'
```

결과는 다음과 같다.

Count of Homework Rows
3

괄호와 함께 사용한 ＊표는 '모든 열'을 의미한다. 보이지는 않지만, SQL은 사실 선택된 행들에 대해 모든 열에 있는 데이터를 회수한다. 그 다음에 행의 개수를 반환한다.

COUNT 함수의 두 번째 유형은 특정 열이 괄호 안에 명시되어 있다. 예를 보자.

```
SELECT
COUNT(Grade) AS 'Count of Homework Scores'
FROM Grades
WHERE GradeType = 'Homework'
```

결과는 다음과 같다.

Count of Homework Rows
2

앞의 두 SELECT 문장과의 미묘한 차이를 눈여겨보라. 처음엔 GradeType이 Home work인 행의 수를 세었다. 그런 행은 세 줄이었다. 두 번째 문장에서는 GradeType 열에 Homework 값이 있으면 Grade 열의 개수를 세었다. 이 경우는 세 행 중 한 행이 Grade 열 값으로 NULL을 갖고 있어서 SQL이 그 행의 수를 세지 않도록 똑똑하게 처리했다. 앞서 설명한 것처럼 NULL은 데이터가 없음을 의미한다.

COUNT 함수의 세 번째 방법은 열의 이름에 DISTINCT 키워드를 추가해서 사용할 수 있게 해준다는 것이다. 예를 보자.

```
SELECT
COUNT(DISTINCT FeeType) AS 'Number of Fee Types'
FROM Fees
```

DISTINCT 키워드가 괄호 안에 들어 있다는 점을 기억해야 한다. DISTINCT 키워드는 뚜렷이 구별되는 FeeType의 값만 포함하고 싶다고 말한다. 밖에 있는 COUNT 함수는 그런 값들의 개수만 센다. 이 문장의 결과는 다음과 같다.

```
Number of Fee Types
3
```

이는 FeeType 열에서 찾은 서로 다른 값이 셋이라는 의미다.

데이터 그룹화

앞에 나왔던 집계 함수의 예는 흥미롭긴 하지만 다소 제한된 값에 대한 것이었다. 집계 함수의 실제 기능은 데이터 그룹화(Grouping Data) 개념을 소개하면 더 확실히 나타날 것이다.

GROUP BY 키워드는 SELECT 문장에서 반환된 데이터를 몇 개의 그룹으로 분리하는 데 사용된다. 예를 들어 Grade 테이블을 보고 GradeType에 근거해 점수를 분석하고 싶다고 하자. 다시 말해, 데이터를 quizzes(퀴즈)와 homework(숙제)의 두 그룹으로 나누고 싶다는 말이다. GradeType 열의 값은 각 행이 속한 그룹을 정하는 데 사용될 것이다. 일단 데이터가 그룹별로 나뉘면, 집계 함수가 사용되어 각 그룹에 대한 요약 통계가 계산되고 비교될 것이다.

GROUP BY 키워드를 소개하는 예로 나아가 보자.

```
SELECT
GradeType AS 'Grade Type',
AVG(Grade) AS 'Average Grade'
FROM Grades
GROUP BY GradeType
ORDER BY GradeType
```

이 문장의 결과는 다음과 같다.

Grade Type	Average Grade
Homework	86
Quiz	77

이 예에서 GROUP BY 키워드는 그룹들이 GradeType 열의 값에 근거해 만들어져야 한다는 점을 명시한다. SELECT *columnlist*에 있는 두 열은 GradeType과 AVG 함수를 사

용해 계산된 필드이다. GradeType 열이 *columnlist*에 포함되어 있는데, 그 이유는 대개 그룹을 만들 때, 그룹이 근거를 둔 열을 포함하는 것이 좋기 때문이다. 계산된 필드인 'Average Grade'는 각 그룹의 행에 근거한 값들을 집계한다.

숙제 점수의 평균이 86으로 계산되었다는 점을 주목하라. 전에는 Homework Grade Type에 NULL 값을 가진 행이 하나 있어서 SQL이 똑똑하게 평균 값을 계산할 때 NULL 값을 가진 행을 무시했었다. 만약 NULL 값을 0으로 취급하기를 원했다면 다음과 같이 NULL을 0으로 바꾸기 위해 ISNULL 함수를 사용할 수도 있다.

```
AVG(ISNULL(Grade, 0)) AS 'Average Grade'
```

GROUP BY 키워드를 사용할 때 *columnlist*의 모든 열은 GROUP BY 절에 의해 열로 나열되거나 집계 함수에 사용되어야만 한다. 다른 건 말이 안 된다. 예를 들어, 다음 SELECT는 문법 에러를 낼 것이다.

```
SELECT
GradeType AS 'Grade Type',
AVG(Grade) AS 'Average Grade',
Student AS 'Student'
FROM Grades
GROUP BY GradeType
ORDER BY GradeType
```

이 문장의 문제점은 Student 열이 GROUP BY에 있지도 않고 어떻게도 집계되지 않았다는 것이다. 모두 요약된 그룹에 나타나기 때문에 SQL은 위 문장에서 Student 열로 무엇을 해야 할지 모르며, 따라서 이 문장은 실행되지 않는다.

데이터베이스 차이점 MySQL과 오라클

MySQL에서는 마이크로소프트 SQL Server와 오라클과 달리 앞의 문장이 에러를 내지는 않지만, 잘못된 결과를 제출한다.

복수의 열과 정렬

그룹의 개념은 더 확장되어 그룹이 하나 이상의 열에 근거를 둘 수도 있다. 마지막 SELECT 문장으로 가서 GROUP BY 절과 *columnlist* 모두에 Student 열을 추가해보자. 다음과 같을 것이다.

```
SELECT
GradeType AS 'Grade Type',
Student AS 'Student',
AVG(Grade) AS 'Average Grade'
FROM Grades
GROUP BY GradeType, Student
ORDER BY GradeType, Student
```

결과는 다음과 같다.

Grade Type	Student	Average Grade
Homework	Hailey	NULL
Homework	Isabella	84
Homework	Peter	88
Quiz	Hailey	71.5
Quiz	Isabella	93.5
Quiz	Peter	66

여기서 Grade Type(성적 유형)에 따라 분리가 되었을 뿐만 아니라 Student에 의해서도 분리된 것이 보인다. 평균 성적은 각 그룹에 대해 계산되었다. Hailey는 homework 행이 딱 하나 있는데, 그 행에 Grade 값이 NULL이기 때문에 그녀의 Homework 행에는 NULL 값이 있다.

행이 GROUP BY 절에 나열된 순서는 의미가 없다. 다음과 같이 써도 결과는 똑같다.

```
GROUP BY Student, GradeType
```

그러나 ORDER BY 절에서 열이 나열된 순서는 의미가 있다. 만약 ORDER BY 절을 다음과 같이 바꿔보자.

```
ORDER BY Student, GradeType
```

결과는 다음과 같다.

GradeType	Student	AverageGrade
Homework	Hailey	NULL
Quiz	Hailey	71.5
Homework	Isabella	84
Quiz	Isabella	93.5
Homework	Peter	88
Quiz	Peter	66

이 데이터를 보면 데이터가 정말로 Student에 의해 정렬된 다음에 GradeType에 의해 정렬된 것인지를 한눈에 알아보기 어렵다. 일반적인 경험으로 보아 열이 정렬된 순서와 같이 열이 왼쪽에서 오른쪽으로 나열되면 도움이 된다. 보다 이해하기 쉬운 SELECT 문장은 다음과 같다.

```
SELECT
Student AS 'Student',
GradeType AS 'Grade Type',
AVG(Grade) AS 'Average Grade'
FROM Grades
GROUP BY GradeType, Student
ORDER BY Student, GradeType
```

이제 데이터가 다음과 같이 보일 것이다.

Student	Grade Type	Average Grade
Hailey	Homework	NULL
Hailey	Quiz	71.5
Isabella	Homework	84
Isabella	Quiz	93.5
Peter	Homework	88
Peter	Quiz	66

열의 순서가 정렬 순서와 같아 훨씬 이해하기 쉽다.

GROUP BY 절과 ORDER BY 절 사이의 차이점을 혼동하는 경우가 가끔 있다. 기억해야 할 점은 GROUP BY는 단지 그룹을 만들기만 한다는 것이다. 지금까지의 ORDER BY는 행을 나열할 때 의미 있는 순서로 나열하기 위해 사용해야만 한다.

총계의 선택 기준

데이터가 GROUP BY 절을 통해 그룹별로 나뉘면 선택 기준이 좀 복잡해진다. GROUP BY와 함께 쓴 SELECT에 어떤 선택 기준을 적용할 때, 기준을 각 행에 적용할 것이지, 그룹 전체에 적용할 것인지를 먼저 결정해야 한다. SQL에서 WHERE 절은 각 행에 대한 선택 기준을 다루는 반면, 키워드 HAVING은 그룹 차원에 선택 논리를 적용한다.

Grade 테이블로 돌아가서 70점 이상인 퀴즈 점수만 보고 싶다고 하자. 여기서 보고 싶은 것은 개별 점수이기 때문에 정상적으로 WHERE 절을 사용하면 된다. 그런 SELECT 문장은 다음과 같다.

```
SELECT
Student AS 'Student',
GradeType AS 'Grade Type',
Grade AS 'Grade'
FROM Grades
WHERE GradeType = 'Quiz'
AND Grade >= 70
ORDER BY Student, Grade
```

결과는 다음과 같다.

Student	Grade Type	Grade
Hailey	Quiz	81
Isabella	Quiz	92
Isabella	Quiz	95
Peter	Quiz	74

70점 미만의 퀴즈는 나타나지 않는다는 점에 주목해라. 예를 들어 Peter의 점수 중 74점인 퀴즈는 보이지만 58점인 퀴즈는 보이지 않는다.

HAVING 절의 용법을 설명하기 위해 퀴즈 점수의 *average(평균)*가 70 이상인 학생의 데이터를 보여주기를 원한다고 하자. 여기서는 평균을 원하는 것이지 각 행을 원하는 것은 아니며, 이럴 때 HAVING 절이 필요하다. 먼저 학생의 점수를 그룹화 하는 것이 필요하고, 그룹 전체에 대해 집계 통계를 적용하는 선택 기준을 적용해야 한다. 다음 문장으로 원하는 결과를 얻을 수 있다.

```
SELECT
Student AS 'Student',
AVG(Grade) AS 'Average Quiz Grade'
FROM Grades
WHERE GradeType = 'Quiz'
GROUP BY Student
HAVING AVG(Grade) >= 70
ORDER BY Student
```

결과는 다음과 같다.

Student	Average Quiz Grade
Hailey	71.5
Isabella	93.5

SELECT에는 WHERE 절과 HAVING 절이 다 있다. WHERE는 'Quiz'라는 Grade Type을 가진 행만 선택하도록 한다. HAVING은 평균 점수가 최소 70인 학생만 선택하도록 해준다.

조금 더 수준 높은 예를 보자. GradeType 값을 가진 열을 추가하고 싶다고 하자. Grade Type을 SELECT *columnlist*에 추가하려고 하면 문장에 에러가 발생한다. 그 이유는 모든 열은 GROUP BY에 나열되어 있거나 집계에 포함되어 있어야 하기 때문이다. 그래서 GradeType 열을 보여주고 싶다면 다음과 같이 GROUP BY 절에 추가해야만 한다.

```
SELECT
Student AS 'Student',
GradeType AS 'Grade Type',
AVG(Grade) AS 'Average Grade'
FROM Grades
WHERE GradeType = 'Quiz'
GROUP BY Student, GradeType
HAVING AVG(Grade) >= 70
ORDER BY Student
```

결과는 다음과 같다.

Student	Grade Type	Average Grade
Hailey	Quiz	71.5
Isabella	Quiz	93.5

이제 HAVING 절을 포함시켰으니, 일반적인 SELECT 문장을 지금까지 사용했던 절과 함께 일반적인 형태로 정리해보자.

```
SELECT columnlist
FROM tablelist
WHERE condition
GROUP BY columnlist
HAVING condition
ORDER BY columnlist
```

위에 나온 키워드 중 무엇이든 SELECT 문장에 사용하려면 앞에 제시한 순서대로 사용해야만 한다는 점을 명심해야 한다. 예를 들어 HAVING 키워드는 항상 GROUP BY 다음에 와야 하고, ORDER BY 앞에 와야 한다.

GROUP BY 절의 조건부 논리

8장의 조건부 논리에서는 SELECT 문장의 *columnlist*에서뿐 아니라 ORDER BY 절과 WHERE 절에서도 CASE 표현에 대한 예를 보았다. GROUP BY 절이 문장에서 사용될 때, *columnlist*에 있는 모든 표현은 GROUP BY에 있거나 집계 함수를 포함하고 있어야 한다. 이는 CASE 표현이 GROUP BY에서 사용될 때, 그와 똑같은 표현이 SELECT *columnlist*에서도 사용되어야만 한다는 것이다. 이를 알아보기 위해 앞 장에서 본 Groceries 데이터를 다시 보자.

GroceryID	CategoryCode	Description
1	F	Apple
2	F	Orange
3	S	Mustard
4	V	Carrot
5	B	Water

이 예에서 CASE 표현에 의해 계산된 카테고리 별로 즉, Fruit, Vegetable, Other로 그룹을 만들고 싶다고 하자. 목적은 각 카테고리 안에 몇 개의 상품이 있는지를 세는 것이다. SELECT

문장을 보자.

```
SELECT
CASE CategoryCode
WHEN 'F' THEN 'Fruit'
WHEN 'V' THEN 'Vegetable'
ELSE 'Other'
END AS 'Category',
COUNT(*) AS 'Count'
FROM Groceries
GROUP BY
CASE CategoryCode
WHEN 'F' THEN 'Fruit'
WHEN 'V' THEN 'Vegetable'
ELSE 'Other'
END
```

결과는 다음과 같다.

Category	Count
Fruit	2
Other	2
Vegetable	1

SELECT *columnlist*와 GROUP BY 절에 같은 CASE 문장이 사용되었음을 명시해야 한다.

HAVING 절의 조건부 논리

HAVING 절의 조건부 논리에 대해 알아보기 위해 이 장의 앞부분에서 보았던 예제를 다시 보자. 그 때 퀴즈 점수가 70점 이상인 학생의 데이터를 표시했다. 문장은 다음과 같다.

```
SELECT
Student AS 'Student',
GradeType AS 'Grade Type',
```

```
AVG(Grade) AS 'Average Grade'
FROM Grades
WHERE GradeType = 'Quiz'
GROUP BY Student, GradeType
HAVING AVG(Grade) >= 70
ORDER BY Student
```

이 경우 WHERE 절이 퀴즈를 선택한다. Student(학생)와 Grade type(시험 유형)으로 GROUP BY 하라고 선언한 다음, 시험 성적 평균이 70점 이상(최소 70)이라야 한다는 조건을 시행하기 위해 HAVING 절에서 집계 선택 논리를 적용하였다.

이 새로운 예제에서는, 앞서는 무시했던 데이터 열, 즉, YearInSchool(학년) 열을 사용할 것이다. 이번에 사용할 약간의 정보로 앞의 문장을 변경해서 7학년이면 평균 점수가 70점 이상인 학생 목록을, 8학년이면 평균 점수 75점 이상인 학생 목록을 나열하도록 할 것이다. 만약 7학년도 아니고 8학년도 아니면 평균 80인 학생의 목록을 받을 것이다. 이 목표를 달성하려면 HAVING 절에 CASE 표현을 써야 한다. 또 다음과 같이 Year in School열도 보여줄 것이다.

```
SELECT
Student AS 'Student',
YearInSchool AS 'Year in School',
GradeType AS 'Grade Type',
AVG(Grade) AS 'Average Grade',
FROM Grades
WHERE GradeType = 'Quiz'
GROUP BY Student, YearInSchool, GradeType
HAVING AVG(Grade) >=
CASE
WHEN YearInSchool = 7 THEN 70
WHEN YearInSchool = 8 THEN 75
ELSE 80
END
ORDER BY Student
```

HAVING 절은 평균 점수가 CASE 표현으로부터 반환된 수보다 커야 한다고 서술하고 있다. CASE 표현은 YearInSchool 열의 값에 따라 70, 75, 80 중의 하나의 수를 돌려 줄 것이다. 결과는 다음과 같다.

Student	Year in School	Grade Type	Average Grade
Isabella	7	Quiz	93.5

Isabella가 새로운 기준을 만족시키는 유일한 학생이기 때문에 목록에 나타난 학생은 Isabella뿐이다.

랭킹 함수

SQL에서는 이 장의 앞부분에서 언급한 그룹화 기술과 함께 수많은 특별 *랭킹(ranking)* 함수(순위 결정 함수)를 제공함으로써 순차적인 분류 방법으로 행을 분류할 수 있게 해준다. 랭킹 함수에는 기본적으로 네 가지가 있다.

- Row_Number
- Rank
- Dense_Rank
- NTile

ROW_NUMBER 함수는 함수와 연결된 표현이나 다른 열이 명시된 순서에 따라 행 번호를 생성한다. 행이 명시된 순서대로 놓인 다음에 주어진 행 번호는 1부터 시작해서 순차적으로 2, 3, 4, …와 같이 증가한다. ROW_NUMBER 함수는 parameter(변수)가 필요 없다.

RANK 함수도 둘 혹은 그 이상의 행이 명시된 열이나 표현에 대해 같은 값을 갖고 있어서 같은 번호가 주어지는 경우를 제외하고는 ROW_NUMBER 함수와 마찬가지다. 예를 들어, 두 번째와 세 번째 행이 같은 값을 갖고 있다면 생성된 랭크는 1, 2, 2, 4, ….가 될 것이다. 값 2를 가진 두 행이 같은 값을 갖고 있어서 SQL은 숫자 3을 건너 뛴다.

DENSE_RANK 함수는 RANK 함수와 같지만 한 가지 다르다. DENSE_RANK는 같은 값이 있더라도 번호를 건너뛰지 않는다. 앞의 예의 경우, dense rank 같으면 1, 2, 2, 3, …이 될 것이다. 3을 건너뛰지 않는다.

마지막으로, NTILE 함수가 있는데, 이는 다른 열이나 표현에서 명시된 순서에 근거하여 백분위수(%)나 다른 ntile을 생성한다. RANK, ROW_NUMBER, DENSE_RANK와는 달리

NTILE은 변수(parameter)가 필요하다. 예를 들어 함수 NTILE(100)은 백분위를 부여한다. 백분위란 1부터 100까지의 숫자로서 값의 상대적 위치 값을 나타낸다. 하지만, 다른 숫자들도 함수의 argument(매개변수)로 사용될 수 있다. 그래서 함수 NTILE(10)은 십분위 수를 만들고, NTILE(4)는 사분위 수를 부여하게 된다.

다음 테이블에 근거하여 몇 가지 예를 들어 랭킹에 대해 알아보자.

StockSymbol	StockName	Exchange	PriceEarningsRatio
AAPL	Apple Inc	NASDAQ	14
AMZN	Amazon.com Inc	NASDAQ	489
DIS	The Walt Disney Company	NYSE	21
GE	General Electric Company	NYSE	18
GOOG	Alphabet Inc	NASDAQ	30
HSY	The Hershey Company	NYSE	26
KRFT	Kraft Foods Inc	NYSE	12
KO	The Coca-Cola Company	NYSE	21
MCD	McDonalds Corporation	NYSE	18
MMM	3M Company	NYSE	20
MSFT	Microsoft Corporation	NASDAQ	15
ORCL	Oracle Corporation	NASDAQ	17
SBUX	Starbucks Corporation	NASDAQ	357
WBA	Walgreens Boots Alliance Inc	NYSE	24
WMT	Wal-Mart Stores Inc	NYSE	15

이 테이블은 주식에 대한 것으로 주식 종목 약칭과 이름, 거래하는 증권거래소, 주가수익(PE) 비율 등을 보여준다. 예를 들어 Apple(AAPL)은 NASDAQ에서 거래되며 PE 율은 14다.

다음 첫 예에서는 PE 율에 의해 모든 행을 정렬하고, ROW_NUMBER 함수를 사용해 각 행에 대해 행 번호를 만들어 낸다. PE는 최저부터 최고까지 행을 정렬하고 싶다고 하자. 일반적으로 PE가 낮은 것이 PE가 높은 것보다 낮기 때문에 낮은 PE를 먼저 보여주는 것이다. 이를 실행할 문장은 다음과 같다.

```
SELECT
ROW_NUMBER() OVER (ORDER BY PriceEarningsRatio) AS 'Row',
StockSymbol AS 'Symbol',
StockName AS 'Name',
Exchange AS 'Exchange',
PriceEarningsRatio AS 'PE Ratio'
FROM Stocks
ORDER BY PriceEarningsRatio
```

이 문장의 실행 결과는 다음과 같다.

Row	Symbol	Name	Exchange	PE Ratio
1	KRFT	Kraft Foods Inc	NYSE	12
2	AAPL	Apple Inc	NASDAQ	14
3	MSFT	Microsoft Corporation	NASDAQ	15
4	WMT	Wal-Mart Stores Inc	NYSE	15
5	ORCL	Oracle Corporation	NASDAQ	17
6	GE	General Electric Company	NYSE	18
7	MCD	McDonald's Corporation	NYSE	18
8	MMM	3M Company	NYSE	20
9	DIS	The Walt Disney Company	NYSE	21
10	KO	The Coca-Cola Company	NYSE	21
11	WBA	Walgreens Boots Alliance Inc	NYSE	24
12	HSY	The Hershey Company	NYSE	26
13	GOOG	Alphabet Inc	NASDAQ	30
14	SBUX	Starbucks Corporation	NASDAQ	357
15	AMZN	Amazon.com Inc	NASDAQ	489

어떻게 이렇게 되는지 알아 보자. 먼저, 이 문장에는 선택 기준이나 그룹화가 없다. *columnlist* 외에 FROM 절 하나와 ORDER BY 절 하나가 있다. (문장의 마지막 줄인) ORDER BY 절은 PE 율에 따라 원하는 순서대로 행을 나열하기 위해 필요하다. 이 문장에서 중요한 복잡성은 *columnlist*에 있는 첫 아이템으로, ROW_NUMBER 랭킹 함수를 사용한다. 이 값은 OVER 키워 드는 물론 다른 괄호 안에 ORDER BY를 포함하고 있다는 점에 주의하라. 랭킹 함수를 포함한 *columnlist* 요소에 대한 일반적인 유형은 다음과 같다.

```
Rank_Function() OVER (ORDER BY expression [[ASC]|DESC])
```

*Rank_Function*은 앞서 언급한 네 가지 함수 중 어떤 것이어도 좋다. 키워드 OVER가 필요하다. OVER의 목적은 랭크(순위) 함수가 어떻게 적용될지를 지정하는 것이다. 괄호 안에 있는 *expression*(표현)은 랭크(순위)가 적용될 열이나 표현을 나타낸다. ORDER BY 키워드는 이 표현이 오름차순으로 평가될지 내림차순으로 평가되어야 할지를 나타낸다. 순서가 오름차순이라면, ASC 키워드는 필요하지 않다.

이 예에서는 PriceEarningsRatio 열의 평가에 근거한 행 번호를 부여하게 된다. Price EarningsRatio의 값은 오름차순으로 나타낸다. 첫 행인 Kraft Foods는 행 번호가 1이다. 그건 순서상 첫 번째이기 때문이다. ROW_NUMBER 함수는 행 번호를 부여하기만 한다는 점을 기억하라. SELECT 문장에 있는 ORDER BY 절이 사실상 원하는 순서(sequence)대로 출력을 해줘야 한다.

RANK 함수와 DENSE_RANK 함수의 용법을 설명하기 위해 이 두 함수를 이전 문장에 열처럼 추가할 것이다. 주식 이름이나 증권거래소도 보여줄 것이다. 새로운 문장은 다음과 같다.

```
SELECT
ROW_NUMBER() OVER (ORDER BY PriceEarningsRatio) AS 'Row',
RANK() OVER (ORDER BY PriceEarningsRatio) AS 'Rank',
DENSE_RANK() OVER (ORDER BY PriceEarningsRatio) AS 'Dense Rank',
StockSymbol AS 'Symbol',
PriceEarningsRatio AS 'PE Ratio'
FROM Stocks
ORDER BY PriceEarningsRatio
```

결과는 다음과 같다.

Row	Rank	Dense Rank	Symbol	PE Ratio
1	1	1	KRFT	12
2	2	2	AAPL	14
3	3	3	MSFT	15
4	3	3	WMT	15
5	5	4	ORCL	17
6	6	5	GE	18
7	6	5	MCD	18
8	8	6	MMM	20
9	9	7	DIS	21
10	9	7	KO	21
11	11	8	WBA	24
12	12	9	HSY	26
13	13	10	GOOG	30
14	14	11	SBUX	357
15	15	12	AMZN	489

이 예에서 MSFT와 WMT는 PE가 같다. 결과적으로 RANK와 DENSE_RANK에 같은 값이 주어진다. 차이점은 뒤따르는 행에 부여되는 값이 다르다는 것이다. RANK에서는 MSFT, WMT 다음 행인 ORCL은 숫자를 건너 뛰기 때문에 값 5가 주어진다. DENSE_RANK에서는 건너뛰는 숫자가 없어서 ORCL에 값 4가 주어진다.

NTILE 함수로 가서 NTILE(4)와 NTILE(10)의 예제를 살펴보자. 언급한대로 NTILE은 명시된 순서대로 행의 순위를 매기고, 그룹에 번호를 부여한다. NTILE(4)의 경우, 데이터가 네 그룹으로 나뉜다. 이를 일반적으로 *사분위수(quartiles)*라고 부른다. NTILE(10)은 데이터를 열 그룹으로 나누고, *십분위수(deciles)*라고 부른다. 이를 설명하기 위해 다음의 문장들이 PE 율에 따라 주식의 순위를 매기고, NTILE(4)와 NTILE(10)을 보여줄 것이다.

```
SELECT
NTILE(4) OVER (ORDER BY PriceEarningsRatio) AS 'Quartile',
NTILE(10) OVER (ORDER BY PriceEarningsRatio) AS 'Decile',
StockSymbol AS 'Symbol',
PriceEarningsRatio AS 'PE Ratio'
FROM Stocks
ORDER BY PriceEarningsRatio
```

결과는 다음과 같다.

Quartile	Decile	Symbol	PE Ratio
1	1	KRFT	12
1	1	AAPL	14
1	2	MSFT	15
1	2	WMT	15
2	3	ORCL	17
2	3	GE	18
2	4	MCD	18
2	4	MMM	20
3	5	DIS	21
3	5	KO	21
3	6	WBA	24
3	7	HSY	26
4	8	GOOG	30
4	9	SBUX	357
4	10	AMZN	489

Quartile 열은 PE 율에 대한 순위(랭크)에 근거해 데이터를 4개의 그룹으로 나눈다. 보다시피 1행부터 4행은 사분위의 맨 위에 있고, 5행부터 8행은 사분위의 두 번째, 그렇게 계속된다. 비슷한 방법으로 Decile 열은 데이터를 10개의 그룹으로 나눈다. 데이터 세트가 더 큰 경우에는 NTILE(100) 함수를 포함시켜 데이터를 100개의 그룹으로 나누는 것이 일반적이다. 이들 각 100개의 그룹을 백분위수라고 한다.

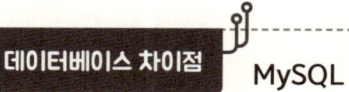

데이터베이스 차이점　　**MySQL**

MySQL은 마이크로소프트 SQL Server와 오라클과는 달리 앞에서 다룬 OVER 키워드나 랭킹 함수가 없다. 다음에 다룰 PARTITION BY 키워드도 없다.

분할

어떻게 하면 앞 부분에서 배운 랭킹 함수를 유용하게 활용할 것인가는 랭킹 함수를 적용하기 전에 데이터를 *partitions*로 나누는 방법에 달려있다. 앞서 얘기했던 랭킹 함수를 포함한 *columnlist* 요소의 일반적인 형식은 다음과 같다.

```
Rank_Function() OVER (ORDER BY expression [[ASC]¦DESC])
```

데이터 분할(partitioning)에는 PARTITION BY 키워드가 들어간다. 분할을 하며 랭킹 함수를 포함한 *columnlist* 요소의 일반적인 형식은 다음과 같다.

```
Rank_Function() OVER (PARTITION BY expression_1
ORDER BY expression_2 [[ASC]¦DESC])
```

앞의 예에서는 Exchange 열의 값을 무시했었다. 분할을 사용함으로써 데이터를 Exchange 열에 근거해 NYSE인지 NASDAQ인지, 두 개의 별도 그룹으로 나누는 것, 즉 *partition*이 가능해졌다. 앞에서 본 것처럼 데이터를 분리한 후 랭킹 함수가 적용된다.

이를 알아보기 위해, 데이터 순위를 정하기 위해 ROW_NUMBER 함수를 사용한 앞 부분의 첫 요구를 PE 율에 따라 각 행에 행 번호를 부여하는 것으로 바꿔 보자. 원래의 SQL 문장은 다음과 같았다.

```
SELECT
ROW_NUMBER() OVER (ORDER BY PriceEarningsRatio) AS 'Row',
StockSymbol AS 'Symbol',
StockName AS 'Name',
Exchange AS 'Exchange',
PriceEarningsRatio AS 'PE Ratio'
FROM Stocks
ORDER BY PriceEarningsRatio
```

수정한 문장에서는 *columnlist* 요소에 PARTITION BY 키워드를 추가하여 ROW_NUMBER 함수를 사용할 것이다. 열의 순서도 재배열하고, 데이터를 좀더 잘 이해할 수 있는 레이아웃으로 ORDER BY 절도 바꿀 것이다. 새로운 문장은 다음과 같다.

```
SELECT
Exchange AS 'Exchange',
ROW_NUMBER() OVER (PARTITION BY Exchange ORDER BY PriceEarningsRatio)
AS 'Exchange Rank',
StockSymbol AS 'Symbol',
PriceEarningsRatio AS 'PE Ratio'
FROM Stocks
ORDER BY Exchange, PriceEarningsRatio
```

결과는 다음과 같다.

Exchange	Exchange Rank	Symbol	PE Ratio
NASDAQ	1	AAPL	14
NASDAQ	2	MSFT	15
NASDAQ	3	ORCL	17
NASDAQ	4	GOOG	30
NASDAQ	5	SBUX	357
NASDAQ	6	AMZN	489
NYSE	1	KRFT	12
NYSE	2	WMT	15
NYSE	3	GE	18
NYSE	4	MCD	18
NYSE	5	MMM	20
NYSE	6	DIS	21
NYSE	7	KO	21
NYSE	8	WBA	24
NYSE	9	HSY	26

ROW_NUMBER 함수에 대한 열의 이름이 'Row'에서 'Exchange Rank'로 바뀐 것을 알아차렸을 것이다. 이는 이제 두 세트의 데이터가 있기 때문에 이렇게 한 것이다. 순차적인 번호 세트가 두 개 있기 때문에 이 열을 row number(행 번호)라고 부르는 것이 말이 안 된다. ORDER BY 절은 랭킹 함수에 있는 PARTITION BY와 RANKING BY 표현에 상응해야 한다는 점을 기억하라. 만약 데이터가 한 방법으로 분할되고 순위가 매겨졌는데, 다른 방법으로 정렬되었다면 결과를 이해하기 어려울 것이다.

분할은 이 장의 앞부분에서 다룬 GROUP BY 절과 같지 않다는 점을 기억해야 한다. GROUP BY 절의 일반적인 목적은 각 그룹으로 집합시키는 기능이라기보다 데이터를 그룹화하는 데 있다. 예를 들어, Exchange 열에 의해 그룹화하고 각 그룹에 대한 PE

평균을 얻고 싶다고 하자. NASDAQ과 NYSE의 거래(exchanges)의 PE 평균을 제공할 것이다. 반대로 분할(partitioning)의 개념은 상세 자료를 그대로 유지하는 것이다. 분할은 각 칸(partition)에서 개별 행에 순위를 적용하기 위해 만들어진 것이다. 데이터가 순위를 매기기 위해 나뉘어졌다고 해도 데이터는 그대로 남아 있고, 집합은 포함되지 않았다.

앞의 예제는 순위(ranking)를 매기는 ROW_NUMBER 함수로 분할을 하는 용법을 보여줬다. 다른 세 가지 순위 함수(ranking function)에 대한 분할의 적용도 같은 방법으로 작용한다. 예를 들어 데이터를 Exchange에 따라 분할한 다음, 각 분할에 대해 사분위수를 보여주려면 문장을 다음과 같이 작성한다.

```
SELECT
Exchange AS 'Exchange',
NTILE(4) OVER (PARTITION BY Exchange ORDER BY PriceEarningsRatio)
AS 'Quartile',
StockSymbol AS 'Symbol',
PriceEarningsRatio AS 'PE Ratio'
FROM Stocks
ORDER BY Exchange, PriceEarningsRatio
```

결과는 다음과 같다.

Exchange	Quartile	Symbol	PE Ratio
NASDAQ	1	AAPL	14
NASDAQ	1	MSFT	15
NASDAQ	2	ORCL	17
NASDAQ	2	GOOG	30
NASDAQ	3	SBUX	357
NASDAQ	4	AMZN	489
NYSE	1	KRFT	12
NYSE	1	WMT	15
NYSE	1	GE	18
NYSE	2	MCD	18
NYSE	2	MMM	20
NYSE	3	DIS	21
NYSE	3	KO	21
NYSE	4	WBA	24
NYSE	4	HSY	26

원하는 대로 데이터가 이제 NASDAQ과 NYSE 주식 모두에 대해 사분위수로 행의 순위를 보여준다.

랭킹 함수와 분할에 대해 여기서 살펴본 예들은 흥미롭다. 그래서 이 기술들에 대해 유용한 적용 사례를 14장 '서브쿼리(Subqueries)'에서 훨씬 더 많이 다룰 것이다. 데이터를 분할하고 각 partition에 순위를 매기는 능력은 데이터 세트에 있는 각 partition에 대해 *top n* 유형의 선택을 명시할 수 있다는 의미다. 예를 들어, 각 고객에 대해 가장 큰 주문량을 선택하고 싶다고 하자. 고객 번호에 따라 데이터를 분할하고 주문 양에 따라 각 행의 순서를 매길 수 있다. 궁극적으로 각 고객에 대해 하나의 주문을 선택하고 싶다. 다음과 같은 문장을 쿼리에 넣으면 가능해진다.

```
ROW_NUMBER() OVER
(PARTITION BY CustomerNumber ORDER BY OrderAmount) AS TheRow
```

이것은 OrderAmount에 따라 각 고객의 주문에 대한 순서를 매기는 TheRow라는 계산된 필드를 만들어낸다. 가장 높은 값을 가진 주문에 1이 부여된다. 14장에서 보겠지만, 그런 다음에 초기 쿼리의 결과에서 TheRow가 1인 행만 선택할 수 있게 된다. 그래서 각 고객별로 가장 많은 주문량을 볼 수 있게 되는 것이다. 이 기술은 여러 비슷한 상황에 적용될 수 있다. 예를 들어, 각 고객의 가장 최근 주문을 보고 싶다거나 각 도시에서 가장 수익성이 높은 고객을 보고 싶다고 할 때 사용할 수 있다.

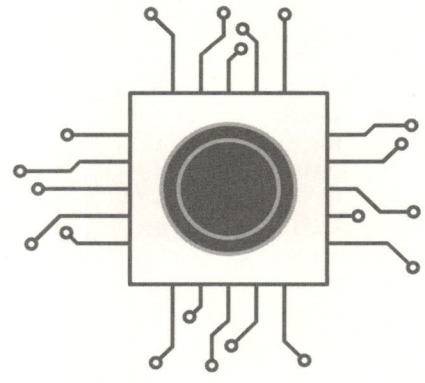

 요약과
미리 보기

이 장에서는 가장 간단하게는 중복을 제거하는 것을 비롯해 집계의 여러 형태를 알아 보았다. 그리고 많은 집계(aggregate) 함수를 소개했는데, 4장에서 배웠던 스칼라 함수와는 다른 차원의 함수들이었다. 집계 함수의 진정한 능력은 데이터를 그룹별로 분리시키는 GROUP BY 키워드와 함께 사용할 때 명백해진다. 또 HAVING 절도 살펴 봤는데, 이는 집계 함수의 값에 그룹 차원의 선택 기준을 적용할 수 있게 해준다.

뒷부분에서는 요약과 관련된 두 가지 추가 주제를 다뤘다. GROUP BY 절과 HAVING 절에서 CASE 표현을 사용하면 조건부 논리 그룹화를 적용하고 그룹 선택 기준을 적용할 수 있다. 마지막에는 상세 데이터를 체계화하는 데 유용한 랭킹 함수와 분할에 대해 배웠다. 랭킹 함수와 함께 PARTITION BY 키워드를 사용함으로써 데이터를 여러 그룹으로 분리할 수 있게 된다.

다음 장에서는 '소계와 크로스탭(Subtotals and Crosstabs)'에 대해 배울 것인데, 이들은 집계된 값을 포맷하는 옵션을 추가로 제공한다. 소계(subtotals)는 상세 데이터의 보고에 대한 요약된 정보를 추가할 수 있게 해준다. 크로스탭(crosstabs)은 집계된(aggregated) 데이터를 명확하게 보여주는 새로운 방법을 제시한다.

Memo

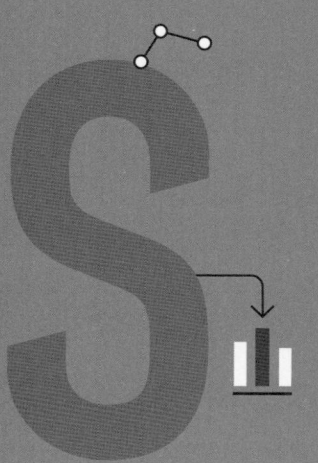

Chapter 10

소계와 크로스탭
(Subtotals and Crosstabs)

🗩 키워드 소개
ROLLUP · GROUPING · CUBE · PIVOT · FOR

앞 장에서는 요청에 따라 소계를 내는 많은 방법을 제공했다. 이제 소계를 내는 추가 옵션으로 확장하려고 한다.

데이터를 집계할 때, 요약된 합계 아래 있는 상세 데이터는 지워버린다. 집계(aggregation)의 중요한 점은 상세 데이터를 요약으로 바꾸는 것이다. 하지만 사용자들이 가끔은 군데군데 나오는 요약과 함께 상세 데이터를 보고 싶어할 것이다. 이럴 때 소계가 필요하다. 소계는 전형적으로 키 열을 요약한 상세 데이터와 함께 추가된 별도의 행을 통해 제공된다.

이 장에서 다룰 두 번째 주제는 요약된 데이터(summarized data)가 사용자에게 어떻게 보여지는가에 대한 것이다. 앞 장에서는 데이터가 모여 그룹화 되고 나면 사용자에게 바로 보여졌다. 데이터의 각 행은 요약된 값과 함께 그룹화된 값을 나타낸다. 이것이 대개 데이터를 보여주는 적절한 방법이다. 하지만 가끔은 사용자가 크로스탭 형태(crosstab format)로 된 데이터를 선호하기도 한다. 크로스탭 형태에서는 그룹이 여러 개의 열로 쪼개져 있다. 이는 사용자가 훑어 봐야 할 행의 수를 축소하는 효과가 있다. 크로스탭 레이아웃은 전형적으로 여러 보고 도구에서 사용되고 있다. 크로스탭의 좋은 예는 엑셀의 피벗 테이블(Excel pivot table)로, 데이터를 행과 열로 볼 수 있다. 이 장에서는 SQL 명령어로 이런 효과를 낼 수 있는 방법을 알아본다.

ROLLUP으로 소계 내기

앞 장에서는 데이터를 한데 모으기 위해 GROUP BY 절을 사용하는 방법을 알아보았다. 데이터가 그룹화될 때 가끔은 어떤 열은 그 열에 있는 값들의 합을 제공하기 위해 합계를 낼 수 있다. 이 경우를 다시 논의하기 위해 몇 상품의 현재 재고를 보여주는 다음의 데이터를 가지고 시작해보자.

InventoryID	Category	Subcategory	Product	Quantity
1	Furniture	Chair	Red Armchair	3
2	Furniture	Chair	Green Armchair	2
3	Furniture	Desk	Blue Computer Desk	4
4	Paper	Copy	White Copy Paper	5
5	Paper	Copy	Pink Copy Paper	2
6	Paper	Notebook	White Notebook Paper	4

이 예에서는 각 상품이 category와 subcategory로 나뉘어져 있다. 예를 들어 Furniture category에는 Chair와 Desk라는 subcategories(하위 영역)가 있다. 다음 SELECT 문장은 이 데이터를 Category와 Subcategory 별로 그룹 짓고, 각 그룹에 대한 quantity(양)를 합산한다.

```
SELECT
Category,
Subcategory,
SUM(Quantity) AS 'Quantity'
FROM Inventory
GROUP BY Category, Subcategory
ORDER BY Category, Subcategory
```

결과는 다음과 같다.

Category	Subcategory	Quantity
Furniture	Chair	5
Furniture	Desk	4
Paper	Copy	7
Paper	Notebook	4

아직은 다 좋다. 하지만 각 영역(category)별로 소계를 내고 최종 합계도 내야 한다면 어떨까? 다시 말해, 그룹별 데이터 외에 영역이 바뀔 때마다 행의 소계를 내고, 마지막 행에는 모든 수량의 총계를 내고 싶다면 어떻게 해야 할까? 다음과 같이 GROUP BY 절에 ROLLUP 키워드를 사용하면 할 수 있다.

```
SELECT
Category,
Subcategory,
SUM(Quantity) AS 'Quantity'
FROM Inventory
GROUP BY ROLLUP(Category, Subcategory)
```

ROLLUP 키워드는 행의 소계와 총계를 내는 GROUP BY 절의 연장이다. 위 문장의 결과는 다음과 같다.

Category	Subcategory	Quantity
Furniture	Chair	5
Furniture	Desk	4
Furniture	NULL	9
Paper	Copy	7
Paper	Notebook	4
Paper	NULL	11
NULL	NULL	20

보다시피, 원래의 4행에 3개의 소계와 총계 행이 추가되었다. 이 추가된 행에는 Category 열과 Subcategory 열에 키워드 NULL이 있다. 첫 소계 행은 세 번째 행으로, Furniture category를 모두 합한 값이 9임을 보여준다. Subcategory에는 NULL이라고 나타나는데, 이것은 그 영역에 대해 소계만 보여주기 때문이다. 두 번째 소계는 6번째 행에 있는데, Paper category(종이 영역)를 모두 합한 것으로 paper 물건이 11개 있음을 보여준다. 마지막 행은 모든 영역에 있는 모든 물건의 합을 보여주는 열이며, 재고로 20개의 아이템이 있음을 보여준다.

출력에 NULL이라고 보여지는 것은 앞에서 배웠던 NULL 값과는 좀 다른 의미다. 여기서 NULL은 ROLLUP이 적용됐음을 보여주는 placeholder(역주 빈칸을 채워주는 이름)일 뿐이다.

앞의 문장은 ORDER BY 절을 포함하고 있지 않다. ORDER BY 없이 소계와 통계 행은 항상 각 영역 바로 다음에 나타난다. 이제 문장에 ORDER BY를 추가하여 차이점을 알아보자.

```
SELECT
Category,
Subcategory,
SUM(Quantity) AS 'Quantity'
FROM Inventory
GROUP BY ROLLUP(Category, Subcategory)
ORDER BY Category, Subcategory
```

결과는 다음과 같다.

Category	Subcategory	Quantity
NULL	NULL	20
Furniture	NULL	9
Furniture	Chair	5
Furniture	Desk	4
Paper	NULL	11
Paper	Copy	7
Paper	Notebook	4

보이는 것처럼 ORDER BY 절이 소계 행과 총계 행의 위치를 바꿔놓았다. 소계 행과 총계 행이 이제 각 영역 뒤가 아니라 앞에 나타났다. 이것은 NULL 값이 가장 작은 값이기 때문에 정렬된 순서 상 제일 먼저 온 것이다. 위의 예에서 NULL 값을 사용한 것을 해석하기 어렵다는 점은 명백하다. 이제 NULL 값을 좀 의미 있게 바꾸는 방법을 알아보자. GROUPING이라는 함수를 사용하면 가능하다. 이것은 ROLLUP 키워드와 사용되는 특별한 집계 함수다. 곧 배우겠지만, GROUPING은 CUBE 키워드와 함께 사용할 수도 있다. 다음 예는 GROUPING 함수를 사용해서 두 열을 더하는 것이다. 좀 더 쉽게 하기 위해 ORDER BY 절을 뺄 것이다.

```
SELECT
Category,
Subcategory,
SUM(Quantity) AS 'Quantity',
GROUPING(Category) AS 'Category Grouping',
GROUPING(Subcategory) AS 'Subcategory Grouping'
FROM Inventory
GROUP BY ROLLUP(Category, Subcategory)
```

결과는 다음과 같다.

Category	Subcategory	Quantity	Category Grouping	Subcategory Grouping
Furniture	Chair	5	0	0
Furniture	Desk	4	0	0
Furniture	NULL	9	0	1
Paper	Copy	7	0	0
Paper	Notebook	4	0	0
Paper	NULL	11	0	1
NULL	NULL	20	1	1

결과를 살펴보고 GROUPING 함수가 어떤 작업을 했는지 알아보자. 이 함수는 단일 변수를 갖는데, 이 변수는 검토해야 할 열의 이름이며, 0이나 1 값을 돌려준다. 1은 이 행이 GROUP BY 절의 ROLLUP에서 사용된 그 열에서 명시한 소계나 총계를 포함하고 있다는 의미다. 이 예에서는 Category와 Subcategory에 ROLLUP을 하라고 되어 있다. 그래서 어떤 행이 Subcategory에 대해 소계를 낸 경우엔 Subcategory에 대해 GROUPING 함수가 1을 돌려준다. 명시된 열에 대해 소계를 낸 경우가 아니면 함수는 0을 돌려준다. 보다시피, 앞의 결과에서 세 번째 행은 Subcategory 열에 NULL이 있고, 이에 해당하는 Subcategory Grouping의 값은 1이다.

이제 GROUPING 함수의 역할을 확인했으니 잘 활용해보자. 다음 예에서는 CASE 문장을 사용해서 GROUPING 함수의 결과를 좀더 의미 있는 테이블로 바꿔보자.

```
SELECT
ISNULL(Category,'') AS 'Category',
ISNULL(Subcategory, '') AS 'Subcategory',
SUM(Quantity) AS 'Quantity',
CASE WHEN GROUPING(Category) = 1 then 'Grand Total'
WHEN GROUPING(Subcategory) = 1 then 'Subtotal'
ELSE ' ' END AS 'Subtotal/Total'
FROM Inventory
GROUP BY ROLLUP(Category, Subcategory)
```

이렇게 하면 결과는 다음과 같다.

Category	Subcategory	Quantity	Subtotal/Total
Furniture	Chair	5	
Furniture	Desk	4	
Furniture		9	Subtotal
Paper	Copy	7	
Paper	Notebook	4	
Paper		11	Subtotal
		20	Grand Total

Category와 Subcategory 열의 ISNULL 함수는 NULL이라는 단어를 인쇄하지 않도록 숨겨준다. 새로 생긴 Subtotal/Total 열의 CASE 문장은 GROUPING 함수를 사용해서 Quantity(양)가 Subtotal(소계)인지 Grand Total(총계)인지에 따라 'Subtotal'이나 'Grand Total'이라고 출력한다.

좀 더 이해하기 쉽게 디스플레이를 할 수 있는 방법이 또 있다. 다음 예에서는 CASE 문장을 첫 줄로 옮길 것이다.

```
SELECT
CASE
WHEN GROUPING(Category) = 1 THEN 'GRAND TOTAL'
WHEN GROUPING(Subcategory) = 1 THEN 'SUBTOTAL'
ELSE ISNULL(Category,") END AS 'Category',
ISNULL(Subcategory, ") AS 'Subcategory',
SUM(Quantity) AS 'Quantity'
FROM Inventory
GROUP BY ROLLUP(Category, Subcategory)
```

결과는 다음과 같다.

Category	Subcategory	Quantity
Furniture	Chair	5
Furniture	Desk	4
SUBTOTAL		9
Paper	Copy	7
Paper	Notebook	4
SUBTOTAL		11
GRAND TOTAL		20

보다시피, CASE 문장은 Category 열 아래에 해당하는 양이 소계이면 SUBTOTAL을, 총계이면 GRANDTOTAL이라고 프린트한다. GROUPING 함수는 이런 결정을 하는 데 사용된다.

MySQL은 ROLLUP 키워드와 조금 다른 형태를 갖고 있다. SQL Server 문장을 보자.

```
GROUP BY ROLLUP(Category, Subcategory)
```

MySQL에서는 다음과 같이 사용한다.

```
GROUP BY Category, Subcategory WITH ROLLUP
```

MySQL은 WITH ROLLUP을 사용하는 경우에는 ORDER BY 절을 사용하지 않는다. 또한 MySQL은 GROUPING 함수도 제공하지 않는다.

CUBE로 소계 내기

데이터가 계급적인 구조를 갖는 경우에 효과가 있다. 앞의 예를 보면, category에서 sub category로 자연스러운 계층이 있다. 그런 경우 category에서 subcategory로 드릴 다운(drilling down, 역주 클릭 등을 하여 보다 자세한 정보로 캐가는 것)할 생각을 할 것이다. ROLLUP 키워드는 각 category에 대한 소계를 내고 마지막에 총계를 제공한다.

하지만 데이터가 계층을 이루지 않는 구조일 경우도 있는데, 그럼에도 불구하고 행의 소계를 내려고 할 수도 있다. 그런 예를 살펴보기 위해 다음 데이터를 보자.

SalesDate	CustomerID	State	Channel	SalesAmount
4/1/2017	101	NY	Internet	50
4/1/2017	102	NY	Retail	30
4/1/2017	103	VT	Internet	120
4/2/2017	145	VT	Retail	90
4/2/2017	180	NY	Retail	300
4/2/2017	181	VT	Internet	130
4/2/2017	182	NY	Internet	520
4/2/2017	184	NY	Retail	80

이 데이터는 고객과 날짜 별 매출을 보여주며, state(주)와 판매 경로를 보여준다. 이 예에서는 NY와 VT 두 주만 있고, 경로는 인터넷과 소매(매장에 직접 가서 사는 방법, retail) 두 가지이다. 주 별로, 경로 별로 총계를 얻고 싶다고 하자. 여러 고객으로부터 여러 날에 걸쳐 판매가 이뤄지고 있지만, 지금은 고객 별로, 혹은 날짜 별로 집계할 필요는 없다고 하자. 다음 문장을 통해 주 별 통계와 경로 별 총계를 얻을 수 있다.

```
SELECT
State,
Channel,
SUM(SalesAmount) AS 'Sales Amount'
FROM SalesSummary
GROUP BY State, Channel
ORDER BY State, Channel
```

결과는 다음과 같다.

State	Channel	Sales Amount
NY	Internet	570
NY	Retail	410
VT	Internet	250
VT	Retail	90

지금까지는 주와 경로를 조합한 판매 합계를 얻기 위해 간단한 GROUP BY만을 적용했다. 이제 앞에서 가구 재고 데이터를 가지고 했던 것과 유사하게 소계와 총계를 내고 싶다고 해보자. 우리가 당면한 문제는 category와 subcategory 사이에 존재한 계층 구조와 같은 자연적인 계층이 주와 경로 사이에는 없다는 것이다. 소계를 사용한다면 어떻게 소계가 계산되어야 할지 알려줄 명백한 방법이 없다. 사실은 서로 독립적인 주와 경로에 대한 소계를 모두 보고 싶다.

이를 위해 CUBE라는 새로운 키워드를 사용할 것인데, 이것은 앞에서 ROLLUP을 사용했던 방법과 유사하다. 다음 문장은 원하는 결과를 줄 것이다.

```
SELECT
State,
Channel,
SUM(SalesAmount) AS 'Sales Amount'
FROM SalesSummary
GROUP BY CUBE(State, Channel)
ORDER BY State, Channel
```

결과는 다음과 같다.

State	Channel	Sales Amount
NULL	NULL	1320
NULL	Internet	820
NULL	Retail	500
NY	NULL	980
NY	Internet	570
NY	Retail	410
VT	NULL	340
VT	Internet	250
VT	Retail	90

앞의 예제에서 State와 Channel 열의 NULL 값은 소계와 총계를 나타낸다. State 열과 Channel 열 모두에 NULL 값을 가진 첫 행은 모든 데이터에 대한 총계이다. State 열에만 NULL 값을 가진 두 번째 행은 Channel 열의 소계를 보여준다. 예를 들어 두 번째 행은 인터넷 구매 합이 820임을 나타낸다. Channel 열에 NULL 값을 가진 네 번째 행과 일곱 번째 행은 State 열의 소계를 갖고 있다. 보면 알겠지만, NY의 총 구매 량은 980, VT는 총 340이다.

CUBE라는 키워드를 사용하면 데이터를 다각도로 표현할 수 있다. ROLLUP 키워드는 계층적으로 데이터를 들여다 볼 수 있게 해주는 반면, CUBE 키워드는 다차원을 볼 수 있게 해준다. 이 예콤에서, State나 Channel에 대한 소계를 봤다.

앞서처럼, 소계와 총계를 찾는 것이 어렵다. 모든 NULL 값을 제거하고 어떤 행이 소계이고 어떤 행이 총계인지 정확히 나타내주를 것이 바람직하다. rollup처럼, GROUPING 함수를 사용하면 어떤 행이 소계인지 결정할 수 있다. 다음 쿼리는 GROUPING 정보를 갖고 있는 두 열을 추가한다.

```
SELECT
State,
Channel,
SUM(SalesAmount) AS 'Sales Amount',
GROUPING(State) AS 'State Grouping',
GROUPING(Channel) AS 'Channel Grouping'
FROM SalesSummary
GROUP BY CUBE(State, Channel)
ORDER BY State, Channel
```

결과는 다음과 같다.

State	Channel	Sales Amount	State Grouping	Channel Grouping
NULL	NULL	1320	1	1
NULL	Internet	820	1	0
NULL	Retail	500	1	0
NY	NULL	980	0	1
NY	Internet	570	0	0
NY	Retail	410	0	0
VT	NULL	340	0	1
VT	Internet	250	0	0
VT	Retail	90	0	0

아직도 결과를 이해하는 것이 쉽지는 않지만, 점점 똑똑해져서 몇 가지 다른 방법과 GROUPING 함수도 사용하여 보다 보기 좋게 출력되었다. 이제 다음 문장을 실행시키고 결과를 본 다음에 설명을 할 것이다.

```
SELECT
ISNULL(State,' ') AS 'State',
ISNULL(Channel, ' ') AS 'Channel',
SUM(SalesAmount) AS 'Sales Amount',
CASE WHEN GROUPING(State) = 1
AND GROUPING(Channel) = 1 THEN 'Grand Total'
WHEN GROUPING(State) = 1
AND GROUPING(Channel) = 0 THEN 'Channel Subtotal'
WHEN GROUPING(State) = 0
AND GROUPING(Channel) = 1 THEN 'State Subtotal'
ELSE ' ' END AS 'Subtotal/Total'
FROM SalesSummary
GROUP BY CUBE(State, Channel)
ORDER BY
CASE
WHEN GROUPING(State) = 0 AND GROUPING(Channel) = 0 THEN 1
WHEN GROUPING(State) = 0 AND GROUPING(Channel) = 1 THEN 2
WHEN GROUPING(State) = 1 AND GROUPING(Channel) = 0 THEN 3
ELSE 4
END
```

결과를 보자.

State	Channel	Sales Amount	Subtotal/Total
NY	Retail	410	
VT	Retail	90	
NY	Internet	570	
VT	Internet	250	
NY		980	State Subtotal
VT		340	State Subtotal
	Internet	820	Channel Subtotal
	Retail	500	Channel Subtotal
		1320	Grand Total

잠깐 멈추고 어떻게 이런 결과가 나왔는지 살펴보자. CASE 문장을 사용하여 행이 소계나 총계가 아닐 경우에만 첫 열에 State(주) 이름을 쓰게 했다. 그와 비슷한 방법으로 두 번째 열에는 Channel(경로) 내용을 써 줬다. 세 번째 열은 SUM 함수를 사용하여 각 행에 대한 판매량을 써 줬다. 네 번째 열은 CASE 문장을 사용하여 Subtotal인지 Total인지 구분하여 명목을 써(print) 주었다. 보다시피, CASE는 GROUPING 함수를 사용하여 그것이 State Subtotal(주 소계)인지, Channel Subtotal(경로 소계)인지, Grand Total(총계)인지 결정하게 한다. 이 중 어느 하나도 아닌 경우, SQL은 그 열을 빈칸으로 둔다. GROUP BY 절은 CUBE 키워드를 사용하여 모든 명시된 조합에 대해 소계를 계산한다. 끝으로 ORDER BY 문장에 CASE 문장과 GROUPING 함수를 사용하여 소계가 세부 사항 뒤에 나타나고, 총계는 맨 마지막에 나타나도록 했다.

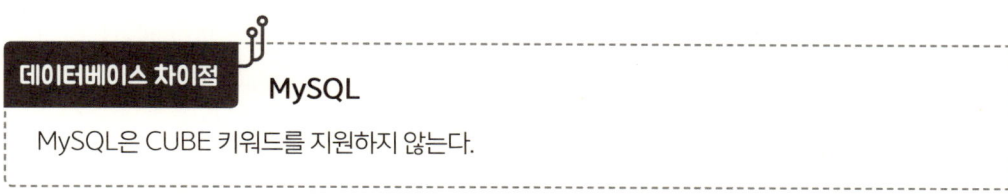

데이터베이스 차이점   **MySQL**

MySQL은 CUBE 키워드를 지원하지 않는다.

크로스탭 레이아웃 만들기

ROLLUP 키워드와 CUBE 키워드를 사용하여 추가된 소계 행은 쿼리에 대한 추가적인 집계를 가능하게 해준다. 추가 소계 행을 디스플레이함으로써 세부사항과 함께 요약된 정보를 볼 수 있게 되었다. 이제 요약된 데이터가 전형적으로 표시되는 방법에 관심을 기울여보자. 이미 데이터를 주와 경로에 따라 그룹화 하여 집계된 내용을 제공하는 이런 문장을 본 적이 있다.

```
SELECT
State,
Channel,
SUM(SalesAmount) AS 'Sales Amount'
FROM SalesSummary
GROUP BY State, Channel
ORDER BY State, Channel
```

결과는 다음과 같다.

State	Channel	Sales Amount
NY	Internet	570
NY	Retail	410
VT	Internet	250
VT	Retail	90

이 데이터는 완벽하게 이해할 수 있다. 네 줄의 데이터가 있는데, 각 행은 특정 주와 경로의 조합에 대한 집계된 내용을 제공한다. 예를 들어, 첫 행에서는 NY에서 인터넷으로 주문한 판매의 합계를 제공한다. 이것도 다 좋지만, 이 같은 정보를 다른 모양으로 디스플레이할 수 있는 방법을 소개하려고 한다. PIVOT이라는 새로운 키워드를 사용하면 엑셀 피벗 테이블의 데이터처럼 데이터를 나타낼 수 있다. 이를 보통 크로스탭 쿼리(crosstab query)라고 한다. PIVOT 키워드를 사용하면 다음과 같은 레이아웃으로 출력할 수 있다.

Channel	NY	VT
Internet	570	250
Retail	410	90

이제 데이터가 네 줄이 아니라 두 줄뿐이다. 주 값을 별도의 열로 나눠 배치한 덕분이다. 이렇게 데이터를 콤팩트하게 디스플레이 하는 방법을 크로스탭(crosstab)이라고 한다. 마이크로소프트 Excel에 익숙한 사람이라면 이 방법은 엑셀 피벗(pivot) 테이블에서 보는 것과 비슷하다. 피벗 테이블에 대해서는 20장에서 논의하겠지만, 지금 기억해야 할 중요한 점은 피벗 테이블이 열을 열, 행, 필터, 값 등 네 개의 별개 영역으로 나눈다는 것이다. 만약 이것이 피벗 테이블이라면 Channel(경로)을 행 영역에, State(주)는 열 영역에, Sales Amount는 값 영역에

두어야 한다.

크로스탭의 장점은 보다 콤팩트하고, 데이터를 찾는 것이 훨씬 더 쉬워진다는 점이다. 예를 들어, VT에서 소매로 판매된 내용을 찾아내려고 한다면, Retail 행을 만들고, VT 열을 만든 다음, 교차점을 찾으면 된다. 전통적인 집계 요약 방법을 사용할 경우 원하는 Channel과 State 값을 찾을 때까지 다양한 행을 찾아봐야 한다.

이제 위의 크로스탭 테이블이 어떻게 완성되었는지 살펴보자. 이런 결과를 돌려줄 쿼리는 다음과 같다.

```
SELECT * FROM
(SELECT Channel, State, SalesAmount FROM SalesSummary) AS mainquery
PIVOT (SUM(SalesAmount) FOR State IN ([NY], [VT])) AS pivotquery
```

앞서 보았던 것들에 비하면 이것은 꽤나 복잡한 것이다. 어떤 면에서는, 두 개의 쿼리를 함께 결합하는 것과 같은데, 이런 주제는 13장과 14장에서 다룰 것이다. 이를 이해하기 위해서는 이 문장을 요소 별로 나눠 볼 필요가 있다. 이 쿼리의 두 번째 줄 괄호 안에 있는 부분은 다음과 같다.

```
SELECT
Channel,
State,
SalesAmount
FROM SalesSummary
```

이 쿼리는 SalesSummary 테이블에서 관심 있는 세 개의 열에 있는 모든 데이터를 선택한다. 바로 다음에 오는 AS 키워드는 전체 쿼리에 대한 별칭을 제공하는 데 사용된다. 여기서는 이것을 *mainquery*라고 부르는데, 이는 임의의 이름이다. 아무렇게 불러도 된다

세 번째 줄에서 PIVOT 연산자를 소개한다. 이 키워드는 뒤에 오는 데이터 아이템들에 대해 피벗 작업을 할 것임을 시사한다. 이 말은 데이터가 크로스탭 형태(crosstab format)로 나타 나기를 바란다는 뜻이다. 목록에 나타난 첫 아이템은 항상 집계 함수이다. 예를 들어 다음과 같은 것이다.

```
SUM(SalesAmount)
```

이것은 SalesAmount 열에 있는 값들을 합하려고 한다는 의미이다. 그 다음에 오는 FOR

키워드는 피벗 테이블에서 별도의 열에 나타내기 바라는 필드로부터 집계 함수를 분리시킨다. 이 예에서는 State 값이 별도의 열에 나타나기를 바란다. IN 키워드는 열 이름을 나타내기 바라는 값들과 분리시킨다. PIVOT 연산자는 헤더(header, 열의 이름)로 원하는 값을 명확히 서술하도록 요구한다. 이 예에서는 그런 값이 NY와 VT이다. SQL Server는 이들 열거된 값들을 보통 작은 따옴표 보다 각괄호 안에 넣으라고 한다. 끝으로 전체 PIVOT 표현에 대해 별칭을 부여했다. 이 예에서는 *pivotquery*이다. *mainquery*라는 별칭처럼 이것도 임의의 이름이다.

요약하면, 이 문장은 다음과 같은 구조를 갖는다.

```
SELECT * FROM
(데이터를 생산하는 SELECT 쿼리) AS alias_for_source_query
PIVOT (aggregation_function(column)
FOR column_for_column_headers
IN pivot_column_values)
AS alias_for_pivot_table
```

언뜻 보기에는 원래의 출력에 비해 그다지 유용해 보이지 않는 결과를 얻기 위해 불필요한 추가 작업을 너무 많이 한 것처럼 보일 수도 있다. PIVOT 연산자의 값을 더 잘 보여주기 위해 이번에는 차원이 다른 집계로 판매 날짜를 추가해보자. 크로스탭 쿼리가 아닌 원래의 쿼리에 이 변화된 내용을 추가해 실행시켜 보자.

```
SELECT
SalesDate,
State,
Channel,
SUM(SalesAmount) AS Total
FROM SalesSummary
GROUP BY SalesDate, State, Channel
ORDER BY SalesDate, State, Channel
```

보다시피, SalesDate를 GROUP BY와 ORDER BY 절에 추가시켰다. 결과는 다음과 같다.

SalesDate	State	Channel	Total
2017-04-01	NY	Internet	50
2017-04-01	NY	Retail	30
2017-04-01	VT	Internet	120
2017-04-02	NY	Internet	520
2017-04-02	NY	Retail	380
2017-04-02	VT	Internet	130
2017-04-02	VT	Retail	90

행의 수가 많이 늘어나서 이걸 해석하는 것이 좀 어렵다. 예를 들어, NY에서 2017년 4월 2일 발생한 소매 판매를 찾으려면 이 정보를 제공하는 다섯 번째 행을 찾을 때까지 모든 행을 찾아봐야 한다. 게다가 VT에서 2017년 4월 1일 발생한 소매 판매를 찾으려면 그런 정보를 가진 행이 없다는 점을 알기까지 시간이 좀 걸릴 것이다. 왜냐하면 원시 데이터에는 VT에서 2017년 4월 1일 발생한 소매 판매가 없기 때문이다.

PIVOT 연산자를 사용하면, 이와 똑같은 데이터를 크로스탭 테이블(crosstab layout)로 만들 수 있어서 원하는 데이터 포인트를 찾기가 쉬워진다. 목표는 데이터를 다음과 같은 모양으로 만들어내는 것이다.

SalesDate	Channel	NY	VT
2017-04-01	Internet	50	120
2017-04-01	Retail	30	NULL
2017-04-02	Internet	520	130
2017-04-02	Retail	380	90

다음의 PIVOT 문장을 사용하면 된다.

```
SELECT * FROM
(SELECT SalesDate, Channel, State, SalesAmount FROM SalesSummary)
AS mainquery
PIVOT (SUM(SalesAmount) FOR State IN ([NY], [VT])) AS pivotquery
ORDER BY SalesDate
```

앞의 PIVOT 문장을 두 군데만 바꿨다. 먼저, 문장의 *mainquery* 부분에 있는 선택된 열에 SalesDate를 추가했다. 그리고 행이 날짜 별로 정렬되게 하는 ORDER BY 절을 추가했다. 지금까지와 달리 크로스탭의 행 부분에 SalesDate와 Channel 필드를 추가했다. 열 부분은 아직 state를 갖고 있는데, 각 state는 별도의 열에 나열되어 있다.

VT에서 2017년 4월 1일 발생한 소매 판매에 NULL 값이 있다. 이것은 명확하게 그런 판매가 없다는 것을 말하고 있다. 이런 사실을 알아내기 훨씬 어려웠던 전통적인 데이터 디스플레이 방법에 비하면 이것은 아주 큰 발전이다.

또한 mainquery의 SELECT에 있는 필드의 순서가 중요하다는 점에 주목하라. 쿼리에서 SalesDate가 Channel보다 먼저 나오도록 했다. 그래서 SalesDate 열이 Channel 열 왼쪽에 있는 것이다. 다음과 같이 하면 두 열의 순서를 쉽게 바꿀 수 있다.

```
SELECT * FROM
(SELECT Channel, SalesDate, State, SalesAmount FROM SalesSummary) AS mainquery
PIVOT (SUM(SalesAmount) FOR State IN ([NY], [VT])) AS pivotquery
ORDER BY Channel
```

또 ORDER BY 절에서 명시한 열도 수정했다. 결과는 다음과 같다.

Channel	SalesDate	NY	VT
Internet	2017-04-01	50	120
Internet	2017-04-02	520	130
Retail	2017-04-01	30	NULL
Retail	2017-04-02	380	90

보는 것처럼, 출력 결과는 조금 다르지만 같은 정보를 담고 있다.

크로스탭 쿼리에 두 개 이상의 데이터 요소가 있다면 데이터를 배열하는 방법은 많다. 예를 들어, State(주: NY, VT)를 두 열에 나눠 넣는 대신 Channel을 두 개의 별도의 열에 나눠 넣을 수도 있다.

SalesDate	State	Internet	Retail
2017-04-01	NY	50	30
2017-04-01	VT	120	NULL
2017-04-02	NY	520	380
2017-04-02	VT	130	90

이렇게 만들어주는 문장은 다음과 같다.

```
SELECT * FROM
(SELECT SalesDate, State, Channel, SalesAmount FROM SalesSummary) AS mainquery
PIVOT (SUM(SalesAmount) FOR Channel IN ([Internet], [Retail])) AS pivotquery
ORDER BY SalesDate
```

이 쿼리에서 중요한 변화는 문장의 *pivotquery* 부분에 있는 Channel 값을 명시했다는 것이다. 이로 인해 디스플레이될 때 Channel 값, 즉 Internet으로 구매한 것과 Retail로 구매한 것이 구별되어 별도의 열이 되었다.

PIVOT 명령어를 사용할 때 가장 어려운 점은 모든 열의 값이 명확하게 명시되어야 한다는 점임을 꼭 기억해야 한다. 만약 데이터를 요청(query)하려면 쿼리를 작성하기 전에 미리 그 값들을 알고 있어야만 한다는 것이다. 범주가 작은 데이터 아이템의 경우라면 이게 별 문제가 안

된다. 하지만 계속 바뀔 가능성이 있는 값들이 많은 데이터라면 이런 점이 문제가 될 수 있다. 20장의 "데이터를 디스플레이 하는 전략(Strategies for Displaying Data)"에서 PIVOT 크로스탭 쿼리, 이름하여 Excel 피벗 테이블에 대한 대안에 대해 논의할 것이다.

크로스탭 쿼리와 달리 피벗 테이블은 사용자가 미리 어떤 값이 올 것인지 알고 있으라고 요구하지 않는다. 피벗 테이블은 필요에 따라 나타나는 값에 따라 행과 열을 다이내믹하게 디스플레이 한다. 그래서 사용자에게 원시 데이터(raw data)를 주고 Excel 피벗 테이블을 통해 크로스탭 레이아웃을 만들게 하는 것이 훨씬 더 편리하다.

데이터베이스 차이점　**MySQL과 오라클**

MySQL은 PIVOT 키워드를 지원하지 않는다. 오라클은 PIVOT 키워드와 약간 다른 구문을 사용한다. 다음 SQL Server 문장을 보자.

```
SELECT * FROM
(SELECT Channel, State, SalesAmount FROM SalesSummary) AS mainquery
PIVOT (SUM(SalesAmount) FOR State IN ([NY], [VT])) AS pivotquery
```

위 문장과 같은 오라클 문장은 다음과 같다.

```
SELECT * FROM
(SELECT Channel, State, SalesAmount FROM SalesSummary)
PIVOT (SUM(SalesAmount) FOR State IN ('NY', 'VT'));
```

SQL Server와 달리 오라클은 나열된 값에 각괄호를 쓰는 대신 따옴표를 사용하며 이 예에서 mainquery, pivotquery와 같은 별칭을 사용하지 않는다.

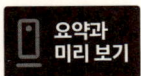

이 장에서는 레이아웃과 관련된 문제로 약간 우회했다. ROLLUP 키워드와 CUBE 키워드는 GROUPING 절이 몇 개의 열에 대해서든 추가로 소계 행을 만들 수 있게 해준다. ROLLUP 키워드는 열에 명확한 계층이 성립되어 있는 데이터로 작업할 때 가장 효과적이다. 제시된 예에서, Inventory 테이블의 Category와 Subcategory 열 간에는 계층적 관계가 형성되어 있었다. 이와 대조적으로 CUBE 키워드는 명시된 열에 대해 모든 조합의 소계를 만들어 낼 수 있다. 큐브 구조(cube structure)에서는 어떤 관점의 소계도 볼 수 있다. 또 GROUPING 함수에 대해서도 살펴봤는데, 이는 소계를 명확히 디스플레이 하는 방법을 제공한다.

이 장에서 배운 두 번째 주제는 crosstab이었는데, PIVOT 연산자를 사용하여 데이터를 유용한 크로스탭 레이아웃으로 만들어 준다. PIVOT 쿼리가 만들기에 좀 복잡한 부분도 있긴 하지만, 최종 사용자(end user)를 위해 이해하기 쉬운 포맷으로 데이터를 만들어 준다는 관점에서는 종종 도움이 된다. 20장에서 Excel 피벗 테이블에 대해 배울 것인데, 이는 대개 데이터를 크로스탭 형태로 디스플레이 하는 쉬운 방법이다.

다음 장인 '내부 조인(Inner Joins)'에서는 이 책의 주 관심사로 되돌아갈 것이다. 지금까지는 모든 쿼리가 한 번에 한 테이블에서 데이터를 가져오는 것을 다뤘다. 다음 몇 장에서는 한 번에 여러 테이블에 있는 데이터를 결합하는 방법들을 배우게 될 것이다. 실제 컴퓨터 세상에서는 원하는 데이터가 하나의 테이블에서만 오는 경우는 드물다. 그래서 하나의 쿼리에 대해 하나 이상의 테이블로부터 데이터를 연결하고 결합하는 방법을 배우는 것이 아주 중요하다.

Chapter 11

내부 조인
(Inner Joins)

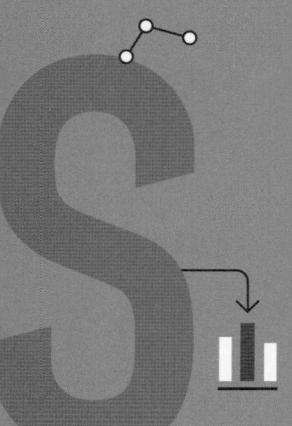

🗨 키워드 소개
INNER JOIN · ON

내부 조인의 형식에 대해 알아보자. 내부 조인은 조인된 두 테이블 모두에서 매치가 되는 경우에만 데이터를 되찾아온다는 것을 익힌 후 내부 조인의 변형 방법과 테이블의 별칭의 유용 함에 대해 배운다.

앞서 1장에서, 관계형 데이터베이스가 이전의 데이터베이스로부터 큰 진전이 있었음을 언급했다. 관계형 데이터베이스의 현저한 성과는 데이터들이 서로 관련되어 있으면서 또한 동시에 서로 독립적인 몇 개의 테이블로도 정리할 수 있게 하는 데 있었다. 관계형 데이터베이스가 출현하기 전에 전통적인 데이터베이스는 내부 포인터를 활용해서 테이블 간의 관계를 명확히 정의해 주었다. 예를 들어, Customers 테이블로부터 시작해서 포인터를 따라가 특정 고객의 첫 주문을 찾고, 또 다음 주문을 찾고, 그렇게 계속 해서 그 고객의 모든 주문을 가져올 것이다. 이와는 대조적으로 관계형 데이터베이스는 테이블들이 공통으로 갖고 있는 열에 의해 암시된 관계를 허락한다. 이런 관계는 종종 기본 키(primary key)와 외래 키(foreign key)의 정의에 의해 형식을 갖추게 되지만, 항상 필요한 것은 아니다.

관계형 데이터베이스에서는 테이블들 사이의 관계를 결정하고 정의하는 것이 SQL 개발자의 의무다. 그래서 서로 다른 데이터 요소가 조인되는 방법이 상당히 유동적이다. 관계형 데이터베이스의 가장 큰 장점은 누구라도 다양한 테이블에서 당면한 비즈니스 요구사항에 어느 정도 맞출 데이터를 가져올 수 있다는 데 있다.

흔한 예부터 시작해보자. 대부분의 조직은 *customer*로 알려진 기업 엔티티(business entity)가 있다. 그와 같이, 데이터베이스는 보통 각 고객을 정의하는 Customer 테이블을 포함하고 있다. 그런 테이블은 보통 유일하게 각 고객을 확인하는 기본 키를 포함하고 있으며, 그 고객에 대해 더 많이 정의하는 속성을 갖는 열을 몇 개라도 가질 수 있다. 흔한 속성으로는 전화 번호, 주소, 도시, 주 등이 있을 것이다.

중요한 개념은 그 고객에 대한 모든 정보가 한 테이블에 있으며, 그 테이블에만 저장되어 있다는 것이다. 그래서 데이터 업데이트가 간소화되는 것이다. 고객의 전화번호가 바뀌면, 한 테이블만 업데이트하면 된다. 하지만 이 설정의 불리한 점은 누군가가 고객에 대한 어떤 정보를 필요로 할 때마다 데이터를 찾기 위해 Customers 테이블에 접근해야 한다는 것이다.

그래서 *join(조인)*이라는 개념이 필요한 것이다. 가령 누군가가 판매된 상품을 분석하고 있다고 하자. 그 상품의 정보와 함께 각 상품을 구매한 고객의 정보도 필요할 것이다. 예를 들어, 분석가는 지역적 분석을 하기 위해 고객의 우편번호(ZIP code)를 얻고 싶을 것이다. 상품 정보는 Products 테이블에서 찾을 수 있는 것인 반면, 우편번호는 Customers 테이블에만 저장되어 있다. 고객 정보와 상품의 정보 둘 다 얻기 위해서 분석가는 데이터가 정확히 매치하는 방법으로 두 테이블을 함께 조인시켜야 할 것이다.

본질적으로, 관계형 데이터베이스의 전망은 어떤 방법으로든 원하는 대로 테이블을 서로 조인시키는 기능으로 밝혀진다. 이것은 정상적인 상황이다. 이 장에서는 데이터를 한 테이블에서만 찾아오는 다소 비현실적인 예는 제쳐두고, 여러 테이블에 분산되어 있는 데이터를 다뤄야하는 좀더 현실적인 시나리오를 고려해 볼 것이다.

두 개의 테이블 조인하기

조인 과정을 배우기 전에 3장과 6장에서 보았던 Sales 테이블을 다시 보자.

SalesID	FirstName	LastName	QuantityPurchased	PricePerItem
1	Andrew	Li	4	2.50
2	Carol	White	10	1.25
3	James	Carpenter	5	4.00

앞에서 이 테이블을 사용한 것은 다소 오해를 살 여지가 있었다. 현실에서 능숙한 데이터베이스 디자이너라면 테이블을 이렇게 만들 일은 거의 없을 것이다. 문제는 별개의 두 독립된 정보, 즉 고객과 주문이라는 정보를 갖고 있다는 것이다. 현실에서는 이런 정보는 최소 두 개의 별도의 테이블에 나눠져 있다. 2장의 '기본적인 데이터 검색(Basic Data Retrieval)'에서 본 Customers 테이블은 다음과 같다.

CustomerID	FirstName	LastName
1	Sara	Davis
2	Rumi	Shah
3	Paul	Johnson
4	Samuel	Martinez

Orders 테이블은 다음과 같다.

OrderID	CustomerID	OrderDate	OrderAmount
1	1	2016-09-01	10.00
2	2	2016-09-02	12.50
3	2	2016-09-03	18.00
4	3	2016-09-15	20.00

이 Orders 테이블에서는 첫 Sales 테이블에서 본 것처럼 QuantityPurchased 열과 PricePerItem 열 대신 OrderDate 열과 OrderAmount 열을 포함하기로 선택했다. Sales 테이블에 있던 데이터가 이제 두 개의 별도의 테이블에 나뉘어져 있다는 점을 주목해야 한다. Customers 테이블은 고객에 관한 정보만 갖고 있다. Orders 테이블은 구매한 물건에 대한 정보만 포함하고 있다. Orders 테이블은 어느 고객이 주문을 했는지 구분하기 위해 CustomerID 열을 포함하고 있다. 1장의 관계형 데이터베이스와 SQL에서 배운 것을 기억하겠지만, 이것을 *외래 키(foreign key)*라고 한다.

Customers 테이블과 Orders 테이블은 둘 다 네 행씩을 갖고 있지만, 이것은 우연의 일치일 뿐이다. Customers 테이블에는 주문을 하지 않은 고객이 한 명 있다. 보다시피, CustomerID 4인 Samuel Martinez는 Orders 테이블에 없다. 반면, Rumi Shah는 별도의 주문을 두 번 했기 때문에 Orders 테이블에 CustomerID가 2인 Rumi Shah는 두 행에 나타나 있다.

두 테이블이 있지만 아직 뭔가 빠진 것이 있다. 예를 들어, 일반적으로 Orders 테이블은 부과된 세금이나 판매원의 이름 같은 추가 열을 포함하고 있다. 게다가 Orders 테이블 자체는 사실 두 개 이상의 테이블로 나눠질 수 있어서 주문 날짜 같은 주문 전체에 대한 정보는 주문했던 각 아이템에 대한 정보와 따로 저장될 수 있다. 다시 말해서 이건 현실적인 예는 아니다. 하지만 이제 정보를 두 개의 별도 테이블로 나눴으니 동시에 두 테이블에서 데이터를 가져올 SELECT 문장을 어떻게 만들지 생각해보자.

SELECT 문장 자체를 시작하기 전에, 한 가지 더 강조할 것이 있는데, 우선 두 테이블을 시각적으로 어떻게 보여줄 것인가와 두 테이블 사이에 존재하는 관계의 의미를 어떻게 보여줄 것인가 하는 것이다. 앞에서는 각 테이블의 맨 위 행에는 각 열의 이름을 표시하고, 그 후 행에는 해당하는 데이터를 나열했다. 이제 다뤄야 할 테이블이 하나 이상이기 때문에 시각적으로 표현할 다른 유형을 소개하고자 한다. [그림 11-1]은 두 테이블을 도표로 보여주는데, 두 테이블의 이름을 맨 위 행에 쓰고, 열의 이름은 그 밑의 각 행에 써줬다. 이는 *엔티티 관계(entity-relationship)* 도표를 단순한 버전으로 보여주는 것이다. *entity*란 용어는 테이블을 지칭하는 것이고, relationship은 테이블에 있는 데이터 요소들 사이에 그려진 줄을 의미하는 것이다. 이 도표는 상세 자료를 보여주는 대신 데이터의 전반적인 구조를 시사한다.

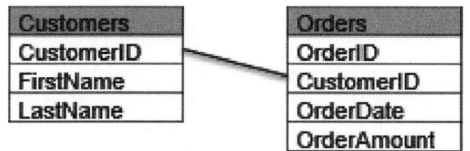

[그림 11-1] 엔티티 관계(entity-relationship) 도표

알아야 할 중요한 점은 Customers 테이블의 CustomerID에서 Orders 테이블의 CustomerID 로 선을 그었다는 것이다. 이는 두 테이블 사이의 관계를 보여주는 것이다. 즉 두 테이블이 CustomerID 열에 저장된 값을 공유한다는 것이다.

내부 조인

이제 *내부 조인(inner join)*이라고 부르는 방법을 사용한 SELECT 문장을 소개하려 한다.

```
SELECT *
FROM Customers
INNER JOIN Orders
ON Customers.CustomerID = Orders.CustomerID
```

이 문장을 한 줄 한 줄 살펴보자. 첫 줄의 SELECT 키워드는 단지 두 테이블에서 모든(*) 열을 원한다는 것뿐이다. 두 번째 줄의 FROM 절은 우리가 명시하려고 하는 첫 번째 테이블이 Customers 테이블이라는 것을 의미한다. 세 번째 줄은 새로운 키워드인 INNER JOIN을 소개한다. 이 키워드는 쿼리에 더 포함시켜야 할 추가적인 테이블을 명시하는 데 사용된다. 여기서는 Orders 테이블을 추가하는 것이다.

끝으로 네 번째 줄은 ON 키워드를 소개하고 있다. 이 ON은 INNER JOIN과 함께 사용되어 작용하며, 두 테이블이 어떻게 조인되는지 정확히 명시한다. 이 예에서는 Customers 테이블의 CustomerID 열(Customers.CustomerID)을 Orders 테이블의 CustomerID 열 (Orders. CustomerID)에 연결한다. CustomerID 열은 Customers 테이블과 Orders 테이블에 똑같은 이름으로 있기 때문에 테이블 이름을 CustomerID 열 이름 앞에 접두사처럼 명시해줄 필요가 있다. 접두사는 두 테이블에 있는 각 두 열을 구분할 수 있게 해준다.

앞의 SELECT 문장의 결과는 다음과 같다.

CustomerID	FirstName	LastName	OrderID	CustomerID	OrderDate	OrderAmount
1	Sara	Davis	1	1	2016-09-01	10.00
2	Rumi	Shah	2	2	2016-09-02	12.50
2	Rumi	Shah	3	2	2016-09-03	18.00
3	Paul	Johnson	4	3	2016-09-15	20.00

결과를 분석해보자. Customers 테이블과 Orders 테이블은 둘 다 네 행이 있다. OrderID 열을 보면, Orders 테이블에서 네 행의 데이터를 모두 가져왔다는 것을 알 것이다. 하지만 CustomerID 열을 보면, 세 고객만 보인다는 점을 알아차렸을 것이다. 왜 그럴까? CustomerID가 4인 고객이 Orders 테이블에는 존재하지 않기 때문이다. CustomerID 필드에 대해 두 테이블을 조인시키려는 것인데, Customers 테이블에는 있던 CustomerID가 4인 행과 매치하는 행이 Orders 테이블에는 없기 때문이란 얘기다.

여기서 주목할 중요한 사항이 있다. 내부 조인(inner join)은 조인된 두 테이블 사이에 매치하는(짝이 되는) 데이터만을 반환한다는 것이다. 다음 장에서는 주문이 없었던 CustomerID가 4번인 고객의 정보도 나타나도록 테이블을 조인하는 다른 방법을 소개할 것이다.

두 번째 중요한 사항이 있다. Rumi Shah의 고객 데이터는 두 번이나 반복하여 나타난다는 점이다. Rumi Shah는 Customers 테이블에서는 한 번 나타났는데 왜 두 행에 나타났는지 의문이 들 것이다. 그것은 INNER JOIN이 모든 가능한 매치를 보여주도록 하기 때문이다. Rumi는 Orders 테이블에서 두 행에 있고, 이 두 행은 Customers 테이블에 있는 Rumi 행과 매치되기 때문에, 그녀의 고객 정보가 두 번 나타나는 것이다.

끝으로 왜 이런 조인을 내부 조인(inner join)이라고 하는지 궁금할 것이다. 사실 조인(join)에는 두 가지 방법이 있다. 하나는 내부 조인(inner join)이고 다른 하나는 외부 조인(outer join)이다. 외부 조인(outer join)은 다음 장에서 다룰 것이다.

내부 조인에서 테이블의 순서

내부 조인은 명시된 두 테이블에서 매치가 되는 데이터를 찾아 온다. 앞 SELECT 문장의

FROM 절에서는 Customers 테이블을, INNER JOIN 절에서는 Orders 테이블을 명시했다. 어떤 테이블을 먼저 명시하는가가 문제가 되는지 궁금할 것이다. 알게 되겠지만 내부 조인에는 테이블의 나열 순서가 거꾸로 바뀌어도 결과의 차이는 없다. 다음 두 SELECT 문장은 논리적으로도 동일하며 같은 데이터를 반환한다.

```
SELECT *
FROM Customers
INNER JOIN Orders
ON Customers.CustomerID = Orders.CustomerID


SELECT *
FROM Orders
INNER JOIN Customers
ON Orders.CustomerID = Customers.CustomerID
```

유일한 차이점은 첫 문장은 Customers 테이블의 열을 먼저 보여주고 그 다음에 Orders를 보여준다는 것이다. 두 번째 문장은 Orders 테이블의 열을 먼저 보여주고 Customers 테이블을 그 다음에 보여준다. 열의 순서에도 불구하고 두 문장은 동일한 데이터를 반환한다.

SQL은 절차형 언어(procedural language)가 아니라는 점을 기억하고 있어야 한다. SQL은 작업이 어떻게 완성되는지를 명시하지 않는다. SQL은 원하는 논리만 나타낼 뿐이고, 요구하는 작업을 수행하는 방법을 정확히 결정하는 건 데이터베이스 내부에 남겨둔다. 다시 말하자면 SQL은 데이터베이스가 물리적으로 어떻게 데이터를 가져오는지를 결정하지는 않는다. 어떤 테이블을 물리적으로 먼저 봐야 할지도 밝히지 않는다. 대신 데이터베이스 소프트웨어가 데이터를 취할 최적의 방법을 결정한다.

내부 조인의 대안

앞의 예에서는 INNER JOIN과 ON 키워드를 사용해서 내부 조인을 명시했다. FROM절과 WHERE 절을 사용한 내부 조인도 가능하다. Customers 테이블과 Orders 테이블을 조인하는 다음 문장은 앞에서 보았다.

```
SELECT *
FROM Customers
INNER JOIN Orders
ON Customers.CustomerID = Orders.CustomerID
```

INNER JOIN과 ON 키워드를 사용하지 않고 같은 내부 조인을 명시할 대안은 다음과 같다.

```
SELECT *
FROM Customers, Orders
WHERE Customers.CustomerID = Orders.CustomerID
```

이 대안에서는 조인시킬 새로운 테이블을 정의하는 INNER JOIN 키워드를 사용하는 대신 FROM 절에서 조인시켜야 할 모든 테이블의 목록을 나열만 했다. 테이블이 어떤 관련이 있는지를 설명하기 위해 ON 절을 사용하는 대신, WHERE 절을 사용해서 테이블들 사이의 관계를 명시할 것이다.

물론 이 문장 형식이 완벽하게 수행을 하고 같은 결과를 내더라도 이 방법을 추천하지는 않는다. INNER JOIN과 ON 키워드의 장점은 조인에 대한 논리를 명확하게 제시한다는 것이다. 그것이 이 둘의 유일한 목적이다. WHERE 절에서 관계를 명시하는 것도 가능하지만, WHERE 절이 선택 기준을 나타내는 데 사용되고, 또 다수의 테이블들 사이의 관계를 명시하는 데 사용된다면 SQL 문장의 의미가 덜 명확해진다.

테이블의 별칭 다시 보기

이제 다시 앞의 SELECT 문장에서 반환받은 열을 살펴보자. 모든(*) 열을 명시했기 때문에, 두 테이블의 모든 열이 나타났다. CustomerID 열은 두 테이블에 모두 있기 때문에 두 번 나타났다. 하지만 실제로는 이 데이터가 반복되어 나타나는 걸 원하지 않는다. SELECT 문장에 대한 대안이 있는데, 이 문장은 이제 보고 싶은 열만 명시한다. 이 변형에서는 Customers 테이블에 대해 C를, Orders 테이블에 대해서는 O를 테이블들의 별칭으로 사용했는데, AS

오라클

3장 '계산 영역과 별칭(Calculated Fields and Aliases)'에서 언급한 것처럼 오라클에서는 테이블의 별칭이 AS 키워드 없이 명시된다. 같은 문장을 오라클의 문법에 맞게 쓰면 다음과 같다.

```
SELECT
C.CustomerID AS "Cust ID",
C.FirstName AS "First Name",
C.LastName AS "Last Name",
O.OrderID AS "Order ID",
O.OrderDate AS "Date",
O.OrderAmount AS "Amount"
FROM Customers C
INNER JOIN Orders O
ON C.CustomerID = O.CustomerID;
```

오라클에서는 AS 키워드로 열의 별칭을 명시하는 데 사용하지만, AS 키워드를 테이블 별칭을 명시하는 데 사용하지는 않는다.

키워드를 삽입하여 FROM 키워드와 INNER JOIN 키워드 바로 뒤에 두었다.

문장은 다음과 같다.

```
SELECT
C.CustomerID AS 'Cust ID',
C.FirstName AS 'First Name',
C.LastName AS 'Last Name',
O.OrderID AS 'Order ID',
O.OrderDate AS 'Date',
O.OrderAmount AS 'Amount'
FROM Customers AS C
INNER JOIN Orders AS O
ON C.CustomerID = O.CustomerID
```

결과는 다음과 같다.

Cust ID	First Name	Last Name	Order ID	Date	Amount
1	Sara	Davis	1	2016-09-01	10.00
2	Rumi	Shah	2	2016-09-02	12.50
2	Rumi	Shah	3	2016-09-03	18.00
3	Paul	Johnson	4	2016-09-15	20.00

이 문장에서, Orders 테이블에서가 아니라 Customers 테이블로부터 CustomerID만 디스플레이했다. 열과 테이블의 별칭을 모두 명시하기 위해 AS 키워드를 사용했다는 점도 알아야 한다. AS 키워드는 완전히 선택적이다. 모든 AS 키워드는 SELECT 문장에서 뺄 수 있고, 그래도 여전히 그 문장이 유효하며 결과도 같을 것이다. 하지만 명확성을 위해 AS 키워드의 사용을 권장한다.

요약과 미리 보기

쿼리에서 테이블을 조인하는 능력은 SQL의 필수 요소다. 관계형 데이터베이스는 조인이 없으면 별 소용이 없다. 이 장에서는 내부 조인의 형식에 집중했다. 내부 조인은 조인된 두 테이블 모두에서 매치가 되는 경우에만 데이터를 되찾아 온다. 또한 내부 조인의 변형 방법과 테이블의 별칭의 유용함에 대해서도 알아보았다.

다음 장에서는 조인의 또 다른 중요한 형태인 '외부 조인(outer join)'에 대해 알아볼 것이다. 언급했던 바와 같이, 내부 조인은 조인된 테이블들 사이에 매치가 되면 데이터를 볼 수 있게 해준다. 그래서 Customers 테이블과 Orders 테이블을 내부 조인시킬 때 주문이 없는 고객의 정보는 전혀 보이지 않는 것이다. 외부 조인은 주문을 하지 않은 고객이더라도 그런 고객의 정보를 보여줄 것이다. 다시 말해서 외부 조인은 내부 조인으로는 얻을 수 없는 데이터도 볼 수 있게 해준다. 또한 다음 장에서는 두 개 이상의 테이블을 조인하는 시나리오도 소개한다.

Chapter 12

외부 조인
(Outer Joins)

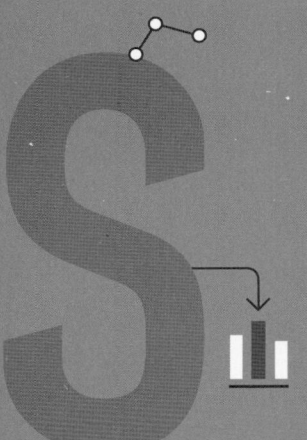 **키워드 소개**

LEFT JOIN · RIGHT JOIN · FULL JOIN · CROSS JOIN

이제 내부 조인에서 외부 조인으로 한발 더 나아갈 것이다. 내부 조인의 주된 제한은, 어떤 결과를 보여주기 위해서는 조인되는 모든 테이블들 사이에 매치가 되어야 한다는 것이었다. 만약 Customers 테이블을 Orders 테이블에 연결 한다면 아직 주문을 한 적이 없는 고객에 대한 데이터는 보이지 않는다. 이것이 그리 중요한 문제로 보이지 않을 수 있지만, 다른 유형의 데이터를 다룰 때는 중요한 사안이 된다.

다른 예를 보기 위해, Orders(주문) 테이블과 Refunds (환불) 테이블이 있다고 가정하자. Refunds 테이블은 OrderID 로 Orders 테이블에 연결이 되어 있다. 다른 말로 설명하면, 모든 환불은 특별한 주문에 연결되어 있다. 환불은 주문이 없으면 존재할 수 없다. 문제는 주문과 환불을 하나의 쿼리에서 보고 싶어하는 경우에 발생한다. 만약 이것을 내부 조인으로 조인시킬 경우, 주문에 대한 환불이 없는 경우라면 주문을 볼 수 없을 것이다. 그러나 대부분의 주문은 환불이 없다. 외부 조인은 매치되는 환불이 없는 경우에도 주문을 볼 수 있게 해준다. 그래서 외부 조인을 잘 이해하고 사용해야 하며, 이는 꼭 필요한 기술이다.

외부 조인

앞 장에서 보았던 모든 조인은 내부 조인이었다. 내부 조인이 가장 흔한 조인의 유형이기 때문에, SQL은 내부 조인을 디폴트 조인으로 간주한다. JOIN 키워드만을 사용해서 내부 조인을 명시할 수 있다. INNER JOIN을 명시하는 것은 불필요하다.

내부 조인과는 대조적으로 외부 조인(Outer Join)의 유형에는 LEFT JOIN, RIGHT JOIN, FULL JOIN 세 가지가 있다. 여기서 OUTER란 단어는 불필요하다. 네 가지 조인을 요약하면 다음과 같다.

- INNER JOIN(내부 조인, 교집합 조인)
- LEFT JOIN(왼쪽 조인)
- RIGHT JOIN(오른쪽조인)
- FULL JOIN(전체 조인, 합집합 조인)

이렇게 하면 문법이 간결하고 일관성(consistent)이 있다. 이 장의 마지막에는 CROSS JOIN에 대해 간단히 설명하려 한다. 하지만 CROSS JOIN은 내부 조인도 아니고 외부 조인도 아니며 거의 사용하지 않는다.

외부 조인을 설명하기 위해 세 개의 테이블을 사용할 것이다. 첫 테이블은 각 고객에 대한 정보를 가진 Customers 테이블이다. 두 번째는 각 주문에 대한 데이터가 있는 Orders 테이블이다. Customers 테이블과 Orders 테이블은 앞에서 보았던 것과 같은 데이터를 사용할 것이다. 끝으로 고객에게 발생한 환불에 대한 정보를 담은 Refund 테이블을 추가할 것이다.

[그림 12-1]은 이 세 테이블의 관계를 보여준다.

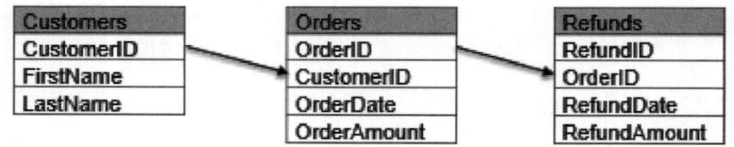

[그림 12-1] 세 테이블에 대한 실체 관계 도표

앞 장에서 본 그림과는 달리 테이블을 연결하는 줄이 화살표로 되어 있다. 예를 들어 Customers 테이블에 있는 CustomerID 필드에서 Orders 테이블의 CustomerID 필드로 그려진 화살표는 Customers 테이블과 Orders 테이블 사이의 연결이 일방적인 것임을 가리키며, 이는 어떤 고객에 대해서는 주문이 없을 수도 있다는 의미다. 또 한 고객이 여러 번 주문을 했을 수도 있다. 마찬가지로 Orders 테이블을 Refunds 테이블과 사이에 그려진 화살표는 어떤 주문에 대해서는 환불이 없을 수도 있고, 한 주문에 대해 여러 번의 환불이 있을 수도 있음을 나타낸다.

Customers 테이블과 Orders 테이블 사이의 선은 CustomerID 열들을 연결한다. 왜냐하면 이것이 두 테이블 사이의 일반적인 link(링크, 연결고리)이기 때문이다. 마찬가지로 Orders 테이블과 Refunds 테이블 사이의 선은 OrderID 열에 있는데, 이는 OrderID가 이 두 테이블 사이의 일반적인 링크이기 때문이다.

다시 설명하자면, Orders 테이블은 고객을 통해 Customers 테이블과 관계를 맺고 있다. 주문이 있다면 고객이 반드시 있어야 한다. Refunds 테이블은 주문을 통해 Orders 테이블과 관계를 맺고 있다. 환불이 발생하려면 주문이 먼저 있어야 한다. Refunds 테이블은 Customers 테이블과 직접 연결되어 있지는 않다. 두 테이블은 공통 필드가 없다. 하지만 세 테이블을 함께 조인하면 어떤 고객에게 환불이 이뤄졌는지 알 수 있을 것이다.

이제 각 테이블의 내용을 살펴보자. Customers 테이블에는 다음과 같은 값이 있다.

CustomerID	FirstName	LastName
1	Sara	Davis
2	Rumi	Shah
3	Paul	Johnson
4	Samuel	Martinez

Orders 테이블은 이런 값들을 갖고 있다.

OrderID	CustomerID	OrderDate	OrderAmount
1	1	2016-09-01	10.00
2	2	2016-09-02	12.50
3	2	2016-09-03	18.00
4	3	2016-09-15	20.00

Refunds 테이블은 이런 값들을 갖고 있다.

RefundID	OrderID	RefundDate	RefundAmount
1	1	2016-09-02	5.00
2	3	2016-09-18	18.00

네 명의 고객 중에서 세 명만 주문을 했다. 마찬가지로 네 번의 주문 중에서 두 번만 환불이 발생했다.

왼쪽 조인

이제 왼쪽 조인(Left Joins)을 사용해 세 개의 테이블을 모두 조인시키는 SELECT 문장을 만들어보자.

```
SELECT
Customers.FirstName AS 'First Name',
Customers.LastName AS 'Last Name',
Orders.OrderDate AS 'Order Date',
Orders.OrderAmount AS 'Order Amt',
Refunds.RefundDate AS 'Refund Date',
Refunds.RefundAmount AS 'Refund Amt'
FROM Customers
LEFT JOIN Orders
ON Customers.CustomerID = Orders.CustomerID
LEFT JOIN Refunds
ON Orders.OrderID = Refunds.OrderID
ORDER BY Customers.LastName, Customers.FirstName, Orders.OrderDate
```

결과 데이터는 다음과 같다.

First Name	Last Name	Order Date	Order Amt	Refund Date	Refund Amt
Sara	Davis	2016-09-01	10.00	2016-09-02	5.00
Paul	Johnson	2016-09-15	20.00	NULL	NULL
Samuel	Martinez	NULL	NULL	NULL	NULL
Rumi	Shah	2016-09-02	12.50	NULL	NULL
Rumi	Shah	2016-09-03	18.00	2016-09-18	18.00

데이터베이스 차이점 **오라클**

오라클은 SQL server나 MYSQL과는 달리 날짜를 전형적으로 DD-MMM-YY 형태로 나타낸다. 예를 들어, 앞 테이블의 2016-09-02라는 날짜를 오라클에서는 02-SEP-16과 같이 나타낸다. 하지만 어떤 데이터베이스를 사용하더라도 데이터베이스가 어떻게 설정되었는가에 따라 날짜가 표시되는 정확한 형태는 다양해질 수 있다.

앞의 SELECT 문장을 분석하기 전에 데이터에 대해 흥미로운 점 두 가지를 발견했을 것이다. 먼저, Samuel Martinez는 이름만 있고 데이터는 전혀 보이지 않는다. 이렇게 데이터가 부족한 이유는 Orders 테이블에 그 고객과 관련된 행이 없기 때문이다. 외부 조인의 능력은 Samuel Martinez가 주문을 하지 않았을 때라도 그에 대한 어떤 정보를 볼 수 있다는 사실에서 확실히 드러난다. LEFT JOIN 대신 INNER JOIN을 명시했다면 Samuel에 대한 행은 전혀 볼 수 없었을 것이다.

마찬가지로, 2016년 9월 2일자 Rumi Shah의 주문이나 Paul Johnson의 주문에 대한 환불은 없다. 이는 Refund 테이블에 이 주문과 연관된 행이 없기 때문이다. LEFT JOIN 대신 INNER JOIN을 명시했다면, 그 두 주문에 대한 행들도 전혀 볼 수 없었을 것이다.

이제 SELECT 문장을 자세히 보자. 열을 명시하는 위쪽 몇 줄은 처음 보는 특별한 것이 아니다. 테이블의 별칭을 사용하는 대신, 테이블의 이름을 접두사로 포함하는 확실한 이름(역주 어떤 테이블에서 오는지 명확하게 알수 있다는 의미)을 사용한 모든 열을 나열하기로 했다.

처음 나열된 테이블은 Customer 테이블이다. 이 테이블은 FROM 키워드 다음에 나타난다. 두 번째 테이블은 Orders 테이블인데, 첫 LEFT JOIN 키워드 다음에 나타난다. 그 뒤에 오는 ON 절은 Orders 테이블이 어떻게 Customers 테이블에 연결되어 있는지를 명시한다. 세 번째 테이블은 Refunds 테이블로, 두 번째 LEFT JOIN 키워드 다음에 나타난다. 뒤따르는 ON 절은 Refunds 테이블이 어떻게 Orders 테이블에 연결되는지를 표현하고 있다.

테이블이 LEFT JOIN 키워드와 관련하여 나열된 순서가 중요하다는 점을 반드시 기억해야 한다. LEFT JOIN을 명시할 때, LEFT JOIN의 왼쪽 테이블이 항상 *primary* 테이블이다. LEFT JOIN의 오른쪽에 있는 테이블은 *secondary* 테이블이다. secondary(2차, 부수적인) 테이블을 primary(1차, 기본) 테이블에 조인시킬 때, secondary 테이블의 행과 매치하는 행이 없더라도 primary 테이블의 모든 행들을 보기 원한다.

처음 명시된 LEFT JOIN에서는 Customers 테이블이 왼쪽에 있고, Orders 테이블이 LEFT JOIN 오른쪽에 있다. 이것은 Customers가 primary이고 Orders가 secondary라는 것을 의미한다. 다시 말하면, secondary 테이블에 그 행과 매치하는 데이터가 없더라도, Customers 테이블에 있는 선택된 모든 데이터를 보고 싶다는 말이다.

마찬가지로, 두 번째 LEFT JOIN에서는 Orders 테이블이 LEFT JOIN 키워드의 왼쪽에 있고, Refunds 테이블이 LEFT JOIN 키워드의 오른쪽에 있다. 이것은 이 조인에서는 Orders를 primary로 지정하고, Refunds를 secondary로 지정하겠다는 의미다. 주문에 대해 환불이 없는 경우라도 모든 주문을 보기 원한다는 뜻이다.

내부 조인에서처럼, 한 테이블과 거기 조인되는 다른 테이블 간에 매치하는 행이 둘 이상(more than one) 있는 경우에는 한 테이블에서 오는 데이터가 중복될 수 있다. 이 예에서는 Rumi Shah의 주문이 하나가 넘어서 Rumi Shah에 대한 고객 정보가 별도의 두 줄에 반복되어 나타났다.

끝으로, ORDER BY 절을 포함시켰다. 이는 이해하기 쉬운 순서로 데이터를 보여주기 위한 것일 뿐이다.

NULL 값 확인하기

앞의 SELECT 문장에서는 주문이 없는 고객 한 명과 관련된 환불이 없는 두 건의 주문이 있었다. INNER JOIN과 달리, LEFT JOIN은 이런 행들의 사라진 값을 나타나게 해준다.

LEFT JOIN을 제대로 이해하는지 알아보기 위해, 이제 어떻게 하면 환불이 없는 주문들만 나열할 수 있는지 알아보자. 해결책에는 다음과 같이 NULL 값을 확인하는 WHERE 절을 추가하는 것이 포함되어 있다.

```
SELECT
Customers.FirstName AS 'First Name',
Customers.LastName AS 'Last Name',
Orders.OrderDate AS 'Order Date',
Orders.OrderAmount AS 'Order Amt'
FROM Customers
LEFT JOIN Orders
ON Customers.CustomerID = Orders.CustomerID
LEFT JOIN Refunds
ON Orders.OrderID = Refunds.OrderID
WHERE Orders.OrderID IS NOT NULL
AND Refunds.RefundID IS NULL
ORDER BY Customers.LastName, Customers.FirstName, Orders.OrderDate
```

결과는 다음과 같다.

First Name	Last Name	Order Date	Order Amt
Paul	Johnson	2016-09-15	20.00
Rumi	Shah	2016-09-02	12.50

WHERE 절은 먼저 Orders.OrderID를 테스트하여 NULL이 아닌지 확인한다. 그렇게 하면 주문을 하지 않은 고객이 나타나지 않는다. WHERE 절의 두 번째 줄은 Refunds.RefundID를 테스트하여 NULL인지를 확인한다. 이렇게 하여 매치하는 환불이 없는 주문만 볼 수 있게 된다.

이 SELECT에서 Refund Date이나 Refund Amount 열을 보여주는 것을 신경 쓰지는 않았다. 그것은 그 열들이 선택 기준에 근거했을 때 언제나 NULL 값이라는 것을 알기 때문이다.

오른쪽 조인

앞의 SELECT 문장은 LEFT JOIN 키워드를 활용한 것이었다. 오른쪽 조인에 대해 좋은 소식은 왼쪽 조인과 개념이 같다는 것이다. 둘 사이의 유일한 차이점은 조인이 나열된 두 테이블의 순서에 있다.

왼쪽 조인에서는 primary 테이블이 LEFT 키워드 왼쪽에 나열되어 있다. secondary 테이블은 매치되는 행이 있든 없든 LEFT JOIN 키워드의 오른쪽에 나열되어 있다.

오른쪽 조인에서는 primary 테이블이 RIGHT JOIN 키워드의 오른쪽에 나열되어 있다. secondary 테이블은 RIGHT JOIN 키워드의 왼쪽에 나열되어 있다. 이것이 유일한 차이점이다.

앞 SELECT 문장에서 FROM 절과 LEFT JOIN은 다음과 같았다.

```
FROM Customers
LEFT JOIN Orders
ON Customers.CustomerID = Orders.CustomerID
LEFT JOIN Refunds
ON Orders.OrderID = Refunds.OrderID
```

RIGHT JOIN 키워드를 사용해서 위와 같은 논리를 표현하면 다음과 같다.

```
FROM Refunds
RIGHT JOIN Orders
ON Orders.OrderID = Refunds.OrderID
RIGHT JOIN Customers
ON Customers.CustomerID = Orders.CustomerID
```

RIGHT JOIN 앞뒤에 나열된 테이블의 순서만 중요하다는 점을 기억하면 된다. ON 키워드 다음에 나열된 열들의 순서는 중요하지 않다. 그래서 위의 문장은 다음 문장과 같다.

```
FROM Refunds
RIGHT JOIN Orders
ON Refunds.OrderID = Orders.OrderID
RIGHT JOIN Customers
ON Orders.CustomerID = Customers.CustomerID
```

본질적으로 LEFT JOIN에 익숙하다면 RIGHT JOIN 키워드를 전혀 사용하지 않아도 된다. RIGHT JOIN으로 명시할 수 있는 것은 무엇이든 LEFT JOIN으로 서술할 수 있다. 그래서 대개 보다 본능적인 LEFT JOIN을 사용하도록 권하고 싶다. 우리는 왼쪽에서 오른쪽으로 읽어 나가기 때문에 더 중요하거나 우선적인 테이블을 먼저 나열하는 차원에서 LEFT JOIN이 더 자연스럽다.

외부 조인에서 테이블의 순서

앞서 내부 조인에서는 테이블이 명시된 순서는 중요하지 않다고 했었다. 외부 조인에서는 그렇지 않다(중요하다). 왜냐하면 외부 조인의 경우에는 왼쪽 조인(left join)이나 오른쪽 조인 (right join)에서는 테이블이 나열된 순서가 중요하기 때문이다. 동시에, 테이블이 서너 개 있는 상황에서 테이블을 나열하는 데 유동성은 있다. LEFT JOIN이나 RIGHT JOIN 키워드의 순서는 원하는 경우 바뀔 수 있다.

원래의 FROM 절과 앞서 나온 선택의 조인을 다시 보자.

```
FROM Customers
LEFT JOIN Orders
ON Customers.CustomerID = Orders.CustomerID
LEFT JOIN Refunds
ON Orders.OrderID = Refunds.OrderID
```

다음과 같이 모든 것이 오른쪽 조인으로 바뀌는 경우에 한해 Refunds 테이블이 먼저 나열되고 Customers 테이블이 나중에 나열되는 것을 이미 보았다.

```
FROM Refunds
RIGHT JOIN Orders
ON Orders.OrderID = Refunds.OrderID
Right JOIN Customers
ON Customers.CustomerID = Orders.CustomerID
```

Customers 테이블이 맨 먼저 나오고, 그 다음에 Refunds 테이블, 마지막에 Orders 테이블이 나오는 것이 가능할까? 그렇다. 단, 왼쪽 조인과 오른쪽 조인을 적절히 사용하고 괄호를 넣는 경우에 가능하다. 다음은 위의 내용과 같다.

```
FROM Customers
LEFT JOIN (Refunds
RIGHT JOIN Orders
ON Orders.OrderID = Refunds.OrderID)
ON Customers.CustomerID = Orders.CustomerID
```

아주 간소한 문장이었던 것이 이제 불필요하게 복잡해졌다. 여기서 이걸 보여주는 것은 이렇게 하지 말라는 것을 알려주기 위해서이며, 또한 코드를 검토할 때 마주칠 수 있는 상황이기 때문이기도 하다. 조언을 하자면, 다수의 테이블로 복잡한 FROM 절을 만들 때 괄호를 피하고 LEFT JOIN 키워드를 사용하는 것이 좋다.

전체 조인

왼쪽 조인과 오른쪽 조인 외에도 외부 조인 유형으로 *전체 조인(full join)*이라는 것이 하나 더 있다. 왼쪽 조인과 오른쪽 조인에서 한 테이블은 primary이고 다른 하나는 secondary라는 것을 알았다. 또는 테이블 하나는 꼭 필요하고, 다른 하나는 없어도 되는데, 이는 두 테이블을 매치할 때, secondary (혹은 생략해도 되는) 테이블에 있는 행들은 있을 필요가 없다는 말이다.

내부 조인에서는 두 테이블이 primary(1차, 필수)다. 두 테이블을 매치 할 때는, 선택될 데이터 행에 대해 두 테이블 사이에 매치가 있어야 한다.

전체 조인에서는 두 테이블이 secondary(2차, 생략 가능함)다. 이런 상황에서, Table A와 Table B의 행을 매치하려면 1) Table B의 행과 매치되는 게 없더라도 Table A의 모든 행을 보여줘야 한다. 혹은 2) Table A의 행과 매치되는 게 없더라도 Table B의 모든 행을 보여줘야 한다.

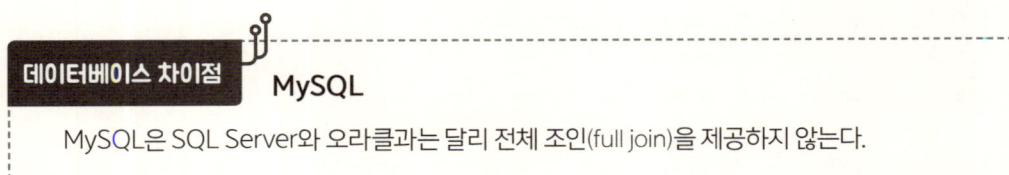

데이터베이스 차이점 **MySQL**

MySQL은 SQL Server와 오라클과는 달리 전체 조인(full join)을 제공하지 않는다.

이들 두 테이블의 행들을 매치하는 예를 살펴보자. 먼저 Movies 테이블을 보자.

MovieID	MovieTitle	Rating
1	Love Actually	R
2	North by Northwest	Not Rated
3	Love and Death	PG
4	The Truman Show	PG
5	Everyone Says I Love You	R
6	Down with Love	PG-13
7	Finding Nemo	G

그 다음으로, MPAA(미국 영화 협회)의 등급 설명이 있는 Rating(등급) 테이블이 있다.

RatingID	Rating	RatingDescription
1	G	General Audiences
2	PG	Parental Guidance Suggested
3	PG-13	Parents Strongly Cautioned
4	R	Restricted
5	NC-17	Under 17 Not Admitted

Movies 테이블에는 데이터베이스에 있는 영화 목록이 있고, 각 영화에 대한 MPAA 등급을 포함하고 있다. Ratings 테이블에는 등급과 등급에 대한 설명 목록이 있다. 이 두 테이블 사이에서 매치하는 것을 모두 찾고 싶다고 하자. FULL JOIN을 사용해서 Movies 테이블과 Ratings 테이블에 있는 모든 행을 다 보여주게 할 것이다. 전체 조인은 다른 테이블에서 매치를 찾지 못하더라도 모든 행을 다 보여준다. SELECT 문장은 다음과 같다.

```
SELECT
RatingDescription AS 'Rating Description',
MovieTitle AS 'Movie'
FROM Movies
FULL JOIN Ratings
ON Movies.Rating = Ratings.Rating
ORDER BY RatingDescription, MovieTitle
```

결과는 다음과 같다.

Rating Description	Movie
NULL	North by Northwest
General Audiences	Finding Nemo
Parental Guidance Suggested	Love and Death
Parental Guidance Suggested	The Truman Show
Parents Strongly Cautioned	Down with Love
Restricted	Everyone Says I Love You
Under 17 Not Admitted	NULL

데이터의 두 곳에 NULL이 있는데, 이는 FULL JOIN을 사용한 직접적인 결과다. 첫 번째는 *North by Northwest*라는 영화에 대해 Ratings 테이블에는 매치하는 행이 없기 때문에 보여줄 등급이 없다. 두 번째는 'Under 17 Not Admitted' 등급 설명에 맞는 영화가 없는데, 이는 그 등급에 대한 Movies 테이블에 매치하는 행이 없기 때문이다.

덧붙이자면, 테이블의 별칭을 사용하지 않고, *columnlist*에 테이블의 이름을 명시하지 않은 것을 보라. 예를 들어, MovieTitle 열에 전체 이름(Movies.MovieTitle)을 쓰지 않고, 있는 그대로 적었다. 왜냐하면, 이 열은 테이블 하나에만 있어서 테이블의 이름을 명시하지 않고도 열의 이름을 명시하는 데 혼동이 없을 것이기 때문이다.

전체 조인은 실생활에서 거의 사용되지 않는다. 그 이유는 테이블 사이의 이런 관계는 비교적 흔치 않기 때문이다. 본질적으로 전체 조인은 두 테이블 사이에 쌍방의 매치가 없어도 전체 데이터를 보여준다. 우리는 대개 두 테이블 사이에 정확한 매치가 있거나(내부 조인) 한쪽만 매치되는(왼쪽 조인이나 오른쪽 조인) 데이터에만 관심이 있다.

교차 조인

이 장에서 다룰 마지막 조인 유형은 교차 조인(cross join)으로, 내부 조인도 아니고 외부 조인도 아니다. 결국 교차 조인은 테이블들간의 관계를 나타내지 않고 조인하는 방법이다. 아무 관계도 서술하지 않기 때문에, 교차 조인은 테이블들에서 나올 수 있는 행의 모든 조합을 다 만들어낸다. 기술적으로는 이를 *Cartesian product*(데카르트 곱, 카티션 곱, 곱집합)라고 부른다. 가령 한 테이블에 세 행이 있고, 다른 테이블에 네 행이 있는데, 두 테이블을 교차 조인시키면 결과는 12행이 나온다. 이 조인의 복잡한 특성 때문에 이 조인은 거의 사용되지 않는다.

그런 점들을 기억해두고, 교차 조인의 두 예를 보자. 첫 예에서는 셔츠 제작자를 생각해보자. 이 제작자는 크기는 세 가지, 색상은 네 가지인 셔츠를 만든다고 하자. SizeInventory 테이블은 가능한 크기를 나타내며 다음과 같다.

SizeID	Size
1	Small
2	Medium
3	Large

ColorInventory 테이블은 가능한 색상을 나타내며, 다음과 같은 데이터를 포함하고 있다.

ColorID	Color
1	Red
2	Blue
3	Green
4	Yellow

생산될 셔츠의 크기와 색상의 모든 가능한 조합을 결정하고 싶다. 교차 조인을 사용하여 다음의 SELECT 문장을 수행하면 된다.

```
SELECT
Size,
Color
FROM SizeInventory
CROSS JOIN ColorInventory
```

출력된 결과는 다음과 같다.

Size	Color
Small	Red
Small	Blue
Small	Green
Small	Yellow
Medium	Red
Medium	Blue
Medium	Green
Medium	Yellow
Large	Red
Large	Blue
Large	Green
Large	Yellow

보다시피 교차 조인은 두 테이블의 행들로부터 모든 조합을 만들어 낸다. 교차 조인에는 ON 키워드가 사용되지 않는다는 점을 기억해야 한다. 이것은 두 테이블 간의 관계가 명시되지 않기 때문이다. 두 테이블에는 공통된 열이 없다. 두 테이블의 데이터는 서로 독립적이다.

흥미롭게도 교차 조인도 앞 장에서 설명한 대안으로 명시될 수 있다. 즉, 교차 조인은 CROSS JOIN 키워드를 사용하지 않고 FROM 절에서 두 테이블을 나열하기만 함으로써 나타낼 수 있다. 다음 SELECT는 앞의 CROSS JOIN 문장과 동일하며 같은 결과를 낳는다.

```
SELECT
Size,
Color
FROM SizeInventory, ColorInventory
```

앞의 교차 조인 예는 아주 비현실적인 경우다. 하지만, 이번에 볼 두 번째 예는 교차 조인의 일반적인 예를 보여준다. 이 예에서는 어떤 핵심 정보를 포함한 데이터 한 행만 있는 특별한 테이블이 있다고 가정해보자. 이 테이블에는 딱 한 행의 데이터만 있기 때문에 최종 결과의 행의 숫자를 늘리지 않고 테이블을 교차 조인할 수 있다. 이걸 설명하기 위해 조직과 관련된 많은 날짜들이 들어 있는 SpecialDates 테이블을 사용할 것이다.

LastProcessDate	CurrentFiscalYear	CurrentFiscalQuarter
2016-09-15	2016	Q3

이 시나리오에서는 Orders 테이블에서 데이터를 선택하려고 한다. 하지만 SpecialDates 테이블에서 LastProcessDate에 대한 데이터만 보기 원한다고 하자. LastProcessDate는 시스템에서 최후에 실행된 데이터 그룹의 날짜를 돌려주기 때문에 자주 바뀌는 날짜이다. 뭔가

뒤떨어지는 일이 있어서 이것이 최근의 날짜가 아닐 수도 있다는 가정을 해보자. 다음 문장은 교차 조인을 활용하여 이 목적을 수행해낸다.

```
SELECT
OrderID AS 'Order ID',
OrderDate AS 'Date',
OrderAmount AS 'Amount'
FROM Orders
CROSS JOIN SpecialDates
WHERE OrderDate = LastProcessDate
```

결과는 다음과 같다.

Order ID	Date	Amount
4	2016-09-15	20.00

Orders 테이블에서 데이터 한 행만 보여준다. 이것은 선택 논리의 일부로 SpecialDates 테이블에서 LastProcessDate를 사용했기 때문이다. SpecialDates 테이블에는 한 행만 있기 때문에 이 테이블을 교차 조인시키는 것은 아무 해가 안 된다는 점을 알아야 한다. 디스플레이되는 행의 개수는 아무 영향도 미치지 않는다.

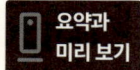
이 장에서는 조인의 방법으로 외부 조인까지 확장해봤다. 왼쪽 조인은 분석가들이 1차(primary) 테이블과 2차(secondary) 테이블을 조인하여 2차 테이블에서 매치가 안 되더라도 1차 테이블의 전체 행을 보여주게 한다. 오른쪽 조인은 간단히 왼쪽 조인을 반대로 하면 되는데, 1차 테이블과 2차 테이블의 순서를 바꾸면 된다. 끝으로 전체 조인은 두 테이블을 모두 2차 테이블로 만들어 준다. 전체 조인은 서로 다른 테이블에 매치가 없더라도 두 테이블의 모든 행들을 다 보여준다. 교차 조인에 대해서도 공부했는데, 조인되는 두 테이블의 모든 행의 조합을 보여주는 이 유형은 거의 사용되지 않는다. 교차 조인에서는 테이블들 간의 관계가 있다 해도 서술하지 않는다.

다음 장인 '자체 조인과 뷰(Self Joins and Views)'에서는 두 개의 연관된 주제를 약간 우회하는 주제를 다룰 것이다. 먼저, 자체 조인인데, 테이블을 자기에게 다시 조인시키는 특별한 기법이다. 이렇게 하면 테이블의 가상 뷰(virtual view)를 만들어 별도의 두 개의 관점에서 테이블을 볼 수 있게 되는 것이다. 다음 장의 두 번째 주제는 자체 조인의 보다 일반적인 방법인 다중 테이블에 대한 가상 뷰를 만드는 방법으로 확장시켜 줄 것이다.

Chapter 13

자체 조인과 뷰
(Self Joins and Views)

📋 키워드 소개
CREATE VIEW · ALTER VIEW · DROP VIEW

앞의 두 장에서 내부 조인과 외부 조인을 사용하여 여러 테이블로부터 데이터를 조합해내는 다양한 방법에 대해 알아보았다. 늘 데이터베이스의 물리적인 테이블에는 데이터가 존재한다는 가정이 있었다. 이제는 보다 가상적인 방법으로 데이터를 볼 수 있는 두 가지 기술을 알아보려고 한다.

첫 번째 기술은 자체 조인(self join)이라는 것인데, 마치 한 개의 테이블이 별개인 것처럼 같은 테이블을 두 번 불러서 테이블을 다시 그 테이블에 조인시킨다. 그렇게 해서 자체 조인은 테이블의 가상 뷰(virtual view)를 생성하고, 한 번 이상 사용될 수 있게 된다. 두 번째로는, 데이터베이스 뷰(database views)에 대해 배울 것인데, 가상 테이블을 마음대로 만들 수 있게 해주는 유용한 개념이다.

자체 조인

자체 조인(self joins)은 테이블을 그 자체에 조인하게 해준다. 자체 조인의 가장 흔한 용례는 자기참조(self-referencing) 테이블을 다룰 때이다. 이 테이블들은 같은 테이블에 있는 다른 열을 참조하는(조회하는) 열을 포함하고 있다. 이런 관계 유형의 일반적인 예로는 직원 정보 테이블이 있다.

다음 예에서는 Personnel 테이블의 각 행이 같은 테이블의 다른 행, 즉 그 직원의 매니저를 가리키는 열을 포함하고 있다. 어떤 면에서는 이것이 외래 키(foreign key)와 비슷한 개념일 수도 있다. 중요한 차이점은, 외래 키는 다른 테이블에 있는 열을 가리키는 반면, 여기서는 한 열이 같은 테이블의 다른 열을 가리키는 상황이라는 것이다.

다음 Personnel 테이블에 있는 데이터를 보자.

EmployeeID	EmployeeName	ManagerID
1	Susan Carter	NULL
2	Li Wang	1
3	Robert Baker	1
4	Scott Fielding	1
5	Carla Bender	2
6	Janet Brown	2
7	Jules Moreau	3
8	Amy Adamson	4
9	Jaideep Singh	4
10	Amelia Williams	5

이 테이블에는 각 직원에 해당하는 행이 하나씩 있다. ManagerID 열은 각 직원이 보고를 해야 하는 매니저를 보여준다. 그 열에 있는 ID 번호는 EmployeeID 열에 있는 값과 같다. 예를 들어, Li Wang의 ManagerID는 1이다. 이 말은 Li의 매니저는 EmployeeID가 1번인 Susan Carter라는 뜻이다.

Susan Carter에게 보고하는 직원은 Li Wang, Robert Baker, Scott Fielding 세 명이다. Susan Carter는 ManagerID 열 값이 없다. 이것은 Susan Carter가 회사의 사장(head)이라는 의미이고, 그래서 매니저가 없는 것이다.

이제 모든 직원의 목록과 각 직원이 보고하는 매니저 이름을 보고 싶다고 하자. 이럴 땐 Personnel 테이블을 자체 조인해야 한다. 테이블의 별칭은 항상 자체 조인과 함께 사용되어 테이블의 각 사례를 구별할 수 있어야 한다. Personnel 테이블에 먼저 테이블의 별칭을 Employees라고 붙여주고 두 번째 테이블의 별칭은 Managers라고 붙여 줄 것이다. 문장을 보자.

```
SELECT
Employees.EmployeeName AS 'Employee Name',
Managers.EmployeeName AS 'Manager Name'
FROM Personnel AS Employees
INNER JOIN Personnel AS Managers
ON Employees.ManagerID = Managers.EmployeeID
ORDER BY Employees.EmployeeName
```

결과는 다음과 같다.

Employee Name	Manager Name
Amelia Williams	Carol Bender
Amy Adamson	Scott Fielding
Carla Bender	Li Wang
Jaideep Singh	Scott Fielding
Janet Brown	Li Wang
Jules Moreau	Robert Baker
Li Wang	Susan Carter
Robert Baker	Susan Carter
Scott Fielding	Susan Carter

이 SELECT 문장에서 가장 까다로운 부분은 INNER JOIN에 따른 ON 절이다. 자체 조인이 제대로 작동하려면 반드시 ON을 사용해서 Personnel 테이블의 Employees 뷰 열과 테이블의 Managers 뷰의 EmployeeID 열 사이의 관계를 만들어야 한다. 다시 말하자면, 직원이 가리키는 매니저가 직원이기도 하다는 말이다.

앞의 Employee Name에는 Susan Carter가 없다. 이는 문장에서 내부 조인을 사용했기 때문이다. Susan Carter는 매니저가 없어서 테이블의 Managers view에 매치가 없기 때문이었다. 만약 Susan Carter를 포함시키고 싶다면, 내부 조인을 외부 조인으로 바꾸기만 하면 된다. 새로운 문장은 다음과 같다.

```
SELECT
Employees.EmployeeName AS 'Employee Name',
Managers.EmployeeName AS 'Manager Name'
FROM Personnel AS Employees
LEFT JOIN Personnel AS Managers
ON Employees.ManagerID = Managers.EmployeeID
ORDER BY Employees.EmployeeName
```

결과 데이터는 다음과 같다.

Employee Name	Manager Name
Amelia Williams	Carol Bender
Amy Adamson	Scott Fielding
Carla Bender	Li Wang
Jaideep Singh	Scott Fielding
Janet Brown	Li Wang
Jules Moreau	Robert Baker
Li Wang	Susan Carter
Robert Baker	Susan Carter
Scott Fielding	Susan Carter
Susan Carter	NULL

뷰 생성하기

자체 조인을 사용하면 같은 테이블에 대한 뷰를 여러 개 만들 수 있다. 이제 이 개념을 확장시켜 어떤 테이블이든, 테이블들의 조합에 대해 새로운 뷰를 생성할 수 있게 할 것이다.

뷰(view)란 데이터베이스에 저장된 SELECT 문장일 뿐이다. 일단 저장되면 뷰는 데이터베이스에 있는 테이블처럼 불러올 수 있다. 데이터베이스 테이블은 물리적인 데이터를 포함하고 있다. 뷰가 데이터를 포함한 것은 아니지만 뷰는 데이터를 갖고 있는 실제 테이블처럼 실행된다. 그래서 뷰는 가상 테이블처럼 생각하면 된다. 또한 뷰는 일시적인 것이 아니고 영구적이다. 뷰는 일단 생성되면, 뷰 자체를 삭제할 때까지는 부를 수 있다.

그럼 왜 뷰가 필요한지 궁금할 것이다. 이 장의 뒷부분에서 뷰의 장점에 대해 알아볼 테지만, 간단이 말하자면, 뷰는 데이터에 접근하는 방법을 더 쉽게 해준다. 데이터베이스가 저장된지 며칠이 되었건, 몇 년이 되었건, 그 데이터베이스의 데이터는 아주 특별한 방식으로 테이블에 저장된다. 시간이 흐름에 따라 그 데이터에 접근하려는 수요는 바뀌지만 새로운 요구에 맞는 테이블을 다시 만드는 일은 쉬운 것이 아니다. 뷰의 큰 장점은 이미 데이터베이스에 있는 데이터에 대해 가상의 뷰(virtual views)를 새로 만들 수 있다는 것이다. 뷰를 사용하면 데이터를 실제로 재배열하지 않고도 새로운 테이블처럼 만들 수 있다. 그래서 뷰는 데이터베이스 디자인을 늘 새롭고 최신 상태로 유지하여 동적인 요소를 불어 넣는다.

뷰는 데이터베이스에 어떻게 저장될까? 모든 관련 데이터베이스는 수많은 다른 객체 유형으로 구성되어 있다. 가장 중요한 객체 유형(object types)은 테이블이다. 하지만 대부분의 데이터베이스 관리 소프트웨어는 사용자들이 다른 object types를 얼마든지 저장할 수 있게 해준다. 이런 가장 흔한 예가 뷰와 저장된 절차(stored procedures)다. 종종 데이터베이스에는 함수나 triggers(저장되어 있는 절차) 같은 많은 객체 유형이 있다.

SQL은 CREATE VIEW 키워드를 제공해서 사용자들이 새로운 뷰를 만들 수 있게 한다. 일반적인 문법은 다음과 같다.

```
CREATE VIEW ViewName AS
SelectStatement
```

뷰가 생성된 다음에는 뷰에 있는 *SelectStatement*에서 찾아와야 할 데이터를 부르기(refer) 위해 *ViewName*이 사용된다. 이제 예를 보자. 앞 장에서 다음 SELECT 문장을 봤었다.

```
SELECT
Customers.FirstName AS 'First Name',
Customers.LastName AS 'Last Name',
Orders.OrderDate AS 'Order Date',
Orders.OrderAmount AS 'Order Amt',
Refunds.RefundDate AS 'Refund Date',
Refunds.RefundAmount AS 'Refund Amt'
FROM Customers
LEFT JOIN Orders
ON Customers.CustomerID = Orders.CustomerID
LEFT JOIN Refunds
ON Orders.OrderID = Refunds.OrderID
ORDER BY Customers.LastName, Customers.FirstName, Orders.OrderDate
```

이 문장은 다음 결과를 돌려준다.

First Name	Last Name	Order Date	Order Amt	Refund Date	Refund Amt
Sara	Davis	2016-09-01	10.00	2016-09-02	5.00
Paul	Johnson	2016-09-15	20.00	NULL	NULL
Samuel	Martinez	NULL	NULL	NULL	NULL
Rumi	Shah	2016-09-02	12.50	NULL	NULL
Rumi	Shah	2016-09-03	18.00	2015-09-18	18.00

이 SELECT 문장을 뷰로 설정하기 위해 다음과 같이 CREATE VIEW 문장 안에 전체 SELECT 문장을 넣기만 하면 된다.

```
CREATE VIEW CustomersOrdersRefunds AS
SELECT
Customers.FirstName AS 'First Name',
Customers.LastName AS 'Last Name',
Orders.OrderDate AS 'Order Date',
Orders.OrderAmount AS 'Order Amt',
Refunds.RefundDate AS 'Refund Date',
Refunds.RefundAmount AS 'Refund Amt'
FROM Customers
LEFT JOIN Orders
ON Customers.CustomerID = Orders.CustomerID
LEFT JOIN Refunds
ON Orders.OrderID = Refunds.OrderID
```

위의 CREATE VIEW에 원래의 SELECT 문장에서 딱 하나 빠진 것은 ORDER BY 절이다. 뷰는 실제 데이터처럼 저장되는 것이 아니기 때문에 뷰를 위해 ORDER BY 절을 포함할 이유는 없다.

뷰 불러오기

위의 CREATE VIEW 문장을 실행시킬 때면 CustomersOrdersRefunds가 생성된다. 뷰를 만든다고 데이터가 생성되는 것은 아니다. 단지 다음에 사용할 뷰를 정의하는 것뿐이다. 뷰가 데이터를 가져오게 하려면 다음 SELELCT 문장을 실행하면 된다.

```
SELECT *
FROM CustomersOrdersRefunds
```

그러면 다음 결과를 찾아 온다.

First Name	Last Name	Order Date	Order Amt	Refund Date	Refund Amt
Sara	Davis	2016-09-01	10.00	2016-09-02	5.00
Rumi	Shah	2016-09-02	12.50	NULL	NULL
Rumi	Shah	2016-09-03	18.00	2015-09-18	18.00
Paul	Johnson	2016-09-15	20.00	NULL	NULL
Samuel	Martinez	NULL	NULL	NULL	NULL

이 데이터는 원래 찾아 온 것과 행의 순서가 달라 보인다는 점을 발견했을 것이다. 이것은 뷰가 ORDER BY 절을 포함하지 않았기 때문이다. 결과적으로 데이터는 데이터베이스에 실제 저장된 순서대로 반환된 것이다. 이것은 다음과 같이 SELECT에 ORDER BY 절을 추가하면 쉽게 수정할 수 있다.

```
SELECT *
FROM CustomersOrdersRefunds
ORDER BY [Last Name], [First Name], [Order Date]
```

이제 원하는 순서대로 데이터를 반환한다. 뷰의 열은 뷰가 생성될 때 명시된 열의 별칭으로 불러야(refer)만 한다는 점을 기억한다. 이제 원래의 열 이름을 불러 올 수 없다. 이 예에서는 CustomersOrdersRefunds 뷰가 Customers table에 있는 LastName 열에 "Last Name"의 열의 별칭(column alias)을 적용했다. 그래서 ORDER BY 절에 있는 열의 별칭을 불러야 한다. 2장에서 배운 대로 ORDER BY 절에 있는 각각의 열 이름 앞뒤로 각괄호를 넣어서 사이에 끼어 있는 빈칸을 제대로 해석하게 해야 한다.

데이터베이스 차이점 **MySQL과 오라클**

일단 뷰가 생성되면 다른 테이블들처럼 부르고 활용할 수 있다. 예를 들면, 뷰에서 몇 개의 열만 골라서 보고, 딱 한 명의 특별한 고객만 보고 싶다고 하자. 그렇게 하려면 다음과 같이 SELECT 문장을 만들면 된다.

```
SELECT
[First Name],
[Last Name],
[Order Date]
FROM CustomersOrdersRefunds
WHERE [Last Name] = 'Shah'
```

결과는 다음과 같다.

First Name	Last Name	Order Date
Rumi	Shah	2016-09-02
Rumi	Shah	2016-09-03

앞에서처럼 열의 이름 앞뒤로 각괄호를 넣어야 한다. 그 사이에 빈칸이 있기 때문이다.

뷰의 장점

앞의 예에서는 뷰 사용의 중요한 장점을 보여준다. 일단 뷰가 생성되면, 뷰를 테이블처럼 부르면 된다. 뷰가 조인된 테이블을 여러 개 부른다 해도 논리적으로는 하나의 테이블처럼 보인다.

뷰 사용의 장점을 정리해보자.

- **뷰는 복잡성을 줄여준다.** 먼저, 뷰는 특히 복잡한 SELECT 문장을 간소화한다. 예를 들어, 여섯 개의 테이블을 한 데 조인하는 SELECT 문장이 있을 때, 각 뷰가 둘 또는 세 개의 테이블을 갖도록 뷰를 생성하는 것이 유용하다. 그런 다음, 원래의 문장보다 덜 복잡한 SELECT 문장에서 뷰를 부르면 된다.

- **뷰는 reusability(재사용 가능성)를 증가시킨다.** 항상 세 개의 테이블이 함께 조인되는 상황에서 그 테이블 세 개를 갖고 뷰를 생성할 수 있다. 그 다음에 데이터를 요청 할 때마다 항상 세 개의 테이블을 조인하는 대신, 미리 정의한 뷰를 부르기만 하면 된다.

- **뷰는 데이터를 적절하게 포맷한다.** 데이터베이스에서 열이 잘못 포맷되었다면 CAST를 사용하거나 다른 함수를 사용하여 그 열을 원하는 대로 포맷할 수 있다. 예를 들어, 날짜

열이 데이터베이스에 YYYYMMDD 포맷으로, 정수 데이터 유형으로 저장되어 있을 수 있다. 이 날짜를 date/time 열로 보고 진짜 데이터처럼 보여주고 조작하는 것이 유리할 수 있다. 그렇게 하려면 그 열을 적절한 포맷으로 바꿔줄 테이블에 대한 뷰를 생성할 수 있다. 그 테이블을 다시 부르려면(refer) 이제 테이블을 부르는 대신 새로운 뷰를 부르면 된다.

- **뷰는 계산된 열을 생성할 수 있다.** 테이블에 있는 두 열이 Quantity와 PricePerItem을 포함하고 있다고 가정해보자. 최종 사용자는 대개 두 열을 곱해서 얻은 총계에 관심이 있다. 이 계산으로 새로 계산된 열을 갖고 있는 원래 테이블의 뷰를 만들 수 있다. 사용자는 이제 뷰를 부를 수 있고 항상 산출된 값을 가질 수 있게 되었다.

- **뷰는 열의 이름을 다시 명명하는 데 사용될 수 있다.** 데이터베이스가 아리송한 열 이름을 갖고 있다면, 열의 별칭을 가진 뷰를 생성해서 그 이름을 보다 의미 있게 바꿀 수 있다.

- **뷰는 데이터 하위 집합(subset)을 생성할 수 있다.** 데이터베이스는 모든 고객을 담은 테이블을 포함하고 있다고 하자. 대부분의 사용자는 지난 해에 주문을 했던 고객만 보기를 원한다. 그럴 때 이런 유용한 데이터 하위 집합을 포함한 이 테이블의 뷰를 쉽게 만들 수 있다.

- **뷰는 보안 제약(security restrictions)을 강화하는 데 사용될 수 있다.** 어떤 사용자들은 주어진 테이블의 어떤 열만 접근할 수 있기를 원하는 경우가 종종 있다. 이런 경우 사용자들의 목적을 위해 테이블의 뷰를 생성할 수 있다. 데이터베이스의 안전 장치(security features)는 사용자들을 위해 그들을 근본 테이블에는 접근하지 못하도록 제한하는 한편, 새로운 뷰에 접근을 허가하는 데 사용될 수도 있다.

뷰의 수정과 삭제

뷰가 생성된 다음 ALTER VIEW 문장을 사용하여 뷰를 쉽게 수정할 수 있다. 일반적인 문법은 다음과 같다.

```
ALTER VIEW ViewName AS
SelectStatement
```

뷰를 수정할 때는, 뷰에 들어 있는 전체 SELECT 문장을 명시해야만 한다. 뷰에 있는 원래의 SELECT는 새로운 SELECT에 의해 대체된다. 원래는 다음과 같이 뷰를 생성했다고 하자.

```
CREATE VIEW CustomersView AS
SELECT
FirstName AS 'First Name',
LastName as 'Last Name'
FROM Customers
```

이 뷰에 CustomerID를 위해 새로운 열을 추가하려면, 다음과 같은 문장을 만들면 된다.

```
ALTER VIEW CustomersView AS
SELECT
FirstName AS 'First Name',
LastName AS 'Last Name',
CustomerID AS 'Cust ID'
FROM Customers
```

다시 말하지만, 뷰를 생성하거나 수정할 때는 어떤 데이터도 반환하지 않는다. 단지 뷰의 정의를 생성하거나 수정할 뿐이다.

데이터베이스 차이점 **오라클**

SQL Server와 MySQL과는 달리 오라클의 ALTER VIEW는 훨씬 제한적이다. 오라클에서 앞의 ALTER VIEW를 실행하려면, 먼저 DROP VIEW를 시행하고, 그 다음에 새로운 정의로 CREAT VIEW를 만들어야 한다.

DROP VIEW 문장은 앞서 생성했던 뷰를 지울 때 사용된다. 일반적인 문법은 다음과 같다.

```
DROP VIEW ViewName
```

앞에서 만들었던 CustomersView를 지우려면 다음 문장을 만들면 된다.

```
DROP VIEW CustomersView
```

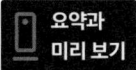
자체 조인과 뷰는 가상의 방법으로 데이터를 보는 두 가지 서로 다른 방법이다. 자체 조인은 테이블을 다시 그 테이블과 조인하는 방법이다. 자체 조인은 자기 참조(self-referential) 데이터를 활용할 때 유용해서, 한 테이블에 있는 열 하나를 같은 테이블의 다른 열과 조인할 수 있다.

데이터베이스 뷰는 훨씬 더 활용적이다. 근본적으로 어떤 SELECT 문장이라도 뷰로 저장될 수 있고, 그 다음엔 실제 테이블처럼 불러올 수 있다. 뷰가 테이블과 다른 점은 뷰는 데이터를 갖고 있지 않다는 것이다. 뷰는 기존 테이블에 있는 데이터에 대해 새로운 가상의 뷰만 정의할 뿐이다. 그래서 뷰는 복잡성을 줄이는 것부터 데이터를 다시 포맷하는 것까지, 함수의 많은 부분을 도울 수 있다. 일단 뷰가 생성되면, 뷰는 ALTER VIEW와 DELETE VIEW 문장을 사용해서 수정하거나 삭제할 수 있다.

다음 장인 '서브쿼리(Subqueries, 하위 쿼리)'에서는 테이블을 조인하는 방법에 대해 앞서 배웠던 내용과 보다 직접적으로 관련된 주제를 다룰 것이다. 서브쿼리는 내부 조인이나 외부 조인을 드러나게 사용하지 않고 테이블과 테이블을 서로 연관 짓는 방법을 제공한다. 서브쿼리가 만들어지고 사용될 수 있는 방법이 너무나 많기 때문에 이 책에서 아마 가장 어려운 부분이 될 것이다. 하지만 서브쿼리를 이해하게 되면 엄청난 보람을 느끼게 될 것이다. 서브쿼리가 사용되는 방법에는 많은 융통성이 있다. 그래서 이를 사용하여 쿼리를 설계하는 데는 창의성이 다소 필요하다.

Memo

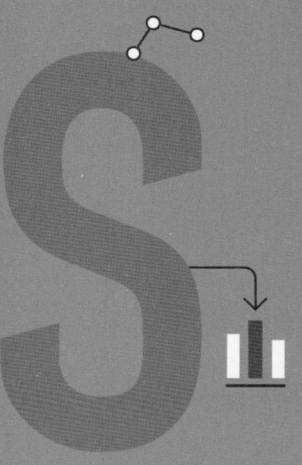

Chapter 14

서브쿼리
(Subqueries)

 **키워드 소개**
EXISTS · WITH

4장에서 합성 함수(composite functions), 즉, 다른 함수를 포함한 함수에 대해 공부했었다. 마찬가지로 SQL 쿼리는 다른 쿼리를 포함할 수 있다. 다른 쿼리 안에 포함되어 있는 쿼리를 *서브쿼리(subqueries)*라고 한다.

서브쿼리란 주제는 다소 복잡한데, 그 큰 이유는 서브쿼리가 사용될 수 있는 방법이 많고 다양하기 때문이다. 서브쿼리를 SELECT 문장의 곳곳에서 많이 발견할 수 있는데, 그 때 마다 미묘한 차이가 있고 요구사항도 다르다. 다른 쿼리에 포함된 쿼리로서, 서브쿼리는 본래의 쿼리에 연관되어 있고 의존적이거나 혹은 본래의 쿼리에서 완전히 독립적일 수 있다. 다시 말하지만, 이 차이점 때문에 용례에 따라 다른 요건이 필요하다.

서브쿼리가 어떻게 사용되든, SQL 쿼리를 작성하는 데 엄청난 유연성을 더해준다. 종종 서브쿼리는 다른 방법들에 의해 완성될 수 있는 기능을 제공한다. 그런 경우에 개인 선호에 따라 서브쿼리를 활용할지 말지를 결정할 수 있다. 하지만 이제 알게 되겠지만, 어떤 상황에서는 당면과제를 위해 서브쿼리가 절대적으로 필요하다.

그렇다면, 서브쿼리의 기본형의 개요부터 시작해보자.

서브쿼리의 유형

서브쿼리는 SELECT 문장과 함께 사용할 수 있을 뿐 아니라, 17장 데이터 수정(Modifying Data)에서 다룰 INSERT, UPDATE, DELETE 문장과 함께 사용될 수도 있다. 하지만 이 장에서는 서브쿼리를 SELECT 문장에서만 사용하기로 한다.

다음은 우리가 앞서 보았던 SELECT 문장이다.

```
SELECT columnlist
FROM tablelist
WHERE condition
GROUP BY columnlist
HAVING condition
ORDER BY columnlist
```

서브쿼리는 사실상 SELECT 문장의 어느 절에 넣어도 된다. 하지만 서브쿼리를 어디에 서술하고 어떻게 사용하는가는 *columnlist*, *tablelist*, *condition* 중 어디에 쓰이는지에 따라 조금씩 달라진다.

그런데 서브쿼리라는 게 정확히 뭘 말하는 것일까? 서브쿼리는 다른 SQL 문장 안에 삽입된 SELECT 문장일 뿐이다. 서브쿼리에서 반환하는 결과는 전반적인 SQL 쿼리 맥락 안에서 사용된다. 또 SQL 문장 하나에 하나 이상의 서브쿼리가 있을 수 있다. 요약하자면, 서브쿼리는 다음과 같은 세 가지 방법으로 명시할 수 있다.

- 서브쿼리가 *tablelist*의 일부일 때, 서브쿼리는 데이터 소스를 명시한다. 이는 서브쿼리가 FROM 절의 일부인 상황에 적용된다.

- 서브쿼리가 *condition*의 일부일 때, 서브쿼리는 선택기준의 일부가 된다. 이는 서브쿼리가 WHERE 절이나 HAVING 절의 일부인 상황에 적용된다.

- 서브쿼리가 *columnlist*의 일부일 때, 서브쿼리는 하나의 계산된 열을 생성한다. 이는 서브쿼리가 SELECT, GROUP BY, ORDER BY 절의 일부인 상황에 적용된다.

이 장에서는 이 세 가지 상황에 대해 자세히 설명할 것이다.

데이터 소스로서의 서브쿼리 사용하기

서브쿼리가 FROM 절의 일부로 명시되면 서브쿼리는 즉시 새로운 데이터 소스를 생성한다. 이것은 뷰를 생성하고 그 뷰를 SELECT에서 부르는 것과 개념상 비슷하다. 유일한 차이점이라면, 뷰는 데이터베이스에 영구히 저장된다는 것이다. 데이터 소스처럼 사용되는 서브쿼리는 저장되지 않는다. SELECT 문장의 일부로서 일시적으로 존재할 뿐이다. 그렇지만, FROM 절의 서브쿼리를 가상의 뷰처럼 생각할 수는 있다.

먼저 서브쿼리가 어떻게 데이터 소스로 사용되는지 알려주는 예를 살펴보자. 다음과 같은 Users 테이블이 있다고 하자.

UserID	UserName
1	Cecilia Rodriguez
2	Elaine Bundy
3	Rakesh Gupta
4	April Waters

또 다음과 같은 Transactions(거래) 테이블도 있다.

TransactionID	UserID	TransactionAmount	TransactionType
1	1	22.25	Cash
2	2	11.75	Credit
3	2	5.00	Credit
4	2	8.00	Cash
5	3	9.33	Credit
6	3	10.11	Credit

이 데이터는 사실 앞 장에서 보았던 Customers 테이블, Orders 테이블과 아주 비슷하다. Users 테이블은 성과 이름을 한 열에 조인시켰다는 점만 빼고는 Customers 테이블과 비슷하다. Transactions 테이블은 주문과 비슷한 항목을 갖고 있는데, 이것도 거래를 현금으로 했는지 신용카드로 했는지를 알려주는 TransactionType 열을 추가한 점만 다르다. 일반적으로 보여지는 날짜 열은 생략했다.

사용자의 목록을 현금 거래한 총계와 함께 보고 싶다고 하자. 다음 SELECT 문장이 이 과제를 수행할 것이다.

```
SELECT
UserName AS 'User Name',
ISNULL(CashTransactions.TotalCash, 0) AS 'Total Cash'
FROM Users
LEFT JOIN

(SELECT
UserID,
SUM(TransactionAmount) AS 'TotalCash'
FROM Transactions
WHERE TransactionType = 'Cash'
GROUP BY UserID) AS CashTransactions

ON Users.UserID = CashTransactions.UserID
ORDER BY Users.UserID
```

서브쿼리를 나머지 문장과 분명하게 구분하기 위해 두 개의 빈 줄을 삽입했다. 서브쿼리는 문장의 가운데 부분에 있다. 결과는 다음과 같다.

User Name	Total Cash
Cecilia Rodriguez	22.25
Elaine Bundy	8.00
Rakesh Gupta	0
April Waters	0

April Waters는 거래를 한 적이 전혀 없기 때문에 현금 거래가 없다. Rakesh Gupta는 두 개의 거래가 있는데, 둘 다 신용카드 거래라서 현금 거래 내역이 없다. ISNULL 함수가 Rakesh와 April이 일반적으로 가지고 있을 NULL 값을 0으로 바꿨다는 점을 주목하자.

이제 서브쿼리가 어떻게 작동하는지 알아보자. 앞 문장에서 서브쿼리는 다음과 같다.

```
SELECT
UserID,
SUM(TransactionAmount) AS 'TotalCash'
FROM Transactions
WHERE TransactionType = 'Cash'
GROUP BY UserID
```

앞의 SELECT 문장에 대한 일반적인 형태는 다음과 같다.

```
SELECT
UserName AS 'User Name'
ISNULL(CashTransactions.TotalCash, 0) AS 'Total Cash'
FROM Users
LEFT JOIN (subquery) AS CashTransactions
ON Users.UserID = CashTransactions.UserID
ORDER BY Users.UserID
```

서브쿼리만 단독으로 실행되면 결과는 다음과 같다.

UserID	TotalCash
1	22.25
2	8.00

사용자 1과 2의 데이터만 보인다. 서브쿼리의 WHERE 절은 현금 거래만 보여달라는 요구를 실행한다. 그런 다음 전체 서브쿼리가 별개의 테이블이나 뷰인 것처럼 불려진다. 서브쿼리에 CashTransactions라는 테이블의 별칭이 주어진다는 점을 주목하자. 그래서 서브쿼리에 있는 열들이 주(main) SELECT에서 불려지는 것이다. 그렇게 주(main) SELECT에 있는 다음 문장이 서브쿼리에 있는 데이터를 불러온다.

```
ISNULL(CashTransactions.TotalCash, 0) AS 'Total Cash'
```

CashTransactions.TotalCash는 서브쿼리에서 가져온 열이다.

원하는 데이터를 얻기 위해 서브쿼리를 사용하는 것이 정말 필요한 것인지 의문이 들 수 있다. 이 경우, 대답은 '예'이다. 다음과 같이 LEFT JOIN을 통해 Users 테이블과 Transactions 테이블을 간단히 조인해 볼 수 있다.

```
SELECT
UserName AS 'User Name',
SUM(TransactionAmount) AS 'Total Cash Transactions'
FROM Users
LEFT JOIN Transactions
ON Users.UserID = Transactions.UserID
WHERE TransactionType = 'Cash'
GROUP BY Users.UserID, Users.UserName
ORDER BY Users.UserID
```

하지만 이 문장은 다음과 같은 데이터를 돌려준다.

User Name	Total Cash
Cecilia Rodriguez	22.25
Elaine Bundy	8.00

현금 거래에 대한 WHERE 절의 차단(exclusion, 역주 여기서는 현금 거래를 제외시키는 것)이 서브쿼리에 있지 않고 주(main) 쿼리에 있기 때문에 Rakesh Gupta나 April Waters에 대한 행이 보이지 않는다. 결과적으로 현금 거래가 없던 사람에 대한 데이터는 전혀 볼 수 없는 것이다.

선택 기준에 서브쿼리 사용하기

7장에서 IN 연산자에 대한 첫 번째 포맷을 소개했었다. 그 때 사용했던 예제는 다음과 같다.

```
WHERE State IN ('IL', 'NY')
```

이 포맷에서, IN 연산자는 단지 괄호 안에 많은 값들을 나열했을 뿐이다. IN의 두 번째 포맷도 있는데, 이 때는 괄호 안에 SELECT 문장 전체가 들어 간다. 예를 들어, 주를 나열할 때 다음과 같이 명시할 것이다.

```
WHERE State IN
(SELECT
States
FROM StateTable
WHERE Region = 'Midwest')
```

두 번째 포맷을 사용하면 각 주를 하나씩 나열하기 보다, 보다 복잡한 논리를 통해 다이내믹한 주의 목록을 만들어낼 수 있게 된다.

Users와 Transactions 테이블을 사용하여 살펴보자. 이 경우, 어떤 거래에서든 한 번이라도 현금을 사용한 적이 있는 고객의 자료를 보고 싶다고 하자. 이것을 수행할 SELECT 문장은 다음과 같다.

```
SELECT UserName AS 'User Name'
FROM Users
WHERE UserID IN
(SELECT UserID
FROM Transactions
WHERE TransactionType = 'Cash')
```

결과는 다음과 같다.

User Name
Cecilia Rodriguez
Elaine Bundy

Rakesh Gupta는 거래 기록은 있지만 현금 거래를 한 적이 없기 때문에 목록에 포함되지 않았다. IN 키워드에 대한 서브쿼리 SELECT 문장 전체가 괄호 안에 들어 있다는 점을 주목해야 한다. 서브쿼리의 *columnlist*에는 UserID라는 열 하나만 있다. 한 열만의 값을 목록으로 보여주는 서브쿼리를 원하기 때문에 이것이 필요 조건이다. UserID는 두 쿼리를 연결 짓는 데 사용되었다는 점에도 주목해야 한다. UserName을 보여주기는 하지만, Users 테이블과 Transactions 테이블 사이의 관계를 정의하기 위해 UserID를 사용하고 있다.

여기서 다시, 서브쿼리를 사용하는 것이 필요한지 물어볼 수 있다. 그러나 이번엔 답이 '아니오'이다. 같은 결과를 반환하는 같은 내용의 다른 쿼리를 보자.

```
SELECT UserName AS 'User Name'
FROM Users
INNER JOIN Transactions
ON Users.UserID = Transactions.UserID
WHERE TransactionType = 'Cash'
GROUP BY Users.UserName
```

서브쿼리를 사용하지 않고, Users 테이블과 Transactions 테이블을 직접 조인할 수 있다. 하지만 여기서는 한 명당 한 행씩 가져오는 것을 확인하기 위해 GROUP BY 절이 필요하다.

상관 서브쿼리

지금껏 보아온 서브쿼리들은 서로 상관성이 없는 서브쿼리들이었다. 일반적으로 모든 서브쿼리는 *상관(correlated)* 서브쿼리와 *비상관(uncorrelated)* 서브쿼리로 나눌 수 있다. 이 용어는 서브쿼리가 들어 있는 쿼리와 서브쿼리가 연관되어 있는지 연관되어 있지 않은지를 설명하는 것이다. 서브쿼리가 상관되어 있지 않다면, 외부 쿼리와 완전히 독립적이라는 의미다. 비상관 서브쿼리는 전체 SELECT 문장의 일부로서 딱 한 번 검토되고 실행된다. 또 비상관 서브쿼리는 독립적일 수 있다. 원하는 경우, 비상관 서브쿼리는 개별 쿼리처럼 실행시킬 수 있다.

반면, 상관 서브쿼리는 외부 쿼리에 분명하게 연결되어 있다. 이런 분명한 관계 때문에, 상관 서브쿼리는 반환되는 각 행마다 검토되어야 하고, 서브쿼리가 실행될 때마다 다른 결과를 줄 수 있다. 상관 서브쿼리는 독자적으로 실행될 수 없다. 왜냐하면, 쿼리의 어떤 요소들은 서브쿼리가 외부 쿼리에 의존적이게 하기 때문이다.

예제를 봐야 이해가 제일 잘 될 것이다. Users 테이블과 Transactions 테이블을 다시 보면서 전체 거래 총액이 20달러가 안 되는 고객의 목록을 만들어 내고 싶다고 하자. 이런 요구를 수행하는 문장은 다음과 같다.

```
SELECT
UserName AS 'User Name'
FROM Users
WHERE
(SELECT
SUM(TransactionAmount)
FROM Transactions
WHERE Users.UserID = Transactions.UserID)
< 20
```

결과는 다음과 같다.

User Name
Rakesh Gupta

왜 이 서브쿼리는 비상관 쿼리가 아니라 상관 쿼리일까? 서브쿼리를 잘 보면 답이 있다.

```
SELECT
SUM(TransactionAmount)
FROM Transactions
WHERE Users.UserID = Transactions.UserID
```

이 서브쿼리는 자체적으로 실행될 수 없기 때문에 상관 쿼리다. 자체적으로 실행하면, 이 서브쿼리는 에러를 발생하게 된다. 왜냐하면, WHERE 절에 있는 Users.UserID 열이 서브 쿼리의 구문 안에 없기 때문이다. 무슨 말인지 이해하기 위해 보다 일반적인 방법으로 전체 SELECT 문장을 보는 것이 도움이 될 것이다.

```
SELECT
UserName AS 'User Name'
FROM Users
WHERE
SubqueryResult < 20
```

서브쿼리는 *SubqueryResult*라고 부르는 하나의 값을 가진 *columnlist*를 반환한다. 상관 서브쿼리로서 서브쿼리는 각 사용자에 따라 평가되어야 한다. 또한 이런 유형의 서브쿼리는 하나의 행과 하나의 값만 반환하도록 요구한다는 점을 기억해야 한다. *SubqueryResult*는 포함된 행이나 값이 하나보다 많은 경우 평가될 수 없다.

앞에서와 같이, 서브쿼리가 꼭 필요하냐고 물어본다면, 다시 한 번 답은 '아니오'다. 같은 결과를 보여주는 다른 문장을 보자.

```
SELECT
UserName AS 'User Name'
FROM Users
LEFT JOIN Transactions
ON Users.UserID = Transactions.UserID
GROUP BY Users.UserID, Users.UserName
HAVING SUM(TransactionAmount) < 20
```

하지만 서브쿼리가 없다면, 같은 내용의 문장에 GROUP BY 절과 HAVING 절이 필요해진다. GROUP BY 절은 사용자의 그룹을 생성하고, HAVING 절은 각 그룹이 20 달러가 안 되는 거래여야 한다고 제한한다.

EXISTS 연산자

비상관 서브쿼리와 결부된 추가 기술은 EXISTS라는 특별한 연산자를 사용한다. 이 연산자는 상관 서브쿼리에 데이터가 있는지 없는지를 결정할 수 있게 해준다. 어떤 사용자가 어떤 거래를 했는지를 알고 싶다고 하자. 이 요구는 다음과 같이 문장에 EXISTS 연산자를 사용하여 성취할 수 있다.

```
SELECT
UserName AS 'User Name'
FROM Users
WHERE EXISTS
(SELECT *
FROM Transactions
WHERE Users.UserID = Transactions.UserID)
```

결과는 다음과 같다.

User Name
Cecilia Rodriguez
Elaine Bundy
Rakesh Gupta

이것은 상관 서브쿼리다. 왜냐하면, 본 쿼리를 참조하지 않고는 독자적으로 수행될 수 없기 때문이다. 앞 문장에서 상관 서브쿼리에 있는 SELECT가 아무 데이터라도 반환하면 EXISTS 키워드는 참이라고 평가된다. 서브쿼리가 모든 열을 선택한다(SELECT *)는 점에 주시해야 한다. 서브쿼리에서 어느 특별한 열이 선택되는지는 중요하지 않기 때문에, 모든 열을 반환하라고 주를 사용한다. 서브쿼리에 데이터가 있는지를 결정하는 것에만 관심이 있다. 쿼리는 결과로 April Waters를 제외한 모든 사용자를 반환한다. April Waters는 거래가 없어서 나타나지 않는 것이다.

앞에서와 마찬가지로, 이 문장에 있는 논리는 다른 방법으로 표현될 수 있다. 다음과 같이 IN 연산자로 서브쿼리를 사용하면 같은 결과를 낼 수 있다.

```
SELECT
UserName AS 'User Name'
FROM Users
WHERE UserID IN
(SELECT UserID
FROM Transactions)
```

아마 이 문장을 이해하기가 더 쉬울 것이다. 서브쿼리를 사용하지 않고도 같은 데이터를 반환하는 또 다른 문장을 보자.

```
SELECT
UserName AS 'User Name'
FROM Users
INNER JOIN Transactions
ON Users.UserID = Transactions.UserID
GROUP BY UserName
```

이 문장에서, INNER JOIN은 Transactions 테이블에도 사용자가 반드시 있어야 한다는 조건을 강조한다. 이 쿼리는 사용자 한 명당 하나가 넘는 행을 반환하지 않도록 GROUP BY 절을 사용하도록 요구한다.

계산된 열처럼 서브쿼리 사용하기

서브쿼리의 일반적인 마지막 용법은 계산된 열처럼 사용하는 것이다. 사용자의 목록과 그들이 거래한 내역의 개수를 함께 보고 싶다고 가정해보자. 다음 문장을 사용하면 서브쿼리를 사용하지 않고도 목적을 달성할 수 있다.

```
SELECT
UserName AS 'User Name',
COUNT(TransactionID) AS 'Number of Transactions'
FROM Users
LEFT JOIN Transactions
ON Users.UserID = Transactions.UserID
GROUP BY Users.UserID, Users.UserName
ORDER BY Users.UserID
```

결과는 다음과 같다.

User Name	Number of Transactions
Cecilia Rodriguez	1
Elaine Bundy	3
Rakesh Gupta	2
April Waters	0

거래가 없는 고객을 위해 LEFT JOIN을 사용했다는 점에 주시해야 한다. GROUP BY는 요청을 실행해서 결국 한 고객 당 한 행씩 보여준다. COUNT 함수는 Transactions 테이블에 있는 행의 개수를 숫자로 돌려준다.

같은 결과를 얻을 수 있는 다른 방법은 서브쿼리를 계산된 열처럼 사용하는 것이다. 다음과 같다.

```
SELECT
UserName AS 'User Name',
(SELECT
COUNT(TransactionID)
FROM Transactions
WHERE Users.UserID = Transactions.UserID)
AS 'Number of Transactions'
FROM Users
ORDER BY Users.UserID
```

이 예의 서브쿼리는 상관 서브쿼리다. 서브쿼리는 WHERE 절에 있는 Users 테이블에서 열을 부르기(reference) 때문에 서브쿼리는 독자적으로 수행될 수 없다. 이 서브쿼리는 SELECT *columnlist*에 대해 계산된 열을 반환한다. 다시 말해, 서브쿼리가 평가된 다음, 서브쿼리가 그 때 *columnlist*에 포함되어 있는 값 하나를 반환한다. 앞의 문장을 일반적인 형태로 보여주면 다음과 같다.

```
SELECT
UserName AS 'User Name',
SubqueryResult AS 'Number of Transactions'
FROM Users
ORDER BY Users.UserID
```

보다시피, 전체 서브쿼리는 Number of Transactions(거래 개수) 열을 위해 사용되는 값 하나를 반환한다.

공통 테이블 식

대체 서브쿼리 문법을 사용하면 주 쿼리를 실행하기 전에 확실히 정의할 수 있다. 이것을 공통 *테이블 식(common table expression)*이라고 한다. 이 문법을 사용하면 서브쿼리 전체가 일반적인 위치에서 제거되고 쿼리의 맨 앞에 서술된다. 공통 테이블 식의 존재여부를 알려주기 위해 WITH 키워드가 사용된다. 상관 서브쿼리와 함께 사용될 수도 있지만, 공통 테이블 식은 비상관 서브쿼리와 함께 더 유용하게 사용된다.

이를 설명하기 위해 이 장의 맨 처음에 소개했던 서브쿼리로 돌아가 보자.

```
SELECT
UserName AS 'User Name',
ISNULL(CashTransactions.TotalCash, 0) AS 'Total Cash'
FROM Users
LEFT JOIN

(SELECT
UserID,
SUM(TransactionAmount) AS 'TotalCash'
FROM Transactions
WHERE TransactionType = 'Cash'
GROUP BY UserID) AS CashTransactions

ON Users.UserID = CashTransactions.UserID
ORDER BY Users.UserID
```

보다시피, 앞의 문장에 있는 서브쿼리에 CashTransactions라는 별칭이 주어졌고, UserID 열에 대해 User 테이블과 조인되었다. 서브쿼리의 목적은 각 사용자별 현금 거래 총액을 제공하는 것이다. 이 쿼리에 대한 결과는 다음과 같다.

User Name	Total Cash
Cecilia Rodriguez	22.25
Elaine Bundy	8.00
Rakesh Gupta	0
April Waters	0

이제 이와 같은 논리를 공통 테이블 식을 사용한 다른 방법으로 보여주겠다. 쿼리는 다음과 같다.

```
WITH CashTransactions AS
(SELECT
UserID,
SUM(TransactionAmount) as TotalCash
FROM Transactions
WHERE TransactionType = 'Cash'
GROUP BY UserID)

SELECT
UserName AS 'User Name',
ISNULL(CashTransactions.TotalCash, 0) AS 'Total Cash'
FROM Users
LEFT JOIN CashTransactions
ON Users.UserID = CashTransactions.UserID
ORDER BY Users.UserID
```

이 대안에서 전체 서브쿼리는 주 SELECT 쿼리 앞인, 맨 위로 옮겨졌다. WITH 키워드는 공통 테이블 식이 뒤에 있다는 걸 알려준다. 첫 줄은 CashTransactions이 공통 테이블 식의 별칭이라는 걸 알려준다. 공통 테이블 식이 AS 키워드 뒤에 오고, 괄호로 싸여 있다.

공통 테이블 식을 주 쿼리와 구분하기 위해 사이에 빈 줄을 넣었다. 주 쿼리에 있는 다음 줄을 보자.

```
LEFT JOIN CashTransactions
```

이 줄은 공통 테이블 식에 대한 외부 조인을 나타내며, CashTransactions 별칭을 통해 불려진다. 공통 테이블 식의 중요한 장점은 간결함에 있다. 서브쿼리의 세부사항이 주 쿼리 앞에 별도의 독립체로 있기 때문에 주 쿼리를 이해하기가 쉬워진다. 공통 테이블 식이 있는 이 쿼리의 결과는 서브쿼리가 있던 원래의 쿼리와 동일하다.

다시 말해서 쿼리에 공통 테이블 식을 쓰고 안 쓰고는 개인의 취향 문제다. 서브쿼리는 더 큰 쿼리 안에 들어 있는 반면, 공통 테이블 식은 서브쿼리를 미리 서술하는 것이다.

MySQL과 오라클

MySQL은 SQL Server나 오라클과는 달리 공통 테이블 식을 제공하지 않는다.

이 장에서는 데이터 소스, 선택 기준, 계산된 열 등 서브쿼리의 세 가지 용례를 살펴보았다. 또 상관 서브쿼리와 비상관 서브쿼리에 대한 예도 살펴보았다. 끝으로, 공통 테이블 식을 사용하여 서브쿼리를 표현하는 대체 방법의 사용도 간단히 살펴보았다. 그렇게 서브쿼리의 사용에 대한 것들을 간단히 살펴보았다. 좀 복잡한 것은 많은 서브쿼리가 다른 방법으로도 표현될 수 있다는 것이다. 서브쿼리를 사용하고 안 하고는 개인의 선택에 달려 있지만, 가끔은 문장의 실행에 영향을 주기도 한다. 조인과 서브쿼리의 용법을 통해 다수의 테이블에서 데이터를 선택하는 많은 방법을 살펴보았다.

다음 장인 '집합 논리(Set Logic)'에서는 전체 쿼리를 하나의 SQL 문장으로 조인하는 방법을 배울 것이다. 이것은 특별한 논리 유형으로 다수의 데이터 집합을 하나의 결과로 합할 수 있게 해준다. 이제 배우게 되겠지만, 집합 논리 프로시저(set logic procedure)는 종종 서로 부분적으로만 연관된 데이터 집합을 나타내기 위해 꼭 필요하다. 서브쿼리와 마찬가지로 집합 논리(set logic) 기술은 SQL 문장에 융통성과 논리적 가능성을 추가로 제공해준다.

Memo

Chapter 15

집합 논리
(Set Logic)

🗩 키워드 소개
UNION · UNION ALL · INTERSECT · EXCEPT

앞에서 배웠던 다양한 조인과 서브쿼리는 복수의 테이블로부터 데이터를 조합하는 다양한 방법에 관한 것이었다. 하지만 결과는 항상 하나의 SELECT 문장이었다. 이제 복수의 테이블에 있는 데이터를 조합하는 개념에서 복수의 쿼리로부터 오는 데이터를 조합하는 개념으로 바꿔볼 것이다. 다시 말해 데이터를 얻기 위해 둘 이상의 SELECT 문장을 갖는 하나의 SQL 문장을 쓰는 방법을 알아볼 것이다.

쿼리를 조합하는 개념을 *집합 논리(set logic)*라고 하는데, 수학에서 온 용어다. 각각의 SELECT 쿼리는 데이터 세트(set, 집합)처럼 불려질 수 있다. 우리가 이 장에서 다루고 살펴 볼 집합 논리(set logic)는 네 가지 기본 시나리오를 강조할 것이다. 데이터가 SET A와 SET B에 있다고 가정한다면, 그 두 집합에서 데이터를 가져오는 방법은 다음 네 가지 중 하나일 것이다.

· SET A나 SET B에 있는 데이터
· SET A와 SET B 모두에 있는 데이터
· SET A에는 있지만 SET B에는 없는 데이터
· SET B에는 있지만 SET A에는 없는 데이터

SET A나 SET B에 있는 데이터를 원하는 첫 시나리오부터 시작해보자. 앞으로 알게 되겠지만, 이것이 집합 논리의 가능성 중에서 가장 일반적이고 중요한 것이다.

UNION 연산자 사용하기

SQL에서 UNION 연산자는 SET A나 SET B에 있는 데이터를 선택하기 위한 논리를 다룰 때 사용된다. 이것이 단연코 가장 일반적인 상황이다. 예를 보면서 시작하자. 가령 데이터베이스에 테이블 두 개가 있다 하자. 첫 번째 테이블은 고객의 주문에 대한 데이터를 포함하고 있는 Orders 테이블이다. 앞의 몇몇 장에서 사용했던 것과 같은 Orders 테이블을 사용할 것이다.

OrderID	CustomerID	OrderDate	OrderAmount
1	1	2016-09-01	10.00
2	2	2016-09-02	12.50
3	2	2016-09-03	18.00
4	3	2016-09-15	20.00

두 번째 테이블은 고객의 환불 상품에 대한 데이터가 있는 Returns라는 테이블이다. 다음과 같다.

ReturnID	CustomerID	ReturnDate	ReturnAmount
1	1	2016-09-10	2.00
2	2	2016-09-15	15.00
3	3	2016-09-28	3.00

12장과 13장에서 보았던 Refunds 테이블과 달리, 이 Returns 테이블은 Orders 테이블과 직접 연관되어 있지는 않다는 점을 주목해야 한다. 다시 말해서, 반품(return)은 특별한 주문에 연결되어 있는 것이 아니다. 이런 경우, 고객은 하나의 환불 거래에 있는 다수의 주문 중에서 일부 상품을 반품할 수 있다.

특별한 한 명의 고객에 대한 모든 주문과 반품에 대해 보고서를 만들고 싶다고 하자. 주문이면 주문 날짜 순으로, 반품이면 반품 날짜 순으로 결과를 정렬하여 보고 싶다고 하자. 다음은 이 요구를 실행할 문장이다. 이 문장에 추가로 빈 줄을 몇 개 넣음으로써 UNION 연산자에 의해 조인되어 있는 완전히 별개인 두 개의 SELECT를 포함하고 있다는 점을 강조하려고 한다.

```
SELECT
OrderDate AS 'Date',
'Order' AS 'Type',
OrderAmount AS 'Amount'
FROM Orders
WHERE CustomerID = 2
UNION
SELECT
ReturnDate as 'Date',
'Return' AS 'Type',
ReturnAmount AS 'Amount'
FROM Returns
WHERE CustomerID = 2
ORDER BY Date
```

결과 데이터는 다음과 같다.

Date	Type	Amount
2016-09-02	Order	12.50
2016-09-03	Order	18.00
2016-09-15	Return	15.00

보다시피 UNION 연산자는 두 개의 SELECT 문장을 가르고 있다. 각 SELECT 문장은 별도로 수행해도 된다. 끝에는 ORDER BY 절도 있는데, 이것을 두 SELET 문장 모두의 결과에 적용할 수 있다. 앞의 문장을 일반적인 포맷으로 쓰면 다음과 같다.

```
SelectStatementOne
UNION
SelectStatementTwo
ORDER BY columnlist
```

UNION 연산자가 제대로 작동하게 하려면 다음 세 가지 규칙을 따라야 한다.

- UNION으로 조인된 모든 SELECT 문장은 SELECT columnlist에 있는 열의 개수가 같아야 한다.
- 각 SELECT columnlist에 있는 모든 열은 순서가 같아야 한다.
- 각 SELECT columnlist에 있는 해당 열은 모두 같거나 호환성이 있는 데이터 타입을 가져야 한다.

이런 결과들에 관하여, 쿼리에 있는 두 SELECT 문장은 모두 세 개의 열을 갖고 있다는 점을 주목하자. 세 개의 열은 같은 데이터 타입의 데이터를 같은 순서로 갖고 있다.

UNION을 사용할 때, 해당하는 모든 열에 같은 열의 이름을 주려면 열의 별칭을 사용해야 한다. 우리 예에서, 첫 SELECT 문장의 첫 열은 OrderDate이라는 원래 이름을 갖고 있다. 두 번째 SELECT의 첫 열은 ReturnDate이라는 원래 이름을 갖고 있다. 최종 결과의 첫 열이 원하는 이름을 갖게 하려면, OrderDate과 ReturnDate은 둘 다 Date이라는 열의 별칭을 가져야 한다. 이렇게 하면 열이 ORDER BY *columnlist*에서 불려질(reference) 수도 있다.

또한 SELECT 문장의 두 번째 열이 문자값을 사용하고 있다는 점에 주목해보자. Type이 라는 계산된 열을 생성했는데, 이것은 Order나 Return이라는 값을 갖고 있다. 그래서 각 행이 어떤 테이블에서 왔는지를 확인할 수 있게 해준다.

마지막으로, ORDER BY 절은 조인된 두 개의 쿼리 모두의 최종 결과에 적용된다는 점에 주목하자. 이렇게 해야만 하는 이유는 개별 쿼리에 정렬을 적용하는 것은 소용이 없기 때문이다.

여기서, 다시 돌아가서 Orders 테이블과 Returns 테이블을 하나의 SELECT 문장에서 간단하게 조인하지 않고 UNION 연산자를 사용하는 것이 왜 필요한지 얘기해보는 것이 좋을 것 같다. 두 테이블은 모두 CustomerID 열을 갖고 있는데, 왜 이 열에 대해 두 테이블을 조인하지 않은 것일까? 그런 방법의 문제점은 두 테이블이 실은 서로 간접적으로만 관련이 있다는 것이다. 고객이 주문을 할 수 있고, 고객이 반품을 할 수 있지만, 주문과 반품 간에 직접적인 관계는 없다.

또한 두 테이블 사이에 직접적인 관계가 있다 하더라도 원하는 대로 조인이 되지는 않을 것이다. 적절한 조인을 사용하면, 관련 정보는 같은 행에 놓일 수 있다. 하지만 이 경우에 주문과 반품을 별도의 행에 나타내는 데 관심이 있다. UNION 연산자라야만 이런 방식으로 데이터를 보여줄 수 있다.

본질적으로, UNION 연산자는 관련이 없는 데이터나 부분적으로 관련이 있는 데이터를 하나의 문장을 사용하여 가져올 수 있게 해준다.

개별 UNION과 비 개별 UNION

UNION 연산자에는 UNION과 UNION ALL 두 종류가 있다. 이 둘 사이에는 큰 차이가 없다. UNION 연산자는 모든 중복된 행을 제거한다. UNION ALL 연산자는 중복이 되더라도 모든 행이 포함되어야 한다.

UNION 연산자는 앞에서 배웠던 DISTINCT 키워드와 비슷한 방법으로 중복을 제거한다. DISTINCT는 하나의 SELECT에 적용하는 반면, UNION은 UNION으로 조인된 모든 SELECT 문장에 대해 중복을 제거한다.

앞의 Orders 테이블과 Returns 테이블에 관한 예에서는 중복의 가능성이 없었기 때문에, 어떤 UNION을 사용해도 상관이 없었다. 다음 예에서는 차이점을 보여줄 것이다. 어떤 주문이나 반품이 발생한 날짜에만 관심이 있다고 해보자. 같은 날짜가 여러 행 나타나는 것은 원치 않는다. 다음 문장이 이런 작업을 완수해줄 것이다.

```
SELECT
OrderDate AS 'Date'
FROM Orders
UNION
SELECT
ReturnDate as 'Date'
FROM Returns
ORDER BY Date
```

결과는 다음과 같다.

Date
2016-09-01
2016-09-02
2016-09-03
2016-09-10
2016-09-15
2016-09-28

2016-09-15라고 된 날짜 행이 하나뿐이란 점에 주목하자. Orders 테이블에 2016-09-15 행이 하나 있고, Returns 테이블에도 2016-09-15 행이 하나 있지만, UNION 연산자를 사용했기 때문에 목록에는 2016-09-15가 한 번만 나타난 것이다.

어떤 이유에선가 2016-09-15가 목록에 두 번 나타나게 하고 싶다면, 다음과 같이 UNION ALL 연산자를 사용하면 된다.

```
SELECT
OrderDate AS 'Date'
FROM Orders
UNION ALL
SELECT
ReturnDate as 'Date'
FROM Returns
ORDER BY Date
```

이제 결과는 다음과 같다.

Date
2016-09-01
2016-09-02
2016-09-03
2016-09-10
2016-09-15
2016-09-15
2016-09-28

보다시피 UNION ALL 연산자는 중복된 행도 나타나게 한다.

교차 쿼리

UNION 연산자와 UNION ALL 연산자는 조인되는 두 SELECT 문장에서 명시된 집합들 중 어느 한 집합에라도 있는 데이터를 반환한다. 이것은 두 논리 집합의 데이터를 조인하는 OR 연산자를 사용하는 것과 비슷하다.

SQL은 INTERSECT라는 연산자를 제공하여 두 집합 모두에 있는 데이터를 끌어 모으게 한다. INTERSECT는 AND 연산자와 유사하며, 이 장의 초반에 소개한 유형들 중 두 번째 유형을 다룬다.

- SET A와 SET B 모두에 있는 데이터

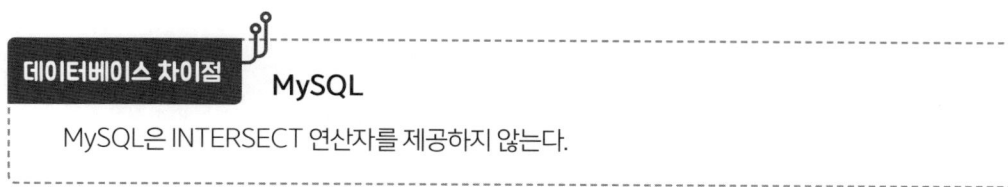

같은 Orders 테이블과 Returns 테이블을 사용하여 주문과 반품이 동시에 발생한 날짜를 보고 싶다고 가정해보자. 이런 작업을 수행할 문장은 다음과 같다.

```
SELECT
OrderDate AS 'Date'
FROM Orders
INTERSECT
SELECT
ReturnDate as 'Date'
FROM Returns
ORDER BY Date
```

결과는 다음과 같다.

Date
2016-09-15

딱 한 행만 보이는 이유는 Orders 테이블과 Returns 테이블에 모두 나타나는 날짜가 하나뿐이기 때문이다.

INTERSECT 연산자의 변형이 하나 더 있는데, EXCEPT 연산자이다. INTERSECT가 두 집합에 모두 있는 데이터를 반환하는 반면, EXCEPT는 한 집합에는 있지만 다른 집합에는 없는 데이터를 반환한다. 따라서 이 연산자는 이 장 초반에 언급한 경우 중 세 번째와 네 번째 경우를 다룬다.

- SET A에는 있지만 SET B에는 없는 데이터
- SET B에는 있지만 SET A에는 없는 데이터

EXCEPT의 일반적인 포맷은 다음과 같다.

```
SelectStatementOne
EXCEPT
SelectStatementTwo
ORDER BY columnlist
```

이 문장은 *SelectStatementOne*에는 있지만 *SelectStatementTwo*에는 없는 데이터를 보여줄 것이다. 예를 보자.

```
SELECT
OrderDate AS 'Date'
FROM Orders
EXCEPT
SELECT
ReturnDate as 'Date'
FROM Returns
ORDER BY Date
```

결과는 다음과 같다.

Date
2016-09-01
2016-09-02
2016-09-03

이 데이터는 주문은 발생했지만 반품은 발생하지 않은 날짜를 보여주는 것이다. 2016-09-15에는 환불이 발생했기 때문에 이 날짜가 나타나지 않았다는 점을 알아야 한다.

데이터베이스 차이점 **MySQL과 오라클**

MySQL은 EXCEPT 연산자를 제공하지 않는다. 오라클에서 EXCEPT 연산자와 같은 것은 MINUS이다.

이 장에서는 여러 SELECT 문장의 세트를 조인하여 하나의 문장으로 만들기 위해 집합 논리를 사용하는 다양한 방법을 알아 보았다. 가장 일반적으로 사용되는 연산자는 UNION으로, 두 개의 서로 다른 집합 중 한 곳에라도 있는 데이터를 조인할 수 있다. 그래서 UNION은 OR 연산자와 비슷하다. UNION ALL은 UNION의 변형으로 중복된 행도 볼 수 있게 한다. INTERSECT 연산자는 데이터가 조인된 데이터 집합 모두에 있는 데이터를 나타나게 한다. INTERSECT는 AND 연산자와 유사하다. 끝으로 EXCEPT 연산자는 한 집합에는 있지만 다른 쪽에는 없는 데이터를 선택할 수 있게 해준다.

다음 장, '저장 프로시저와 파라미터(Stored Procedures and Parameters)'에서는 많은 SQL 문장을 프로시저에 저장하고, 그 프로시저 내에서 파라미터를 활용하여 SQL 명령어에 일반성을 높이는 방법을 알아볼 것이다. 또한 자체 제작 함수(custom function)를 만드는 방법도 알아보고, 함수가 저장 프로시저와 어떤 점이 다른지 알아볼 것이다. 13장의 '자체 조인과 뷰'에서 배웠던 뷰와 마찬가지로, 저장 프로시저와 자체 제작 함수는 세련미와 기능성을 제공하기 위해 직접 생성할 수 있고, 데이터베이스에 저장할 수도 있는 유용한 것이다.

Memo

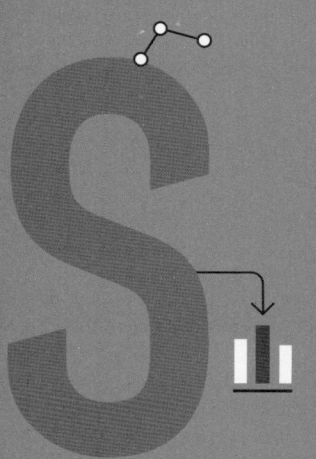

Chapter 16

저장 프로시저와 파라미터

[Stored Procedures and Parameters]

📋 키워드 소개

CREATE PROCEDURE · BEGIN · EXEC/CIALL ·
ALTER PROCEDURE · DROP PROCEDURE

지금까지는 모든 데이터 검색을 하나의 SQL 문장으로 했다. 심지어 앞 장에서 배운 집합 논리(set logic)도 여러 SELECT 문장을 하나의 문장으로 조인하는 것을 다뤘다. 이제 여러 문장이 하나의 *저장 프로시저(stored procedure)*에 저장될 수 있는 새로운 시나리오에 대해 알아보자.

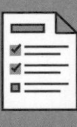

저장 프로시저

간략하게 말하자면 저장 프로시저(stored procedures)를 사용하는 이유는 다음 두 가지이다.

- 여러 SQL 문장을 하나의 프로시저로 저장한다.
- SQL 문장과 함께 파라미터를 사용한다.

저장 프로시저는 사실 하나의 SQL 문장으로 이뤄져 있으며 파라미터는 없다. 하지만 저장 프로시저의 실제 값은 여러 문장이나 파라미터를 포함하고 있는 경우에 명백해진다.

저장 프로시저란 주제는 꽤 복잡하다. 이 주제에 관해 간략하게 살펴보는 동안에는 두 번째 서술한 이유, 파라미터 사용에 집중하려고 한다. 이것은 데이터베이스에서 어떻게 해야 데이터를 잘 검색할 수 있는가 하는 문제와 직접 연결이 된다. 이제 배우게 되겠지만, SELECT 문장에 파라미터를 추가하면 일상에서 아주 유용하게 사용된다.

여러 문장을 포함하기 위해 저장 프로시저를 사용하는 내용은 이 책에서 배우지 않는다. 기본적으로 여러 문장을 하나의 프로시저에 저장하는 능력은 개발자가 복잡한 논리를 생성하고 단번에 모두를 수행할 수 있음을 의미한다. 예를 들어 고객으로부터 주문을 받아 시스템에 넣기 전에 그 주문을 재빨리 평가해야 하는 비즈니스 요구사항이 있다 하자. 이런 과정에는 물건 재고가 있는지 파악하고, 그 고객의 신용 등급은 좋은지 확인하고, 언제쯤 물건을 발송할 수 있을지 추정하는 등의 업무가 포함될 것이다. 이런 상황에서는 만약 모든 것이 순서대로 되어 있는 않은 경우 어떤 메시지를 반환 해야 할지를 결정할 논리를 추가한 복수의 SQL 문장이 필요하다. 그 모든 논리를 하나의 저장 프로시저에 담을 수 있다. 이렇게 하면 전체 시스템의 모듈 방식(modularity)을 향상시킬 수 있다. 모든 것을 하나의 프로시저에 담으면, 그 논리는 어느 프로그램에서 불러도 수행할 수 있고, 같은 결과를 돌려줄 수 있다.

저장 프로시저 생성하기

저장 프로시저를 사용하는 방법에 관해 자세히 배우기 전에 저장 프로시저가 어떻게 생성되고 유지되는지 기술적인 방법을 살펴보자. 문법은 데이터베이스에 따라 상당히 차이가 난다. Microsoft SQL Server에 대한 저장 프로시저를 생성하는 포맷은 다음과 같다.

```
CREATE PROCEDURE ProcedureName
AS
OptionalParameterDeclarations
BEGIN
SQLStatements
END
```

CREATE PROCEDURE 키워드는 프로시저를 생성하는 하나의 명령어를 만들 수 있게 해준다. 프로시저 자체에는 SQL 문장을 몇 개든 포함할 수 있고 파라미터 선언을 포함할 수도 있다. 파라미터를 선언하는 문법은 다음에 배울 것이다. SQL 문장은 BEGIN 키워드와 END 키워드 사이에 넣으면 된다.

데이터베이스 차이점 **MySQL과 오라클**

MySQL에서 저장 프로시저를 생성하는 포맷은 좀 더 복잡하다. MySQL 포맷은 다음과 같다.

```
DELIMITER $$
CREATE PROCEDURE ProcedureName()
BEGIN
SQLStatements
END$$
DELIMITER ;
```

MySQL에서 여러 문장을 실행하려면 구분자(delimiter, 역주 구획의 시작과 끝을 알리는 문자)가 있어야 한다. 보통 세미콜론(;)이 구분자로 사용된다. 앞의 코드 첫 줄에서는 세미콜론(;)을 임시로 두 개의 달러 표시($)로 바꿨다. 필요한 파라미터는 CREATE PROCEDURE 줄의 괄호 사이에서 명시된다. 그리고 BEGIN 키워드와 END 키워드 사이의 각 SQL 문장은 문장 끝에 세미콜론(;)을 붙여야 한다. 달러 표시는 END 키워드 다음에 붙여서 CREATE PROCEDURE 명령어가 완료됐음을 알려줘야 한다. 끝으로 또 하나의 DELIMITER 문장이 마지막에서 구분자를 다시 세미콜론(;)으로 바꿔주었다.

오라클에서 저장 프로시저를 생성하는 과정은 상당히 복잡해서 이 책의 범위에서 벗어난다. 오라클에서 SELECT 문장을 위한 저장 프로시저를 생성하기 위해서는 패키지라는 객체를 만들어야 한다. 패키지는 기본적인 요소 두 가지, 즉 사양과 본체를 포함해야 한다. 본체 요소는 SQL 문장을 포함하고 있는데, 이것이 저장 프로시저의 중심에 있다. 더 자세히 알고 싶으면 오라클의 온라인 다큐먼트를 참조하면 된다.

다음 한 문장을 실행하는 데 사용될 저장 프로시저를 어떻게 생성하는지 예를 보자.

```
SELECT *
FROM Customers
```

프로시저 이름은 ProcedureOne이다. Microsoft SQL Server에서 프로시저를 생성하는 문장은 다음과 같다.

```
CREATE PROCEDURE ProcedureOne
AS
BEGIN
SELECT *
FROM Customers
END
```

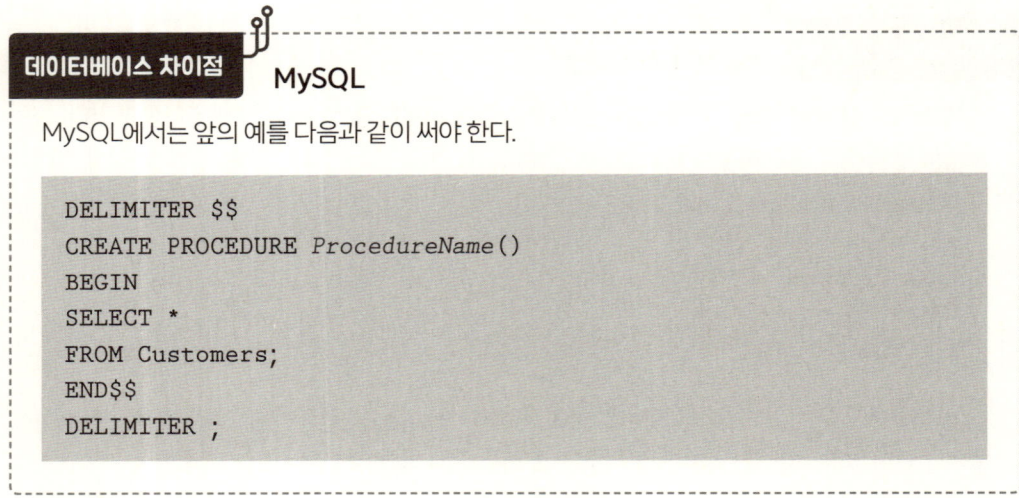

데이터베이스 차이점 **MySQL**

MySQL에서는 앞의 예를 다음과 같이 써야 한다.

```
DELIMITER $$
CREATE PROCEDURE ProcedureName()
BEGIN
SELECT *
FROM Customers;
END$$
DELIMITER ;
```

저장 프로시저를 생성하는 것은 무엇을 실행하는 것이 아니라는 점을 기억해야 한다. 이것은 나중에 실행이 될 수 있도록 단지 프로시저를 생성할 뿐이다. 테이블이나 뷰와 마찬가지로, 프로시저는 데이터베이스 관리 툴에서 그 내용을 볼 수 있도록 가시화하는 것이다.

저장 프로시저의 파라미터

지금껏 보았던 모든 SELECT 문장들은 하나의 특정 방법에 의해 데이터를 가져오도록 쓰여졌다는 점 때문에 어떤 고정된 특성(certain static quality)을 갖고 있었다. SELECT 문장에 파라미터를 추가하는 능력은 더 큰 유연성을 제공해준다.

SQL 문장에서 *parameter(파라미터, 매개변수)*라는 용어는 다른 컴퓨터 언어에서 사용되는 *변수(Variable)* 라는 용어와 비슷하다. 파라미터는 기본적으로 프로그램을 불러 SQL 문장에 넘겨주는 값을 말한다. 이 값은 콜(call)을 할 때 사용자가 명시하는 값이면 어떤 값도 될 수 있다.

Customers 테이블에서 데이터를 가져오는 SELECT 문장이 있는 간단한 예부터 시작해보자. 모든 고객을 선택하는 대신, 딱 하나의 특별한 CustomerID에 대한 데이터만 가져오는 SELECT 문장을 만들고 싶다 하자. 그렇지만 SELECT 문장에 그 숫자를 직접 넣어 코드 하기는 싫다. SELECT 문장은 일반적으로 만들어서 아무 CustomerID 번호를 제공하더라도 그 값으로 실행할 수 있게 하고 싶다. 파라미터가 없는 SELECT 문장은 다음과 같이 간단하다.

```
SELECT *
FROM Customers
```

우리 목표는 WHERE 절을 추가해서 특정 고객에 대한 데이터를 선택할 수 있게 하는 것이다. 일반적인 형태의 SELECT 문장이 다음과 같을 것이다.

```
SELECT *
FROM Customers
WHERE CustomerID = ParameterValue
```

Microsoft SQL Server에서 그런 저장 프로시저를 생성하려면 다음과 같이 한다.

```
CREATE PROCEDURE CustomerProcedure
(@CustID INT)
AS
BEGIN
SELECT *
FROM Customers
WHERE CustomerID = @CustID
END
```

두 번째 줄을 보면, 프로시저에 CustID 파라미터를 명시하고 있다. Microsoft SQL Server
에서는 @ 표시가 파라미터임을 나타낸다. INT 키워드가 파라미터 바로 뒤에 놓여 이 파라미
터가 정수 값을 가질 것임을 알려준다. 같은 파라미터 이름이 WHERE 절에서도 사용된다.

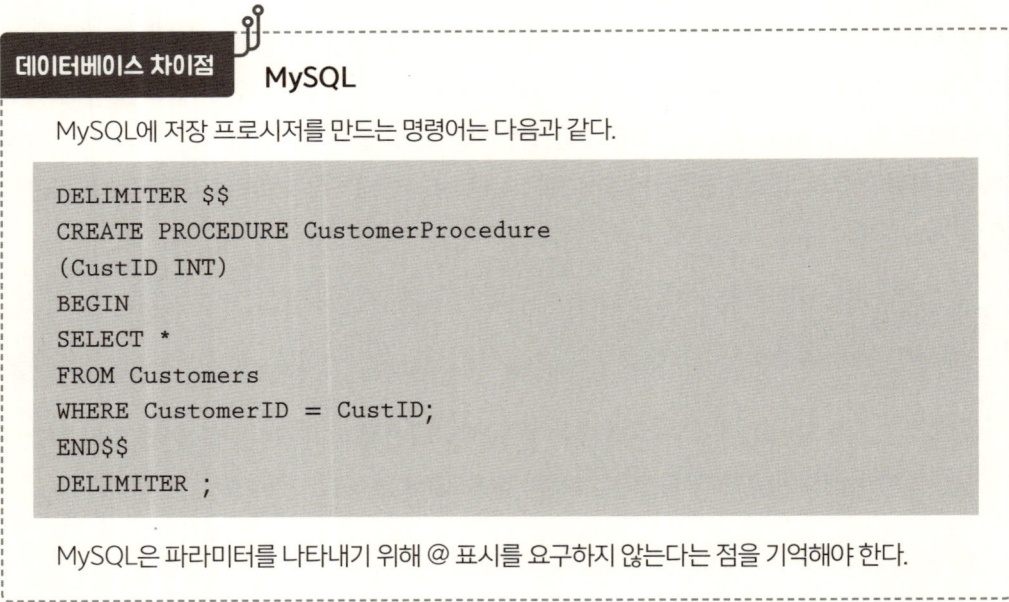

데이터베이스 차이점 **MySQL**

MySQL에 저장 프로시저를 만드는 명령어는 다음과 같다.

```
DELIMITER $$
CREATE PROCEDURE CustomerProcedure
(CustID INT)
BEGIN
SELECT *
FROM Customers
WHERE CustomerID = CustID;
END$$
DELIMITER ;
```

MySQL은 파라미터를 나타내기 위해 @ 표시를 요구하지 않는다는 점을 기억해야 한다.

저장 프로시저가 실행될 때, 콜링(calling) 프로그램은 파라미터의 값을 넘겨 주고, SQL 문
장은 그 값이 문장의 일부인 것처럼 실행한다.

앞에서 말한 파라미터는 입력 파라미터다. 그래서 저장 프로시저로 넘겨 줄 값을 포함하고
있다는 점을 기억해야 한다. 저장 프로시저는 출력 파라미터도 포함할 수 있는데, 출력 파라미
터는 콜링 프로그램에 되돌려줄 값을 포함할 수 있다. 이 책에서는 저장 프로시저에 입출력 파
라미터를 명시하는 방법을 다양하고 자세히 다루지는 않는다.

저장 프로시저 실행

저장 프로시저가 만들어진 다음에는 어떻게 실행이 되는 걸까? 데이터베이스마다 문법은 다양하다. Microsoft SQL Server는 저장 프로시저를 실행하기 위해 EXEC 키워드를 제공한다.

Microsoft SQL Server에서 ProcedureOne 프로시저를 실행하려면 다음 문장이 필요하다.

```
EXEC ProcedureOne
```

이 문장이 실행되면, 저장 프로시저에 있는 SELECT 문장의 결과를 반환한다.

ProcedureOne 파라미터는 어떤 파라미터도 없다. 그래서 문법이 간단하다. 입력 파라미터가 있는 프로시저를 어떻게 수행하는지 보자. 다음 문장은 CustID 값이 2인 CustomerProcedure 프로시저를 실행한다.

```
EXEC CustomerProcedure
@CustID = 2
```

데이터베이스 차이점   **MySQL**

MySQL은 EXEC를 사용하는 대신 CALL 키워드를 사용하여 저장 프로시저를 실행한다. 또한 파라미터가 있는 저장 프로시저를 실행하는 문법도 조금 다르다. 앞의 두 EXEC 문장을 MySQL 에서는 다음과 같이 쓴다.

```
CALL ProcedureOne:
CALL CustomerProcedure (2);
```

저장 프로시저의 수정과 삭제

일단 생성된 저장 프로시저는 수정이 가능하다. ALTER 키워드를 사용하여 뷰를 수정했듯이, ALTER PROCEDURE 키워드를 사용하면 저장 프로시저를 수정할 수 있다. 문법은 CREATE PROCEDURE 명령어와 같다. 단, CREATE 대신 ALTER를 사용한다. CREATE PROCEDURE를 사용하는 문법이 각 데이터베이스마다 조금씩 다른 것처럼 ALTER PROCEDURE를 사용하는 문법도 조금씩 다르다.

앞에서 이미 Microsoft SQL Server에서 저장 프로시저를 생성하는 다음 예를 본 적이 있다.

```
CREATE PROCEDURE CustomerProcedure
(@CustID INT)
AS
BEGIN
SELECT *
FROM Customers
WHERE CustomerID = @CustID
END
```

이 프로시저가 생성된 다음에, Customers 테이블에서 CustomerID 열과 LastName 열만 선택하는 프로시저로 바꾸고 싶다면, 다음과 같이 하면 된다.

```
ALTER PROCEDURE CustomerProcedure
(@CustID INT)
AS
BEGIN
SELECT
CustomerID,
LastName
FROM Customers
WHERE CustomerID = @CustID
END
```

데이터베이스 차이점 **MySQL**

MySQL은 ALTER PROCEDURE 명령어를 제공하지만 기능이 제한되어 있다. MySQL에서 저장 프로시저의 내용을 수정하려면 DROP PROCEDURE를 한 다음, CREATE PROCEDURE 를 사용해 새로운 내용을 만들어야 한다.

저장 프로시저를 삭제하는 것은 더 쉽다. DROP VIEW가 뷰를 삭제했던 것처럼 DROP PROCEDURE 문장이 프로시저를 삭제한다.

CustomerProcedure라는 이름의 프로시저를 삭제하는 방법은 다음과 같다.

```
DROP PROCEDURE CustomerProcedure
```

함수 재방문

4장에서 SQL에서 사용할 수 있는 내장된 스칼라 함수에 대해 얘기했었다. 예를 들어, LEFT와 같은 문자 함수나 ROUND 같은 숫자 함수를 사용했다. 9장에서는 MAX와 같은 집계 함수도 배웠다.

SQL의 내장 함수 외에도, 개발자들이 원하는 함수를 만들어 데이터베이스에 저장할 수 있다. 함수를 만드는 절차는 저장 프로시저를 만드는 것과 거의 비슷하다. SQL은 CREATE PROCEDURE, ALTER PROCEDURE, DROP PROCEDURE와 아주 비슷한 CREATE FUNCTION, ALTER FUNCTION, DROP FUNCTION 키워드를 제공한다.

이 주제는 어려워 이 기능에 대한 특별한 예제를 다루지는 않을 것이다. 하지만 저장 프로시저와 함수의 차이점에 대해서는 잠깐 설명을 하려고 한다.

저장 프로시저와 함수는 모두 데이터베이스에 저장할 수 있다. 이들 독립체는 테이블이나 뷰와 같이 데이터베이스에 별개의 객체로 저장된다. 이들을 저장하고 수정하는 과정은 거의 비슷하다. 저장 프로시저의 명령어인 CREATE, ALTER, DROP을 함수에도 사용할 수 있다.

이 둘 사이의 차이점은 이 둘이 사용되는 방법과 그들의 역량에 있다. 다음은 저장 프로시저와 함수 간의 큰 차이점 두 가지이다.

- **저장 함수는 출력 파라미터의 개수에 제한이 없다.** 출력 파라미터가 없을(0) 수도 있다. 반면, 함수는 항상 정확히 하나의 출력 파라미터를 갖는다. 다시 말하면, 함수를 부르면(call) 하나의 값을 받는다.

- **저장 프로시저는 콜링 프로그램에 의해 실행된다.** 저장 프로시저는 SELECT 문장에서 직접 부를(reference) 수 없다. 반면, 함수는 4장과 9장에서 보았듯이 문장에서 부를 수 있다. 함수가 정의되고 나면 그 함수는 만들 때 붙여진 이름으로 부를 수 있다.

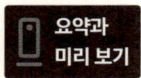 **이 장에서는** 파라미터를 사용하면 데이터를 찾는 데 도움이 된다는 것을 알았다. 예를 들어 파라미터를 사용하여 SQL 문장을 일반화(generalize)하여, 문장이 실행될 때 선택 기준에 맞는 값을 명시할 수 있다. 저장 프로시저를 생성하고 수정하는 기본 방법도 배웠다. 끝으로 저장 프로시저와 사용자가 만든(user-defined) 함수의 차이점에 대해서도 알아보았다.

이 장에서는 데이터 검색(retrieval)에 대한 예를 주로 살펴보았지만, 저장 프로시저와 함수도 데이터 업데이트를 적용하는 데 아주 유용하다는 것을 알았다.

다음 장인 '데이터 수정(Modifying Data)'에서는 데이터 검색 영역을 완전히 벗어나 데이터 업데이트를 둘러싼 주제로 넘어갈 것이다. 데이터 유지보수는 데이터 검색과 같은 정도의 일이 아니라 기업에 꼭 필요한 일이다. 다행히 SELECT 문장으로 지금껏 배웠던 기술들이 다음 장에서 배울 수정 과정에 적용된다.

Chapter **17**

데이터 수정
[Modifying Data]

🗟 키워드 소개

INSERT INTO · VALUES · DELETE ·
TRUNCATE TABLE · UPDATE · SET

데이터베이스에서 데이터를 검색하는 일에 대해서는 많이
배웠으니 데이터베이스에 있는 데이터를 어떻게 수정할 것인가
하는 주제로 옮겨 보자. 데이터를 어떻게 수정할 것인가에 대해
서는 기본적으로 다음과 같은 세 가지 경우가 있다.

· 테이블에 새로운 행 삽입하기
· 테이블에서 행 삭제하기
· 테이블에 있는 특정 행이나 열의 데이터를 업데이트 하기(바꾸기)

예상했겠지만, 행의 삽입과 삭제는 그리 복잡하지 않다. 하지
만 기존 데이터를 업데이트 하는 것은 업데이트 해야 할 행을 확
인한다거나 그 행의 어느 열인지를 확인하는 등의 작업을 포함
하고 있기 때문에 좀더 복잡하다. 먼저 삽입과 삭제에 대해 알아
본 다음 업데이트에 대해 배우기로 하자.

수정 전략

데이터를 수정하는 기법은 꽤 쉽다. 하지만, 절차의 속성상 문제투성이의 위험이 있다고 할 수 있다. 사람이라서 실수를 할 수 있기 때문이다. 명령어 하나로 수 천 행의 데이터를 삭제하는 실수를 할 수도 있고, 되돌릴 수 없는 잘못된 업데이트를 할 수도 있다.

현실적으로 대재앙을 막기 위해 다양한 전략이 필요하다. 예를 들어 테이블에서 행을 지울 때, *soft delete*이라는 기법을 사용할 수 있다. 이것은 행을 실제로 지우는 대신, 테이블에 각 행이 활성 상태인지 비활성 상태인지를 표시하는 특별한 열을 둔다. 그리고 행을 지우는 대신, 비활성이라는 표시만 하면 된다. 그렇게 하면 실수로 삭제를 헸더라도 활성/비활성 상태 표시 열의 값만 바꿈으로써 쉽게 되돌릴 수 있다.

삽입할 때도 비슷한 기법이 사용될 수 있다. 행을 삽입할 때, 특별한 열에 삽입하는 날짜와 시간을 정확히 표시할 수 있다. 나중에 그 행 삽입이 실수로 밝혀지면, 명시된 시간대에 추가된 모든 행을 찾아서 삭제하면 된다.

데이터를 업데이트 할 때는 문제가 훨씬 복잡해진다. 일반적으로는 의도하는 업데이트 과정에 대한 데이터를 갖고 있는 별도의 테이블을 (만들어) 관리하는 것이 좋다. 만약 실수를 하면, 업데이트 과정 테이블로 돌아가서 데이터를 수정하기 전과 수정 후의 값을 찾아내서 이전의 실수를 되돌리는 데 사용하면 된다.

앞서 언급한 전략은 취할 수 있는 많은 방법 중 몇 개에 불과하다. 이 주제는 이 책에서 다룰 내용이 아니다. 요점은 데이터를 업데이트 할 때는 실행할 때마다 주의하라는 말이다. 사용하기 쉬운 다른 많은 데스크톱 애플리케이션과 달리 SQL은 되돌리기(undo) 명령어가 없다는 점을 명심해야 한다.

데이터 삽입

SQL은 테이블에 데이터를 삽입하기 위한 키워드로 INSERT를 제공한다. INSERT를 사용하는 기본 방법은 다음 두 가지가 있다.

- INSERT 문장에서 명시된 특별한 데이터를 삽입한다.
- SELECT 문장에서 얻은 데이터를 삽입한다.

데이터를 어떻게 삽입하는지 알아보기 위해 우선 데이터 값이 INSERT 문장에서 명시되는 예제부터 시작하자. 다음 데이터가 들어 있는 Clients 테이블이 있다고 하자.

ClientID	FirstName	LastName	State
1	Joyce	Bentley	TN
2	Miguel	Ramirez	PA
3	Ellen	Baker	OR

ClientID라는 첫 열이 테이블의 기본 키라고 가정해보자. 앞서 1장과 2장에서 테이블의 각 행은 고유하여 식별이 가능해야 한다는 요구를 기본 키가 실행한다는 사실을 배웠다. 기본 키 열은 종종 자동으로 증가하는(auto-increment) 열로 명시되기도 한다는 점도 언급했다. 이 말은 테이블에 행이 추가될 때마다 (오름차순) 숫자가 자동으로 부여된다는 뜻이다.

ClientID가 자동으로 증가하는(auto-increment) 열로 정의되어 있다고 하자. 이것은 Clients 테이블에 행을 추가할 때마다 ClientID 열에 대해 값을 명시할 필요가 없다는 말이다. 각 행이 테이블에 추가될 때마다 자동으로 결정된다. 다른 세 열의 값만 명시해주면 된다.

테이블에 오하이오 주(OH)에서 온 Claudia Davis와 캘리포니아 주(CA)에서 온 Ingrid Krause라는 새로운 고객 두 명을 추가하는 프로시저를 진행해보자. 다음 문장이 이를 수행할 것이다.

```
INSERT INTO Clients
(FirstName, LastName, State)
VALUES
('Claudia', 'Davis', 'OH'),
('Ingrid', 'Krause', 'CA')
```

데이터를 추가한 테이블은 다음과 같을 것이다.

ClientID	FirstName	LastName	State
1	Joyce	Bentley	TN
2	Miguel	Ramirez	PA
3	Ellen	Baker	OR
4	Claudia	Davis	OH
5	Ingrid	Krause	CA

몇 마디 설명을 하는 게 좋을 것 같다. 먼저, 테이블에 삽입될 값의 목록에 VALUES 키워드가 접두사처럼 사용된 점을 눈여겨 보아야 한다. 문장은 데이터의 각 행을 별도의 괄호로 묶어 나열했다. 첫 번째 세트로 오하이오의 Claudia Davis를 괄호로 묶고, Ingrid Krause는 다른 세트로 묶었다. 두 세트는 쉼표(, 콤마)로 구분했다. 한 행만 삽입해야 한다면 괄호 한 세트만 있으면 된다.

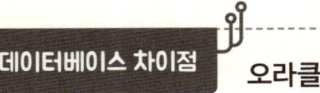

데이터베이스 차이점   **오라클**

오라클은 자동 증가 열(auto-increment columns)을 제공하지 않는다.
또 오라클은 VALUES 키워드 다음에 복수의 행이 명시되는 것도 허락하지 않는다. 앞의 예와 같은 경우 다음과 같이 두 개의 문장으로 나눠야 한다.

```
INSERT INTO Clients
(FirstName, LastName, State)
VALUES
('Claudia', 'Davis', 'OH');
INSERT INTO Clients
(FirstName, LastName, State)
VALUES
('Ingrid', 'Krause', 'CA');
```

또한 VALUES 키워드 다음에 오는 데이터 요소의 순서는 INSERT INTO 다음의 *columnlist*에 나열된 열의 순서와 일치해야 한다는 점도 기억해야 한다. 열이 나열된 순서는 데이터베이스에 있는 순서와 같을 필요는 없다. 다시 말해서, 앞의 삽입은 다음 문장으로 쉽게 수행할 수도 있다.

```
INSERT INTO Clients
(State, LastName, FirstName)
VALUES
('OH', 'Davis', 'Claudia'),
('CA', 'Krause', 'Ingrid')
```

이번 INSERT에서는 State 열을 맨 뒤가 아니라 맨 앞에 두었다. 다시 말하지만 열이 나열되는 순서는 아무 상관이 없다.

정리를 해보면, INSERT INTO 문장의 일반적인 형태는 다음과 같다.

```
INSERT INTO table
(columnlist)
VALUES
(RowValues1),
(RowValues2)
[repeat any number of times]
```

*columnlist*에 있는 열은 *RowValues*에 있는 열과 일치해야 한다.

또 *columnlist*에 있는 모든 열이 데이터베이스에 실제로 존재하는 순서와 똑같이 나열된다면, 그리고 테이블에서 자동 증가열이 없다면, INSERT INTO 문장에 *columnlist*를 명시하지 않고도 실행될 수 있다. 하지만 이런 방법을 사용하면 실수하기 쉽기 때문에 하지 말라고 권하고 싶다.

모든 열을 명시하지 않고도 INSERT 문장을 사용할 수 있다. 그런 경우, 명시되지 않은 열에는 NULL 값이 주어진다. 예를 들어, 테이블에 Deepak Gupta라는 고객에 대한 행을 추가로 삽입하고 싶다고 해보자. 그런데 Deepak의 출신 주를 모른다. 그럴 때 다음과 같이 INSERT를 사용한다.

```
INSERT INTO Clients
(FirstName, LastName)
VALUES
('Deepak', 'Gupta')
```

그러면 테이블에서 그의 행이 다음과 같이 보일 것이다.

ClientID	FirstName	LastName	State
6	Deepak	Gupta	NULL

Deepak의 새로운 행에 주(State) 값을 명시하지 않았기 때문에, NULL 값이 주어졌다.

INSERT INTO 문장을 사용하는 데 두 가지 변형 방법이 있다. 두 번째 포맷은 SELECT 문장에서 얻은 데이터를 삽입하는 상황에 적용된다. 이 말은 VALUES 키워드 뒤에 데이터 요소를 나열하는 대신, 필요한 값을 얻을 수 있는 SELECT 문장으로 대체하면 된다는 말이다.

이를 설명하기 위해 NewClients라는 새로운 테이블이 있는데, 이 테이블이 갖고 있는 데이터를 Clients 테이블에 삽입하고 싶다고 하자. NewClients 테이블은 다음과 같다.

State	Name1	Name2
RI	Roberto	Harris
PA	Beata	Kowalski
RI	Galina	Melnyk

NewClients 테이블로부터 로드 아일랜드 주(RI)에서 온 모든 고객들을 Clients 테이블에 추가하고 싶다면 다음과 같이 하면 된다.

```
INSERT INTO Clients
(FirstName, LastName, State)
SELECT
Name1,
Name2,
State
FROM NewClients
WHERE State = 'RI'
```

이 INSERT를 실행하고 나면 Clients 테이블은 다음과 같이 바뀐다.

ClientID	FirstName	LastName	State
1	Joyce	Bentley	TN
2	Miguel	Ramirez	PA
3	Ellen	Baker	OR
4	Claudia	Davis	OH
5	Ingrid	Krause	CA
6	Deepak	Gupta	NULL
7	Roberto	Harris	RI
8	Galina	Melnyk	RI

앞의 INSERT는 VALUE 절을 SELECT 문장으로 간단히 대체했다. 예상대로 Beata Kowalski는 Clients 테이블에 추가되지 못했는데, 그것은 주(state)가 로드 아일랜드가 아니기 때문이다. 또 Clients 테이블을 NewClients 테이블의 열 이름이 같지 않다는 것도 알아차렸을 것이다. 열이 해당 순서대로 제대로 나열되기만 했다면 열 이름은 중요하지 않다.

데이터 삭제

데이터 삭제는 데이터 삽입보다 훨씬 쉽다. 삭제를 하는 데는 DELETE 문장이 사용된다. DELETE가 실행되면 행에 있는 개별 열을 삭제하는 것이 아니라 행 전체를 삭제한다. 일반적인 포맷은 다음과 같다.

```
DELETE
FROM table
WHERE condition
```

간단한 예를 보자. 앞서 보았던 Clients 테이블에서 로드 아일랜드에 사는 고객의 행을 삭제하고 싶다고 해보자. 이를 실행할 문장은 다음과 같다.

```
DELETE
FROM Clients
WHERE State = 'RI'
```

이게 전부다. 실행하기 전에 앞의 DELETE의 결과를 확인해보고 싶다면, DELETE를 다음과 같이 SELECT로 대체해보면 된다.

```
SELECT
COUNT(*)
FROM Clients
WHERE State = 'RI'
```

이 문장은 삭제해야 할 행의 수를 제공함으로써 삭제에 대해 어느 정도의 확인을 해준다.

삭제에 관한 다른 옵션이 있다. 한 열에 있는 모든 데이터를 삭제하고 싶을 때, 모든 것을 지울 수 있는 TRUNCATE TABLE 문장을 사용하면 된다. DELETE 문장에 비해 TRUNCATE TABLE이 더 좋은 점은 훨씬 더 빠르다는 것이다. DELETE와 달리, TRUNCATE TABLE은 거래의 결과를 기록하지는(log) 않는다. 아직까지 데이터 기록(log)에 대해서는 언급하지 않았지만, 이건 대부분의 데이터베이스에 있는 기능으로, 시스템에 사고가 나거나 유사한 문제가 발생했을 때, 데이터베이스 관리인이 데이터베이스를 회복할 수 있게 해준다.

Clients 테이블에 있는 모든 행을 삭제하고 싶다면 다음과 같은 문장을 사용하면 된다.

```
TRUNCATE TABLE Clients
```

앞의 문장과 다음 문장을 실행한 결과는 같다.

```
DELETE
FROM Clients
```

DELETE와 TRUNCATE TABLE 사이에는 약간의 차이점이 있는데, 그건 TRUNCATE TABLE은 자동 증가열(auto-increment columns)의 값을 재설정한다는 것이다. DELETE은 자동 증가열의 값에 영향을 주지 않는다.

데이터 업데이트

데이터를 업데이트 하는 과정은 어떤 열이 업데이트 되어야 하는가와 행을 선택하는 논리를 명시하는 작업이 포함된다. UPDATE 문장의 일반적인 포맷은 다음과 같다.

```
UPDATE table
SET Column1 = Expression1,
Column2 = Expression2
[repeat any number of times]
WHERE condition
```

이 문장은 SET 키워드를 사용하여 명시된 열에 새로운 값을 부여한다는 점을 제외하면 기본 SELECT 문장과 비슷하다. WHERE의 조건은 어떤 행이 업데이트 되어야 하는지 명시하며 UPDATE 문장은 동시에 여러 열을 업데이트 할 수 있다. 둘 이상의 열이 업데이트 되어야한다면 SET 키워드는 딱 한 번만 나열하고, 업데이트 할 표현은 모두 쉼표(,)로 구별하면 된다.

간단한 예부터 시작해보자. Joyce Bentley의 성(last name)을 Barrow로 바꾸고, 주(state)를 Tennessee(TN)에서 Wisconsin(WI)으로 바꾸고 싶다고 하자. Clients 테이블에 있는 Joyce의 행이 지금은 다음과 같다.

ClientID	FirstName	LastName	State
1	Joyce	Bentley	TN

수정을 하는 UPDATE 문장은 다음과 같다.

```
UPDATE Clients
SET LastName = 'Barrow',
State = 'WI'
WHERE ClientID = 1
```

이 문장을 실행하고 나면 Clients 테이블의 Joyce 행은 다음과 같이 바뀐다.

ClientID	FirstName	LastName	State
1	Joyce	Barrow	WI

FirstName 열의 값이 바뀌지 않았는데, 이는 그 열이 UPDATE 문장에 포함되어 있지 않기 때문이라는 점을 알아야 한다. 또한 WHERE 절이 반드시 필요하다는 점도 기억해야 한다. WHERE 절이 없다면 이 업데이트는 테이블의 모든 행에 적용되었을 것이다.

상관 서브쿼리 업데이트

앞의 UPDATE 예는 아주 쉽지만 현실적인 것은 아니다. 더 현실적인 UPDATE의 예로 다른 테이블에 기반을 둔 테이블에 있는 데이터를 업데이트하는 경우가 있다. 다음과 같은 Vendors(판매사) 테이블이 있다고 하자.

VendorID	State	Zip
1	NY	10605
2	FL	33431
3	CA	94704
4	CO	80302
5	WY	83001

다음 VendorTransactions 테이블은 기존 판매사의 최근 변화를 포함하고 있다.

TransactionID	VendorID	State	Zip
1	1	NJ	07030
2	2	FL	33139
3	5	OR	97401

이 Vendors 테이블은 판매사 데이터의 기본 main source이다. VendorTransactions로부터 Vendors 테이블을 업데이트 하려면 14장에서 다뤘던 서브쿼리를 사용하는 기술이 필요하다. 상관 서브쿼리가 필요한 이유는 UPDATE 문장은 업데이트 할 테이블을 하나만 명시할 수 있기 때문이다. 단지 여러 테이블을 조인시키기만 할 것이 아니라 작동하게 해야 한다. 데이터가 어디서 오는지를 나타내기 위해 SET 키워드 다음에 상관 서브쿼리를 사용할 것이다.

다음 문장은 VendorTransactions 테이블에 있는 거래를 Vendors 테이블에 있는 State(주)열과 Zip(우편 번호) 열을 업데이트 하는 데 사용할 수 있다. 이 문장이 꽤 복잡하기 때문에, 빈 줄을 몇 개 넣어서 문장의 네 부분을 차례로 설명하려고 한다.

```
UPDATE Vendors

SET Vendors.State =
(SELECT VendorTransactions.State
FROM VendorTransactions
WHERE Vendors.VendorID = VendorTransactions.VendorID),

Vendors.Zip =
(SELECT VendorTransactions.Zip
FROM VendorTransactions
WHERE Vendors.VendorID = VendorTransactions.VendorID)

WHERE EXISTS
(SELECT *
FROM VendorTransactions
WHERE Vendors.VendorID = VendorTransactions.VendorID)
```

이 UPDATE 문장을 좀 자세히 분석해보자. 첫 줄로 이뤄진 문장의 첫 부분은 Vendors 테이블에 대해 업데이트가 이뤄질 것을 나타낸다.

문장의 두 번째 부분은 State 열이 어떻게 업데이트 될 것인지를 명시하고 있다. 업데이트는 다음 상관 서브쿼리에 따라 이뤄진다.

```
SELECT VendorTransactions.State
FROM VendorTransactions
WHERE Vendors.VendorID = VendorTransactions.VendorID
```

이것이 상관 서브쿼리인 것은 알 것이다. 이 SELECT만을 실행시킨다면 에러가 발생할 것이기 때문이다. 서브쿼리는 VendorTransactions 테이블에서 VendorID로 데이터를 가져 와서 두 테이블 사이의 매칭 관계를 찾는다.

이 문장의 세 번째 부분은 Zip(우편번호) 열을 업데이트 하는 데 상관한다는 점만 빼고는 두 번째 부분과 같다. 또 SET 키워드는 두 번째 부분에서 한번만 명시되면 된다는 것도 기억해야 한다. 세 번째 부분에서는 명시할 필요가 없다.

마지막 부분에는 전체 UPDATE 문장의 선택 논리와 관련된 WHERE 절 논리가 포함되어 있다. EXISTS 연산자는 다른 상관 서브쿼리와 함께 사용되어 Vendors 테이블에 있는 각 VendorID에 대한 행이 VendorTransactions 테이블에도 있는지 확인한다. 이 WHERE 절이 없다면 업데이트를 통해 3번과 4번 판매자의 State 열과 Zip 열을 NULL 값으로 잘못 바꾸게 된다. 왜냐하면 이 두 판매자의 행이 VendorTransactions 테이블에 없기 때문이다. WHERE 절이 없다면 서브쿼리는 정말로 VendorTransactions 테이블에 데이터가 있는 판매자에 대해서만 업데이트를 하도록 확인한다.

짐작했겠지만 업데이트를 하기 위해 상관 서브쿼리를 사용하는 것에 대한 주제는 꽤 복잡하다. 그런 주제는 이 책에서 다루지 않는다. 여기서 이런 예를 보여주는 것은 데이터를 업데이트하는 것이 복잡하다는 것을 보여주기 위해서일 뿐이다. 또 상관 서브쿼리는 삭제와 마찬가지로 유용하다는 것을 기억하자.

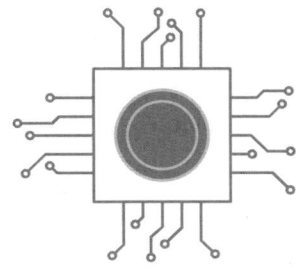

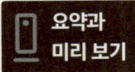
이 장에서는 데이터를 업데이트 하는 다양한 방법에 대한 소개를 했다. 간단히 삽입, 삭제, 업데이트를 실행하는 기법은 복잡하지 않다. 상관 서브쿼리 기법은 종종 실생활에서 업데이트나 삭제를 하는 데 꼭 필요한 것이지만, 겁이 많다면 도전하기는 어려울 것이다. 또 데이터 업데이트를 적용하는 개념 모두는 연습이 필요하다. 하나의 명령어로 수천 개의 데이터 행을 업데이트 하는 SQL의 능력을 사용할 때, 어떤 유형의 업데이트를 하더라도 주의를 기울여 실행해야 한다는 경고를 잊지 말아야 한다. 업데이트를 되돌리는 과정은 그 어떤 데이터 수정을 하더라도 사전에 주의 깊게 계획해야 한다.

　테이블에 있는 데이터를 수정하는 것에 대해서도 배우고 테이블 자체에 대해서도 배웠다. **다음 장인** '테이블 관리(Maintaining Tables)'에서는 테이블을 만드는 기법을 살펴보고, 그 테이블에 적절한 방법으로 데이터를 담는 데 필요한 모든 속성도 함께 살펴볼 것이다. 기본 키와 외래 키와 같이 1장에서 다뤘던 몇 가지 주제는 다시 살펴볼 것이다. 지금까지는 원하는 목적에 맞는 테이블이 그냥 존재할 것이라는 가정을 했었다. 앞으로는 원하는 데이터를 갖고 있는 테이블을 어떻게 만들지에 대한 더 좋은 아이디어를 얻게 될 것이다.

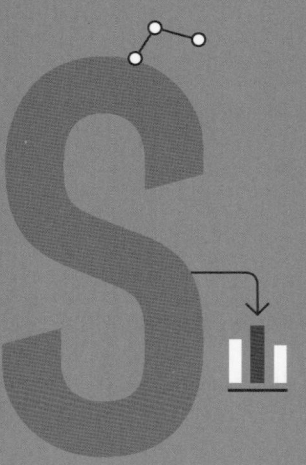

Chapter 18

테이블 관리
(Maintaining Tables)

 **키워드 소개**

CREATE TABLE · DROP TABLE ·
CREATE INDEX · DROP INDEX

지금까지는 데이터 검색과 수정에 대해 알아보았지만, 이 장에서는 데이터 설계(design)에 대해 알아보려고 한다. 지금까지는 테이블이 그냥 있고, 관심 있는 사용자라면 사용할 수 있는 것처럼 가정했다. 하지만 대개는 데이터에 접근하기 전에 데이터를 포함하는 테이블을 누군가가 만들어야 한다. 이제 어떻게 테이블을 만들고 관리해야 하는가로 주제를 옮길 것이다.

지금부터 다룰 주제, 가령 기본 키(primary key)와 외래 키(foreign key)와 같은 주제는 앞에서도 조금씩 살펴보았지만, 이제는 아주 철저하고 자세하게 알아볼 것이며, 이와 관련된 주제인 테이블 인덱스를 도입하려고 한다.

데이터 정의 언어

1장에서, SQL의 세 가지 중요한 요소인 DML(Data Manipulation Language, 데이터 조작 언어), DDL(Data Definition Language, 데이터 정의 언어), DCL (Data Control Language, 데이터 통제 언어)에 대해 언급한 적이 있다. 지금껏 우리는 대부분 DML에 대해 알아보았다. DML 문장은 검색(retrieval), 삽입, 삭제, 업데이트 등을 통해 관계형 데이터베이스에 있는 데이터를 조작할 수 있게 해준다. 이를 실행하기 위해서는 SELECT, INSERT, DELETE, UPDATE 문장을 사용한다.

지금까지는 DML에 관심을 가졌지만 이미 DDL(Data Definition Language, 데이터 정의 언어)에 대한 예도 본 적이 있다. 13장과 16장에서 보았던 CREATE VIEW 문장과 CREATE PROCEDURE 문장이 바로 DDL이며, 이들 문장과 관련된 ALTER와 DROP도 마찬가지다.

CREATE VIEW 문장과 CREATE PROCEDURE 문장이 DDL인 것은 데이터베이스 구조를 조작하는 것만 가능하기 때문이다. 데이터베이스에 있는 데이터를 어떻게 하지는 않는다.

이 장에서는 테이블과 인덱스를 생성하고 수정하는 데 사용될 새로운 DDL 문장 몇 가지를 간략하게 소개할 것이다.

각 데이터베이스는 객체를 조직하는 방법이 서로 다른데, 그래서 사용하는 DDL 문장도 서로 다르다. 예를 들어, MySQL은 Databases, Events, Functions, Indexes, Logfile Groups, Procedures, Servers, Tables, TableSpaces, Triggers, Views 등의 객체(object) 유형에 대해 서로 다른 CREATE 문장 11가지가 있다.

오라클에는 그들의 데이터베이스에 있는 객체 유형에 대해 30가지가 넘는 CREATE 명령어가 있다. Microsoft SQL Server에는 그들의 객체 유형에 대해 40개가 넘는 CREATE 명령어가 있다.

사실, 뷰나 테이블과 같은 데이터베이스 객체 수정은 대부분 각 소프트웨어 공급자가 자기 소프트웨어를 관리하기 위해 제공하는 visual GUI (graphical user interface)를 통해 이뤄진다. 데이터베이스 객체 수정을 소프트웨어 GUI로 다룰 수 있기 때문에 DDL은 거의 배울 필요가 없다.

하지만 데이터 객체를 다루는 데 필요한 최소한의 몇 가지 주요 문장을 알고 있다면 유용할 것이다. 이미 뷰와 저장 프로시저를 수정할 수 있는 문장 몇 가지를 배웠다. 이 장에서는 DDL을 통해 테이블을 인덱스를 수정할 수 있는 방법을 알아볼 것이다.

테이블의 속성

첫 두 장에서 간략하게 기본 키, 외래 키, 데이터 유형(datatypes), 자동 증가 열(auto-increment columns)과 같은 데이터베이스 테이블의 속성(attributes) 몇 가지를 배웠다. 앞서 언급한 것처럼, SQL DDL은 데이터베이스 객체의 여러 유형에 대해 CREATE 문장을 제공한다. 13장과 16장에서 저장된 프로시저와 뷰를 다루는 CREATE PROCEDURE와 CREATE VIEW 문장에 대해 배웠다.

이제 다시 테이블로 관심을 돌려보자. 테이블이야말로 데이터베이스에 있는 가장 기본적이며 중요한 객체 유형일 것이다. 테이블이 없다면 다른 것은 아무 소용이 없을 수도 있다. 데이터베이스에 있는 모든 데이터는 실제로 테이블에 저장되어 있다. 대부분의 다른 객체 유형도 이런 저런 방법으로 테이블과 관련이 되어 있다. 뷰는 테이블의 가상 뷰를 제공한다. 저장 프로시저는 일반적으로 테이블에 있는 데이터에 따라 작용한다. 함수는 테이블에 있는 데이터를 조작하는 특별한 규칙을 허용한다.

이제 테이블이 처음에 어떻게 만들어지는가에 관심을 돌려볼 것이다. 많은 속성이 테이블의 정의와 연관되어 있다. 보다 중요한 속성들에 대한 개요를 알려주고, 그것들이 어떤 의미를 갖고 있는지 알아볼 것이다.

테이블의 속성에 대한 주제는 데이터베이스 설계라는 더 큰 주제와 관련이 있는데, 데이터 설계는 다음 장에서 다룬다. 여기서는 테이블 자체를 가지고 무엇을 할 수 있는가에 대해서만 집중할 것이다.

테이블을 어떻게 설계하고 어떻게 변경할 것인가 하는 세부적인 사항은 Microsoft SQL Server, MySQL, 오라클 간에 큰 차이가 있다. 여기서는 기본적으로 이 세 데이터베이스 모두에 공통적인 테이블의 속성에 대해서만 다룰 것이다.

테이블의 열

테이블은 몇 개의 열을 갖고 있어도 된다고 정의된다. 각 열은 그 열만의 특별한 다양한 속성을 갖는다. 가장 우선시되고 중요한 속성은 열의 이름이다. 각 열은 해당 테이블에서 고유한 이름을 갖고 있어야 한다.

열의 두 번째 속성은 1장에서 다뤘던 데이터 유형이다. 이미 설명한 것처럼 세 가지 영역의 중요한 데이터 유형은 숫자, 문자, 날짜/시간이다. 데이터 유형은 각 열이 포함할 수 있는 데이터 유형의 중요한 결정요인이다.

열의 세 번째 속성은 자동 증가 열(auto-increment column)로 정의될 수 있는가 없는가 하는 것이다. 이 속성에 대해서는 1장과 2장에서 소개했고, 이어서 데이터를 수정하는 것에 대해 더 알아보았다. 기본적으로 자동 증가 열은 테이블에 한 행이 추가될 때마다 열에 숫자 값이 자동으로 오름차순으로 주어지는 것을 말한다. 자동 증가 열은 종종 기본 키에 사용되지만 일반 열에 사용될 수도 있다.

*auto-increment*라는 용어는 MySQL에 국한된 것이라는 점을 알고 있어야 한다. Microsoft에서는 이런 속성의 유형에 대해 identity라는 용어를 사용한다.

데이터베이스 차이점 **오라클**

> 오라클은 자동 증가열 유형의(auto-increment type) 속성이 없다. 대신 오라클은 열을 *sequence*로 정의하고 *trigger*를 만들어서 연속된 값으로 그 열을 덧붙이게 한다. 이 과정은 이 책에서 다루지 않는다.

열의 네 번째 속성은 열이 NULL 값을 가질 수 있는가 없는가 하는 것이다. 디폴트는 NULL 값을 허용하는 것이다. 열이 NULL 값을 갖지 않기를 원한다면, 열의 정의에 NOT NULL 키워드를 적용해서 정의하면 된다.

열의 마지막 속성은 열이 디폴트 값을 갖는가 하는 것이다. 디폴트 값은 행이 추가되었을 때 그 열에 제공되는 값이 없을 때 자동적으로 열에 부여되는 값이다. 예를 들어, 대부분의 고객이 미국에 있다면, 국가 코드(country code)를 포함하는 열이 디폴트 값으로 US를 갖도록 명시하고 싶을 것이다.

기본 키와 인덱스

기본 키로 주제를 옮겨 그 속성이 어떻게 테이블의 인덱스(index)와 관련이 있는지 알아보자.

인덱스는 데이터베이스 테이블의 어느 열에나 추가할 수 있는 물리적인 구조다. 인덱스는 SQL 문장에 열이 포함되어 있을 때 데이터 검색 속도를 증가시키기 위한 목적으로 사용된다. 인덱스에 있는 실제 데이터는 숨겨져 있지만, 기본적으로 인덱스는 열의 정렬 순서에 대한 정보를 유지하는 구조를 포함하고 있어서, 특정 값을 요청할 때 더 빨리 검색할 수 있게 해준다.

열을 인덱스로 만드는 데 한가지 단점이 있다면 그건 데이터베이스에 더 많은 저장 공간을 필요로 한다는 것이다. 다른 단점은 인덱스는 일반적으로 그 열을 포함한 데이터 업데이트 속도를 떨어뜨린다는 것이다. 그 이유는 행이 삽입되거나 수정될 때마다 인덱스가 그 열에 있는 값에 대해 적절하게 정렬된 순서를 다시 계산해야만 하기 때문이다.

어떤 열이든 인덱스로 만들 수 있지만, 단 한 열만 기본 키로 지정할 수 있다. 열을 기본 키로 지정한다는 것은 다음 두 가지를 의미한다. 열이 인덱스화 된다는 것과 열이 고유한 값을 갖고 있음이 보장된다는 것.

1장에서 언급한대로 기본 키는 데이터베이스 사용자에게 두 가지 이점이 있다. 테이블에서 한 행을 유일하게 정의할 수 있게 해준다는 점과 테이블과 테이블을 쉽게 연결 지을 수 있게 해준다는 점이다. 이제 세 번째 이점이 추가된다. 인덱스를 만듦으로써 기본 키가 그 열을 포함한 행의 데이터 검색(retrieval)을 더 빨리 할 수 있게 된다.

기본 키를 사용하는 중요한 목적은 테이블에 있는 모든 행이 고유의 값을 갖도록 보장하려는 것이다. 항상 업데이트나 삭제를 하려는 행을 식별하는 방법이 있어야 하는데, 바로 이 기본 키가 이 작업을 확실히 할 수 있도록 한다.

또 기본 키는 실제로 두 열 이상(more than one column)에 걸쳐있거나 두세 열로 구성되어 있을 수도 있다. 기본 키가 두 열 이상을 포함하고 있다면, 그건 단순히 그 모든 열이 모두 같은 값을 갖고 있음을 의미한다. 이런 유형의 기본 키를 일반적으로 *복합 기본 키(composite primary key)*라고 부른다. 어떤 경우에 이런 복합 기본 키가 사용되어야 할지 Movies라는 테이블을 통해 예를 살펴보자. 테이블에 있는 각 영화를 고유하게 식별할 키(key)를 갖고 싶다고 하자. MovieID라는 정수 값을 키로 갖지 않고 영화 제목을 키로 사용하고 싶다. 하지만 문제는 같은 제목을 가진 영화가 여럿 있을 수 있다는 점이다. 이 문제를 해결하려면 각 영화를 고유하게 정의하기 위해 합성된 복합 기본 키를 만들 두 열, 즉 영화 제목과 영화 개봉일을 사용해야 한다.

기본 키는 고유한 값을 갖고 있어야 하기 때문에, NULL 값을 절대 가질 수 없다. 열에 대해 어떤 값이든 반드시 명시되어야만 한다.

끝으로, 기본 키는 자동 증가 열로 정의되는 경우가 많다. 기본 키를 자동 증가로 해두면, 데이터베이스 개발자는 그 열에 고유한 값을 부여하는 일을 걱정할 필요가 없다. 자동 증가의 특성이 그 요구를 잘 처리하기 때문이다.

외래 키

SQL 데이터베이스는 특별한 열을 외래 키(foreign keys)로 지정할 수도 있다. 외래 키는 어떤 테이블에 있는 열에서 다른 테이블에 있는 열로 그저 부르는(reference) 것이다. 외래 키를 설정하려고 하면 그 두 열을 명시하라는 지시를 받게 된다. 환경이 설정된 테이블에 있는 외래 키는 *자녀 테이블(child table)*에 있다고 표현한다. 다른 테이블에서 불려진 열은 *부모 테이블(parent table)*에 있다고 한다.

예를 들어 CustomerID 열이 기본 키로 설정된 Customers 테이블이 있다고 하자. 또 OrderID 열이 기본 키로 설정되어 있고, CustomerID 열도 있는 Orders 테이블도 있다. 이런 경우, Orders 테이블에 있는 CustomerID 열을 외래 키로 설정하여 Customers 테이블에 있는 CustomerID 열을 부르게 할 수 있다. 이런 상황에서 Orders 테이블이 자녀(child) 테이블이 되고, Customers 테이블이 부모(parent) 테이블이 된다. 외래 키의 목적은 두 테이블에 공통으로 들어 있는 요소인 CustomerID 열을 사용하여 Orders 테이블에 있는 CustomerID가 Customers 테이블에 있는 기존 고객을 확실히 가리키게 하는 것이다.

외래 키가 설정되면 부모 테이블에 있는 행들을 업데이트 하고 삭제하는 것과 관련된 몇 가지 특별한 동작을 설정할 수 있다. 가장 공통적인 동작은 다음 세 가지이다.

- No Action(동작 금지)
- Cascade(다단계, 직렬화)
- Set Null(NULL 설정)

업데이트나 삭제를 위해 이 세 동작을 설정할 수 있다. Customers 테이블과 Orders 테이블의 예를 계속 볼 텐데, 가장 많이 설정되는 동작은 *No Action*이다. 특별한 설정이 없을 때 일반적으로 No Action을 디폴트 동작으로 정한다. Orders 테이블에 있는 CustomerID 열이 업데이트를 할 때 No Action으로 설정하면, 부모 테이블에서 CustomerID 열을 업데이트를 하려고 할 때마다 확인을 하게 될 것을 의미한다. 만약 SQL이 CustomerID를 업데이트 해서 자녀 테이블에 있는 행이 더 이상 존재하지 않는 값을 가리키는 결과가 나올 것 같다면, 그런 결과가 나오지 않도록 미리 조치를 취한다. 삭제의 경우에도 만약 No Action이 명시되면 마찬가지 조치를 취한다. 그래서 두 테이블에서 CustomerID 열을 사용할 경우 Orders 테이블에 있는 모든 행이 Customers 테이블에 존재하는 행을 적절히 가리키게 된다.

외래 키에 대해 명시된 동작으로 사용할 두 번째 대안은 *Cascade*이다. 이것은 부모 테이블에 있는 값이 업데이트 되면, 그 값이 자녀 테이블에 있는 행에 영향을 미치고, 그러면 SQL이 자녀 테이블에 있는 모든 행을 자동으로 업데이트 하여 부모 테이블에 있는 새로운 값을 반영하게 된다는 말이다. 마찬가지로 부모 테이블에 있는 행이 삭제되면, 그것이 자녀 테이블에 있는 행에 영향을 미치고, SQL이 자동으로 삭제를 해서 자녀 테이블에 있는 행에 영향을 미친다.

외래 키에 대해 명시된 동작으로 사용할 세 번째 대안은 *Set Null*로서, 삭제를 할 때 가끔 사용된다. 이것은 자녀 테이블에 있는 값이 삭제되면, 그 값이 자녀 테이블에 있는 값에 영향을 주고, SQL이 자녀 테이블에서 영향을 받는 모든 행을 자동으로 업데이트를 해서 외래 키가 NULL 값을 갖게 하면, 해당 부모 행이 존재하지 않는다는 것을 알려주게 된다.

테이블 생성

CREATE TABLE 문장은 데이터베이스에 새로운 테이블을 생성할 때 사용한다. 문법과 사용할 수 있는 기능들은 데이터베이스마다 다르다. 다음과 같은 속성들을 가진 테이블을 생성하는 예를 통해 살펴보자.

- 테이블의 이름은 MyTable이다.
- 테이블의 첫 열 이름은 ColumnOne이고, 기본 키로 정의한다. 이 열의 데이터 유형은 INT(정수)로 정의하고, 자동 증가 열로 정의한다.
- 테이블의 두 번째 열 이름은 ColumnTwo인데, 데이터 유형은 INT로 한다. 이 열은 NULL 값을 허용하지 않는다. 이 열을 외래 키로 정의하고, 삭제에 대해 Set Null로 지정하고, Related

Table이라는 다른 테이블에 있는 FirstColumn라는 열과 연관이 있다.

- 세 번째 열 이름은 ColumnThree이고, 데이터 유형은 VARCHAR로 정의하고, (길이는) 25 문자를 가질 수 있다. 이 열은 NULL 값을 가질 수 있다.
- 네 번째 열 이름은 ColumnFour인데, 데이터 유형은 FLOAT으로 정의하고 NULL 값을 가질 수 있다. 디폴트 값으로 10을 갖는다.

다음 CREATE TABLE 문장은 Microsoft SQL Server로 앞의 조건을 만족시키는 테이블을 만든다.

```
CREATE TABLE MyTable
(ColumnOne INT IDENTITY(1,1) PRIMARY KEY NOT NULL,
ColumnTwo INT NULL
REFERENCES RelatedTable (FirstColumn)
ON DELETE SET NULL,
ColumnThree VARCHAR(25) NULL,
ColumnFour FLOAT NULL DEFAULT (10))
```

데이터베이스 차이점 **MySQL과 오라클**

MySQL에서 앞의 CREATE TABLE 문장을 만들면 다음과 같다.

```
CREATE TABLE MyTable
(ColumnOne INT AUTO_INCREMENT PRIMARY KEY NOT NULL,
ColumnTwo INT NULL,
ColumnThree VARCHAR(25) NULL,
ColumnFour FLOAT NULL DEFAULT 10,
CONSTRAINT FOREIGN KEY(ColumnTwo)
REFERENCES RelatedTable (FirstColumn)
ON DELETE SET NULL);
```

오라클에서 앞의 CREATE TABLE 문장을 만들면 다음과 같다.

```
CREATE TABLE MyTable
(ColumnOne INT PRIMARY KEY NOT NULL,
ColumnTwo INT NULL,
ColumnThree VARCHAR(25) NULL,
ColumnFour FLOAT DEFAULT 10 NULL,
CONSTRAINT "ForeignKey" FOREIGN KEY (ColumnTwo)
REFERENCES RelatedTable (FirstColumn)
ON DELETE SET NULL);
```

앞에서 언급한 대로 오라클에서는 자동 증가 열을 지원하지 않는다.

테이블이 만들어진 다음, ALTER TABLE 문장을 사용하면 테이블의 특별한 속성을 수정할 수 있다. 이 명령어의 복잡성과 데이터베이스 간의 차이점 때문에 ALTER TABLE의 문법은 이 책에서 다루지 않을 것이다.

한 예로, 다음 문장은 MyTable을 수정하여 테이블에서 ColumnThree 열을 제거한다.

```
ALTER TABLE MyTable
DROP COLUMN ColumnThree
```

테이블 전체를 삭제하는 문법은 간단하다. MyTable을 삭제하려면, 다음 문장을 쓴다.

```
DROP TABLE MyTable
```

인덱스 생성

SQL의 CREATE INDEX 문장은 테이블이 생성된 다음에 인덱스를 생성할 수 있게 해준다. 인덱스를 추가하고 수정하기 위해 ALTER TABLE 문장을 사용할 수도 있다.

MyTable에 있는 ColumnFour에 새로운 인덱스를 추가하기 위한 Microsoft SQL Server의 문법은 다음과 같다.

```
CREATE INDEX Index2
ON MyTable(ColumnFour)
```

이 문장은 Index2라는 이름의 새 인덱스를 생성한다. 인덱스를 삭제하려면 간단히 다음과 같이 DROP INDEX 문장을 쓰면 된다.

```
DROP INDEX Index2
ON MyTable
```

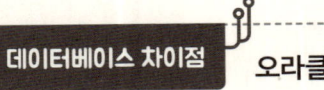
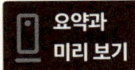

요약과 미리 보기

테이블과 인덱스를 추가하거나 수정하는 SQL 문장은 복잡하지만 상대적으로 덜 중요하기 때문에 자세히 배우지 않아도 된다. 데이터베이스 소프트웨어는 일반적으로 SQL 문장 없이 테이블의 구조를 수정할 수 있는 그래픽 도구를 제공한다. 이 장에서 배운 중요한 개념은 인덱스와 기본 키, 외래 키 등이 서로 어떤 관계를 맺고 있는지를 포함한 다양한 테이블의 속성에 대한 것들이었다.

다음 장인 '데이터베이스 설계 원칙(Principles of Database Design)'에서는 테이블을 생성하는 평범한 주제로부터 데이터베이스 설계라는 훨씬 폭넓은 주제로 옮겨 간다. 데이터에 접근하기 전에 테이블을 만들어야 하는 것처럼 데이터베이스의 전반적인 구조는 테이블이 만들어지기 전에 설계해야 한다. 어떤 면에서는 보통 데이터 검색을 하려고 하기 전에 소개했어야 하는 주제로 거꾸로 가는 면이 있긴 하다. 당연히 데이터베이스의 특별한 설계는 SQL을 통해 수준 있는 결과를 전달할 사용자 능력의 중요한 요소다. 데이터베이스가 잘못 설계된다면, 그 데이터베이스에 접근하려는 사람 누구든 데이터를 검색할 수 없게 될 것이다. 다음 장에서 배울 데이터베이스 설계 원칙에 대한 기본 지식은 수준 있는 데이터 검색을 확실히 할 수 있도록 오랫동안 지속적인 도움을 줄 것이다.

Chapter 19

데이터베이스 설계 원칙
(Principles of Database Design)

데이터베이스 설계의 기본 원칙에 대해 알아보자. 데이터를 정규화하는 기본적인 방법을 배운 후 하나의 테이블을 가진 데이터베이스가 여러 개의 테이블이 추가된 키 열로 연결되어 융통성 있는 구조로 바뀌는 방법을 알아보자.

데이터베이스 설계

1장에서 관계형 데이터베이스는 여러 테이블에 저장되어 있는 데이터를 모아 놓은 것이라는 개념을 소개했다. 테이블은 어떤 방식으로든 서로 연관되어 있다고 본다. 앞장에서 테이블을 관리하는 것을 배웠는데, 선택할 수 있다면, 데이터베이스 설계자는 외래 키를 부여해서 테이블 사이의 어떤 관계가 적절하게 유지되고 있는지를 확인해야 한다.

하지만, 기본 키와 외래 키에 대한 지식이 있더라도 처음에 데이터베이스를 어떻게 설계할 것인가에 대한 기본적인 사안에 대해서는 아직 설명하지 않았다. 강조해야 할 중요한 질문은 다음과 같다.

- 관련된 테이블의 집합에 데이터를 어떻게 구성해 넣어야 할까?
- 각 테이블에 어떤 데이터 요소가 있어야 할까?

일단 테이블과 그 데이터 요소가 정의되면, 데이터베이스 관리자가 외래 키, 인덱스, 적절한 데이터 유형 등등을 만드는 일을 시작할 수 있게 된다.

앞의 두 질문에 대한 유일한 해답은 없다. 모든 조직이나 사업이 독특하다는 점도 사실이지만 어떤 주어진 상황에 대해서도 완벽한 해결책은 거의 없다. 사업체가 그들의 데이터 설계를 얼마나 유동적으로 만들기를 원하는가가 더 중요하다. 또 다른 요소는 현재 데이터가 있는가와 그 데이터의 지속성을 유지해야 할 필요성이 있는가 하는 것이다. 이미 있던 것을 다 배제하고 백지 상태에서 새로운 데이터베이스를 설계할 정도의 사치를 할 수 있는 조직은 거의 없다.

이런 대비(provision)에도 불구하고, 어떤 데이터베이스 설계 원칙은 우리를 최적의 설계 구조로 안내하기 위해 발전을 거듭해왔다. 이런 설계 원칙의 많은 부분이 가장 영향력 있는 관계형 데이터베이스 설계자인 E. F. Codd로부터 시작한다. 그는 신기원을 이룬 글 'A Relational Model of Data for Large Shared Data Banks'를 1979년에 발표했다. 이 글은 지금 우리가 *관계형 모델(relational model)*이라고 부르는 *정규화(normalization)*개념의 초석이 되었다.

정규화의 목표

normalization(정규화)이란 말은 데이터베이스 설계자들이 체계 없는(unstructured) 데이터를 적절히 설계된 테이블을 데이터 요소의 세트로 설계할 수 있게 해주는 특별한 과정을 말한다.

정규화(normalization)를 가장 잘 이해할 수 있는 방법은 그렇지 않은 것을 보여주는 것이다. 그러기 위해 먼저 눈에 띄게 문제가 많은, 잘못 설계된 테이블을 살펴보자. 다음은 Grade라는 이름의 테이블인데, 학생들이 시험을 보고 받은 성적 모두에 대한 정보를 보여준다. 각 행은 특정 학생의 성적이다.

Test	Student	Date	TotalPoints	Grade	TestFormat	Teacher	Assistant
Pronoun Quiz	Amy	2017-03-02	10	8	Multiple Choice	Smith	Collins
Pronoun Quiz	Jon	2017-03-02	10	6	Multiple Choice	Jones	Brown
Solids Quiz	Beth	2017-03-03	20	17	Multiple Choice	Kaplan	NULL
China Test	Karen	2017-02-04	50	45	Essay	Harris	Taylor
China Test	Alex	2017-03-04	50	38	Essay	Harris	Taylor
Grammar Test	Karen	2017-03-05	100	88	Multiple Choice, Essay	Smith	Collins

먼저 이 테이블의 각 열이 제공하려는 정보를 설명하자면 다음과 같다.

- **Test**: 시험이나 퀴즈에 대한 설명
- **Student**: 시험을 치른 학생
- **Date**: 시험을 치른 날짜
- **TotalPoints**: 그 시험의 총점(배점)
- **Grade**: 학생 점수
- **TestFormat**: 시험의 유형은 서술형(Essay), 선다형(Multiple Choice), 혹은 둘 다
- **Teacher**: 시험 출제 교사/교수
- **Assistant**: 조교

이 테이블의 기본 키는 Test와 Student 열로 구성된 복합 기본 키라고 하자. 테이블의 각 행은 특정 시험과 학생에 대한 성적을 보여준다.

이 테이블에는 두 가지 눈에 띄는 문제점이 있다. 먼저, 어떤 데이터는 불필요하게 중복되고 있다. 예를 들어, 2017-03-02에 치른 Pronoun Quiz는 총점이 10점이다. 문제는 이 정보가 그 퀴즈에 대해 매 행에 반복되어야 한다는 것이다. 그 특별한 퀴즈에 대해서는 총점을 단 한 번만 볼 수 있다면 더 좋을 것이다.

두 번째 문제는 데이터가 어떤 하나의 셀에서 반복되고 있다는 점이다. 여섯 번째 행은 TestFormat이 Multiple Choice(선다형)와 Essay(서술형), 두 가지이다. 이 시험이 두 가지 유형을 모두 갖고 있어서 이런 경우가 발생하는 것이다. 그래서 데이터를 사용하기 어렵다. 만약 서술형 시험을 모두 검색하고 싶다면 어떻게 해야 할 것인가?

보다 일반적으로 말하면, 이 테이블의 가장 큰 문제점은 이미 알고 있는 모든 정보를 하나의 테이블에 담으려 한다는 것이다. 이 테이블에 있는 정보를 쪼개서 학생, 점수, 교사 등 별개의 독립체로 나누고, 각 독립체를 별도의 테이블로 만드는 것이 좋다. 그 다음 SQL의 파워를 사용해서 원하는 정보를 필요할 때 검색할 수 있도록 테이블을 함께 묶는 데 사용하면 된다.

이런 문제를 깊이 기억하고, 이제 정규화의 과정이 해야 할 일을 공식화 해보자. 목표는 다음 두 가지다.

- **불필요한 데이터를 제거한다.** 앞의 예는 확실히 불필요한 데이터가 갖고 있는 문제를 보여준다. 그런데 왜 이것이 중요한 문제일까? 같은 데이터를 여러 행에 나열하는 것이 왜 문제가 될까? 불필요한 수고를 해야 하는 것을 차치하더라도 불필요한 중복은 융통성(flexibility)을 감소시킨다. 데이터가 중복되면 특별한 값의 변화가 한 행이 아닌 여러 행에 영향을 미칠 수 있다.

- **이상(anomaly, 이상), 삭제 이상, 업데이트 이상을 제거한다.** 불필요한 데이터의 문제는 이 삽입 이상 , 삭제 이상 , 업데이트 이상 상황을 제거한다는 두 번째 문제와도 관련이 있다. 예를 들어, 여 교사가 결혼을 해서 이름(성)을 바꿨다는 가정을 해보자. 데이터를 새 이름으로 바꿔야 하는데, 이제 그녀의 이름이 들어 있는 모든 행을 업데이트 해야 한다. 하지만 그 이름이 중복되어 저장되어 있기 때문에 한 행을 바꾸는 대신 많은 데이터를 수정해야 한다.

삽입 이상과 삭제 이상도 있다. 예를 들어, 음악을 지도할 새 교사가 들어 왔다고 하자. 이 정보를 데이터베이스 어디엔가 기록하고 싶다. 하지만 새 교사는 아직 시험을 치른 적이 없기 때문에 이 정보를 기록할 곳이 없다. 왜냐하면 교사 항목을 다루는 특별한 테이블이 없기 때문이다.

마찬가지로 행을 삭제하려 할 때 삭제 이상이 발생할 수 있는데, 그렇게 되면 관련된 정보 일부가 없어질 수도 있다. 다른 예를 들어 보자면, 책과 관련된 데이터베이스가 있는데, George Orwell이 쓴 책 행을 삭제하고 싶다. 그런데 만약 데이터베이스에 Orwell의 책이 딱 한 권만 있다면, 그 행을 삭제했을 때 그 책만 삭제하는 것이 아니라, 다음에 가져와야 할 수도 있을 다른 책들의 저자가 George Orwell인 경우까지 삭제하게 된다.

데이터를 정규화하는 방법

그럼, *정규화(normalization)*라는 것은 정확히 뭘 말하는 것일까?

이 용어는 원래 E. F. Codd가 처음 사용한 것으로 데이터베이스 설계에서 중복을 제거하고 이상 상황을 업데이트 하기 위한 일련의 권장 단계를 말한다. 이 정규화 과정에 포함되는 단계들을 일반적으로 *first normal form*(1차 정규화 방식), *second normal form*(2차 정규화 방식), *third normal form*(3차 정규화 방식) 등으로 부른다. 어떤 사람들은 이 단계를 6차 정규화까지 설명하기도 하지만, 통상적으로는 3차 정규화까지만 한다. 데이터를 3차 정규화까지 하고 나면 일반적으로는 충분히 정규화되었다고 간주한다.

여기서는 데이터를 1차, 2차, 3차 정규화까지 변경하는 규칙과 과정을 전부 설명하지는 않는다. 다른 교재들이 어떻게 데이터를 1차 정규화하는지, 1차에서 2차로, 2차에서 3차로 정규화하는지 그 과정을 아주 상세히 다루고 있다.

대신 여기서는 데이터를 3차 정규화까지 하는 규칙을 요약하려고 한다. 실제로 능숙한 데이터베이스 관리자들은 중간 단계를 모두 거치지 않고 비정규화 데이터를 바로 3차 정규화 방식으로 건너뛰어 간다. 여기서도 그렇게 할 것이다.

데이터를 정규화 하는 세 가지 기본 규칙은 다음과 같다.

- **반복되는 데이터를 제거한다.** 이 규칙은 여러 값을 가진(multivalued, 다가(多價)) 속성을 허락하지 않는다는 의미다. 앞의 예에서 Multiple Choice(선다형)과 Essay(서술형)와 같이 여러 값을 가진 데이터가 하나의 셀에 있는 것을 허락하지 않는다는 말이다. 하나의 셀에 여러 값을 가지고 있으면 특별한 값을 가진 데이터를 검색할 때 확실히 어려움을 겪게 된다.

  이 규칙의 결과는 당연히 중복된 열을 허락되지 않는다는 것이다. 앞의 예에서, 데이터베이스를 TestFormat이라는 이름을 가진 하나의 열 대신 TestFormat1과 TestFormat2이라고 이름 붙인 두 개의 별도의 열로 구분하도록 설계할 수도 있다. 이런 대안적 접근을 통해 Multiple Choice(선다형) 값은 TestFormat1 열에 두고, Essay(서술형)는 TestFormat2에 둘 수도 있다. 하지만 이 방법도 허용되지 않는다. 하나의 열에 나타나든 다수의 열에 나타나든 간에 데이터 중복을 원하지 않는다.

- **부분 종속성(partial dependency)을 제거한다.** 이 규칙은 기본적으로 테이블에 대한 기본 키가 복합 키(composite key)인 경우와 상관이 있는데, 복합 키란 다수의 열로 이루어진 키를 말한다. 이 규칙은 테이블의 어떤 열이라도 기본 키의 일부와만 관련되어 있으면 안 된다는 것이다.

예를 들어 설명을 하겠다. 언급한 바와 같이, Grades 테이블에 있는 기본 키는 Student 열과 Test 열로 구성된 복합 키이다. 문제는 TotalPoints와 같은 열에서 발생한다. TotalPoints 열은 사실 시험의 속성이기 때문에 학생과는 아무 관련이 없다. 이 규칙은 테이블에 있는 non-key 열(키가 아닌 열) 모두는 키 전체와 관련이 있지 키의 일부와만 관련이 있는 것이 아니라는 점을 시사한다. 근본적으로, 부분 종속은 테이블에 있는 데이터가 복수의 엔티티(entity, 개체)와 관련이 있음을 의미한다.

- **추가 종속성(transitive dependencies)을 제거한다.** 이 규칙은 테이블에 있는 열이 기본 키를 부르지 않지만 같은 테이블에 있는 non-key 열을 부르는 상황과 관련이 있다. 앞의 예에서 Assistant(조교) 열은 사실 Teacher(교사) 열의 속성이다. 조교는 교사와 관련이 있지 (the test나 the student와 같은) 기본 키와는 아무 관련이 없다는 사실은 정보가 이 테이블에 없다는 의미다.

지금껏 문제점을 살펴 보고, 데이터를 고칠 규칙들을 얘기했지만 실제로 적절한 데이터 베이스 설계의 변화가 어떻게 결정되는지는 언급하지 않았다. 이 부분이 경험이 중요해지는 대목이다. 그리고 일반적으로 어떤 주어진 문제에 대해 정답이 한 가지만 있는 것은 아니다.

그렇긴 하지만 다음은 이런 설계 문제에 대한 한 가지 해결 방법이다. 이 새로운 설계 에서는 원래의 테이블로부터 몇 개의 테이블이 만들어질 것이고, 모든 데이터가 이제 정규화 된다. [그림 19-1]은 새로운 설계에서의 테이블을 보여주는 개체 관계를 도표화한 것이다.

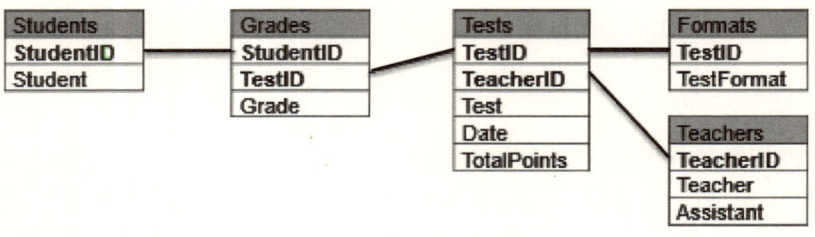

[그림 19-1] 정규화 설계

11장에서 설명했듯이 개체 관계도는 데이터를 자세히 보여주지는 않는다. 대신 데이터의 전 반적인 구조를 보여준다. 각 테이블의 기본 키는 굵게 표시했다. 자동 증가값을 갖는 ID 열의 번호가 테이블에 추가되어서 테이블들 사이의 관계를 정의하도록 하였다. 다른 열은 이전과 동일하다.

주목해야 할 중요한 점은 이 예에서 다루는 모든 개체가 별도의 테이블로 나뉘어졌다는 것 이다. Students 테이블은 각 학생에 관한 정보를 갖고 있다. 이 테이블에 있는 유일한 속성은 학생의 이름이다.

Grades 테이블은 각 성적에 관한 정보를 담고 있다. 이 테이블은 StudentID와 TestID로 이루어진 복합 기본 키를 갖고 있다. 왜냐하면 각 성적이 학생 및 특정 시험과 연결되어 있기 때문이다.

Tests 테이블은 시험에 대한 날짜, TeacherID, 시험에 대한 설명, 시험의 총점 등과 같은 각 시험에 관한 정보를 포함하고 있다.

Formats 테이블은 테스트 유형에 대한 정보를 갖고 있다. 이 테이블에는 각 시험이 선다형인지, 서술형인지, 혹은 둘 다인지를 나타내는 다수의 행이 추가되었다.

Teachers 테이블은 각 교사의 정보와 조교가 있는 경우 그 조교의 정보를 포함하고 있다.

다음은 원래의 Grades 테이블에 있던 데이터를 새로운 테이블에 옮겨 놓은 것이다.

- **Students 테이블**

StudentID	Student
1	Amy
2	Jon
3	Beth
4	Karen
5	Alex

- **Teachers 테이블**

TeacherID	Teacher	Assistant
1	Smith	Collins
2	Jones	Brown
3	Kaplan	NULL
4	Harris	Taylor

- **Tests 테이블**

TestID	TeacherID	Test	Date	TotalPoints
1	1	Pronoun Quiz	2017-03-02	10
2	2	Pronoun Quiz	2017-03-02	10
3	3	Solids Quiz	2017-03-03	20
4	4	China Test	2017-03-04	50
5	1	Grammar Test	2017-03-05	100

- **Formats 테이블**

TestID	TestFormat
1	Multiple Choice
2	Multiple Choice
3	Multiple Choice
4	Essay
5	Multiple Choice
5	Essay

- **Grades 테이블**

StudentID	TestID	Grade
1	1	8
2	2	6
3	3	17
4	4	45
5	4	38
5	5	88

아마 이 테이블들을 언뜻 보면 개선되었다고 생각하기보다는 상황을 더 복잡하게 만들었다 싶을 것이다. 예를 들어 Grades 테이블을 보면, 숫자도 많아 얼핏 봤을 때 완전히 명백하지 않다고 느낄 것이다.

하지만 테이블을 쉽게 조인시키는 SQL의 능력을 기억한다면 이 새로운 설계에 숨어 있는 무한한 융통성을 볼 수도 있을 것이다. 그 테이블들을 특별한 분석을 하는 데 필요한대로 조인시킬 수 있을 뿐 아니라 다른 것에 영향을 주지 않고도 훨씬 용이하게 각 테이블에 새로운 열을 추가할 수도 있게 되었다.

정보가 훨씬 모듈화되었다. 이제 각 학생에 대해 주소나 전화 번호와 같은 정보를 더 수집하기로 결정한다면 Students 테이블에 새로운 열을 간단히 추가할 수 있다. 또 나중에 어떤 학생의 주소나 전화 번호를 수정하고 싶을 때, 그 변화는 테이블의 한 행에만 영향을 주게 된다.

데이터베이스 설계 기술

궁극적으로 데이터베이스를 설계하는 것은 단순히 정규화 과정을 거치는 것 이상을 의미한다. 데이터베이스 설계는 정말로 과학이라기 보다 예술에 가까워서 관련 사업의 이슈에 대해 질문을 하고 생각을 하는 것이 필요하다.

앞의 성적 예에서 데이터를 어떻게 정규화 할 것인가에 대해 가능한 한 가지 예를 보여주었다. 사실 이런 데이터베이스를 설계하는 데는 많은 가능성이 존재한다. 대부분은 데이터를 어떻게 처리하고 어떻게 수정할 것인가 하는 현실적인 문제에 의존한다. 설계가 마땅히 변통적인지, 요구에 부응하는지 등과 같은 점을 알아내기 위해 많은 질문을 던지게 될 것이다. 예를 들면 다음과 같다.

- 한 가지 확실한 가능성은 Subjects (과목) 테이블이 될 텐데, 이 테이블에 영어나 수학 등 과목별 시험을 선택할 수 있게 하는 것이다. Subjects 테이블이 추가되면 다음 질문이 나올 것이다. 가령 과목을 시험과 연결시킬까? 혹은 과목은 시험 출제한 교사와 연결시킬까?

- **점수를 한 과목 이상에서 산출할 수도 있을까?** 가령 영어와 사회 교사가 합동 수업을 하고 어떤 시험은 두 과목으로 간주할 시험을 치렀다면 어떻게 될까? 그걸 어떻게 고려해야 할까?

- **어떤 학생이 낙제를 해서 같은 시험을 두 번째 치른다면 어떻게 해야 할까?** 학생이 매번 시험을 치를 때 그 성적을 어떻게 구분해야 할까를 결정해야 한다.

- **교사가 시행할 수도 있는 특별한 규칙을 어떻게 허용해야 할까?** 가령, 교사가 일정 기간 동안은 최저점수를 제외하고 싶을 수도 있다.

- **데이터에 특별한 분석 요청이 있는가?** 같은 과목을 지도하는 교사가 한 명이 넘으면, 한 교사가 성적을 부풀릴 수도 있는지 확인하기 위해 각 교사 별로 학생들의 평균 점수를 비교해야 할까?

이런 가능한 질문들을 나열하자면 끝이 없을 것이다. 요점은 데이터는 외부와 단절되어 있는 것이 아니라는 것이다. 데이터 설계와 실생활에서의 요구사항 간의 상호작용은 꼭 필요하다. 데이터베이스는 융통성이 있어야 하고, 사용하기 편리해야 한다. 그렇지만 데이터를 이해할 수 없을 만큼 과도하게 데이터베이스를 설계할 위험도 있다. 너무 열정적인 관리자가 모든 가능한 상황에 대비해 테이블을 20개나 만들기로 결정했을 수도 있다. 그 또한 바람직하지 못하다. 데이터베이스 설계는 시스템 사용자에게 충분히 융통적이면서도 이해하기 쉽게 설계하기 위해 균형을 맞추는 작업과 같다.

정규화의 대안

그 동안 데이터베이스를 설계하는 데 있어 정규화가 다른 무엇보다 중요하다는 점을 강조해왔다. 하지만 어떤 상황에서는 실행할 수 있는 대안을 사용하는 것이 옳다.

예를 들어, 데이터 웨어하우스 시스템과 소프트웨어 쪽에서는 많은 전문가들이 데이터베이스 정규화보다 *star schema*(별 구조 모델) 설계를 더 옹호한다. star schema에서는 어느 정도의 중복은 허용되기도 하고 권장되기도 한다. 보다 직관적으로 비즈니스 실상을 반영하고, 특수 분석 소프트웨어에 의해 데이터를 빨리 처리할 수 있는 데이터 구조를 만드는 것이 중요하다.

star schema 설계에 대해 간략하게 개요를 설명하자면, 기본 아이디어는 가운데에 fact(사실) 테이블이 있고, 이 테이블은 dimension(차원) 테이블과 연결되어 있으며, 이 때 dimension 테이블은 몇 개라도 상관없다. fact 테이블은 실질적으로 더할 수 있는 양적인 숫자를 모두 포함하고 있다. 앞에 보았던 예에서 Grade 열이 바로 그런 열이다. 의미 있는 총점을 구하기 위해 모든 성적을 더할 수 있기 때문이다. dimension 테이블은 과목, 시간, 교사, 학생 등등과 같이 가운데 사실과 관련된 모든 개체에 대한 정보를 보함하고 있는 테이블이다.

또 다른 대안은 데이터베이스 개발자들이 star schema 데이터베이스로부터 큐브(cube)를 생성할 수 있도록 특별한 분석 소프트웨어를 사용하는 것이다. 이 큐브는 분석 기능을 강화시켜 사용자가 다양한 dimension에 걸쳐 있는 미리 정의된 계층을 상세히 검토할 수 있게 해준다. 예를 들어 그런 시스템의 사용자는 학생의 전 학기 성적을 보는 것부터 매 주의 성적을 보는 것까지 상세히 볼 수 있다.

[그림 19-2]는 성적 예를 star schema로 설계한 데이터베이스가 어떻게 보이는지 나타내고 있다.

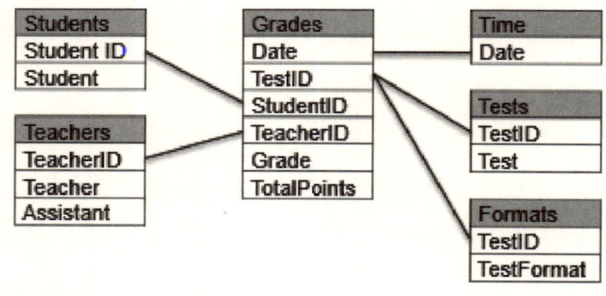

[그림 19-2] Star schema 설계

이 설계에서는 가운데 Grades 테이블이 fact 테이블이다. 다른 모든 테이블은 dimension 테이블이다.

Grades 테이블의 첫 네 열인 Date, TestID, StudentID, TeacherID는 fact 테이블의 각 행이 dimension 테이블의 해당 행과 연결되도록 한다. 예를 들어, Grades 테이블의 StudentID 열은 Students 테이블의 StudentID 값과 조인이 될 수 있다. Grades 테이블의 다른 두 열은 덧셈을 할 수 있는 수(numeric quantities)를 포함하고 있다. TotalPoints가 지금은 Grades 테이블에 있다는 점을 눈여겨보아야 한다. 정규화된 설계에서는 TotalPoints가 Tests 테이블의 속성이었고 점수는 Grades 테이블에 있었다. star schema 설계에서는 Grade와 TotalPoints를 모두 하나의 테이블에 넣음으로써 성적 합계를 쉽게 산출할 수 있고, 어떤 데이터 세트에 대해서도 (Grade를 TotalPoints로 나누어) 평균을 계산할 수 있게 되었다.

이는 분명히 데이터 웨어하우스 응용을 위한 데이터베이스 설계라는 주제에 대해 너무 간략한 소개일 뿐이다. 하지만 이를 통해 데이터베이스를 설계하는 방법이 아주 많다는 것을 보여주고, 가장 좋은 방법은 종종 데이터와 함께 사용할 소프트웨어의 유형과 관련이 있다는 것을 알려준다.

이 장에서는 데이터베이스 설계의 원칙에 대해 알아보았다. 정규화 과정의 기본을 배우고, 하나의 테이블을 가진 데이터베이스가 여러 개의 테이블이 추가된 키 열로 연결되어 보다 융통성 있는 구조로 바뀌는 방법을 알아 보았다. 또 데이터베이스 설계는 기술적인 연습만 중요한 게 아니라는 점을 강조했다. 조직의 현실과 데이터를 어떻게 처리하고 활용할 것인가를 고려해야 한다는 점에도 주목해야 한다. 끝으로, 대개 실현 가능한 접근 방법이 한 가지만 있는 것은 아니라는 점을 강조하기 위해 전통적인 정규화 설계의 대안으로 star schema에 대해서도 간략히 설명하였다.

마지막 장인 '데이터 디스플레이 전략(Strategies for Displaying Data)'에서는 SQL에 대한 지식을 보완하기 위해 스프레드시트를 사용할 수 있는 흥미로운 방법에 대해 설명할 것이다. SQL 기량을 연마하기 위해 탐구를 하는 동안에도 SQL이 아닌 다른 것들도 있다는 점을 잊어서는 안 된다. 근본적인 목표를 이루기 위해 보다 효율적인 수단을 사용할 수 있다면 SQL에 더 이상 공을 들여서는 안 된다.

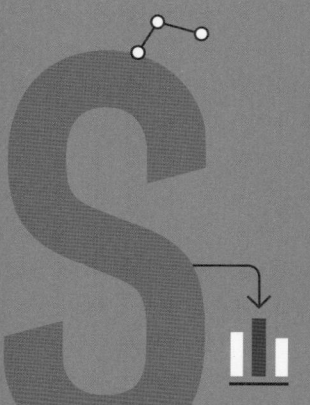

Chapter 20

데이터 디스플레이 전략
(Strategies for Displaying Data)

이 마지막 장에서는 이 책의 주요 주제인 관계형 데이터베이스로부터 데이터를 검색(retrieve)하는 방법으로 돌아 가려한다. 앞의 몇 장에서는 데이터 검색에서 우회하여 데이터업데이트, 테이블 관리, 데이터베이스 설계와 같은 관련된 주제를살펴보았다. 이제 데이터 검색에 있어 SQL의 역할에 다시초점을 맞출 것이다. 좀더 구체적으로 말하자면, SQL의 역량과일반(최종) 사용자들이 사용할 수 있는 다른 보고 도구 (reporting tools)들과 비교를 해보고, 당면한 문제에 대해 가장 적절한방법을 사용하는 전략에 대해 논의할 것이다.

사업과 기업이라는 넓은 세상에서, 사용자들에게 가장 폭넓게사용되며 리포팅 도구로 널리 보급되어 있는 것이 마이크로소프트의 엑셀이다. 어떻게든 엑셀을 사용하지도 않거나 엑셀로소통할 수 없는 사업 분석가는 거의 없을 것이다.

이 장에서는 SQL의 데이터 검색 능력을 더 확장시켜 데이터를보다 잘 다루고, SQL에서 쉽게 사용할 수 없는 형식으로 데이터를제출할 수 있도록 엑셀을 사용하는 방법을 설명하려고 한다.

크로스탭 레이아웃 재검토

10장에서는 크로스탭(crosstab) 포맷으로 출력하기 위해 PIVOT 연산자를 사용하는 방법을 살펴보았다. 이 장에서는 SalesSummary 테이블에 있는 다음 데이터로부터 시작해보자.

SalesDate	CustomerID	State	Channel	SalesAmount
4/1/2017	101	NY	Internet	50
4/1/2017	102	NY	Retail	30
4/1/2017	103	VT	Internet	120
4/2/2017	145	VT	Retail	90
4/2/2017	180	NY	Retail	300
4/2/2017	181	VT	Internet	130
4/2/2017	182	NY	Internet	520
4/2/2017	184	NY	Retail	80

PIVOT 연산자를 사용하여 다음과 같이 크로스탭 포맷으로 출력했다.

SalesDate	State	Internet	Retail
2017-04-01	NY	50	30
2017-04-01	VT	120	NULL
2017-04-02	NY	520	380
2017-04-02	VT	130	90

이 크로스탭 레이아웃의 중요한 특성은 각 열의 채널 값의 모습이다. 데이터는 SalesDate, State, Channel로 그룹 지어졌지만, 각 행에 SalesDate과 State의 조합만 있을 뿐이다. 두 채널 값을 각 열에 Internet과 Retail로 나눠 옮겼다.

다 좋다. 하지만 이런 크로스탭 포맷으로 출력을 하려면 내적인 어려움이 있다. 10장에서 보았듯이, 앞의 결과를 내는 SQL 문장은 다음과 같다.

```
SELECT * FROM
(SELECT SalesDate, State, Channel, SalesAmount FROM SalesSummary) AS mainquery
PIVOT (SUM(SalesAmount) FOR Channel IN ([Internet], [Retail])) AS pivotquery
ORDER BY SalesDate
```

이 SQL 문장에 Channel 열 값이 Internet인지 Retail인지를 명시해주어야 한다는 점을 알 것이다. 다시 말해서 사전에 가능한 채널 값을 모두 알고 있어야 하고, 문장에 넣어 주어서 거기에 맞게 열을 만들어 주어야 한다는 말이다. 현실적으로 번거로운 해결책이다. 단 두 개의 채널 값이 있는 이 간단한 예에서는 그리 어려운 문제가 아닐 수도 있다. 하지만 실생활에서는 열에 대한 가능한 값이 수십 개나 될 수 있고, 그 값들을 사전에 다 알 수 없을 수도 있다.

그래서 PIVOT 키워드는 현실적으로 잘 사용하지 않는다. 훨씬 간단하고 강력한 해결책은 바로 크로스탭(crosstab) 포맷의 일반적인 보고서를 자동으로 만들어주는 보고서용 소프트웨어를 사용하는 것이다. 보고서 도구의 거의 대부분은 일종의 크로스탭 기능을 제공한다. 마이크로소프트 엑셀에서는 피벗(pivot) 테이블로 할 수 있다. 다른 보고서 도구들도 비슷한 기능이 있지만 이름은 다르다. 예를 들어 Microsoft Reporting Services는 Matrix Report를 제공함으로써 사용자가 크로스탭 포맷으로 데이터를 보여줄 수 있게 한다. SAP Crystal Reports에서는 크로스탭 보고서 유형을 Cross-Tab이라고 한다.

흥미롭게도 Reporting Services와 같은 보고서 도구로 작성된 보고서 레이아웃은 데이터를 검색하는 데 사용되는 근본적인 SQL 쿼리와는 관계가 없다. 예를 들어, Reporting Services를 사용하면 GROUP BY 절 없이 간단히 SQL 쿼리로 시작할 수 있고, 그 쿼리를 Table Report나 Matrix Report로 나타낼 수 있다. Table Report로 나타내면 출력은 간단히 데이터를 나열한 형태가 된다. Matrix Report로 나타내면 데이터가 행과 열이 있는 구성이 되고, 보고서는 자동으로 모든 요구된 그룹화를 시행하고 필요한 열을 생성한다.

엑셀과 외부 데이터

마이크로소프트 엑셀의 피벗 테이블은 널리 사용될 수 있고, Reporting Services나 다른 특별한 보고서 도구들과 비슷한 결과를 산출할 수 있기 때문에 이 장에서는 이에 대해 중점을 두고 살펴보려고 한다.

하지만 엑셀의 피벗 테이블의 성능을 알아보기 전에, 주제를 잠깐 벗어나 엑셀에서 데이터를 연결하는 것이 가능한지에 대해 얘기해보는 것이 필요할 것 같다. 비즈니스 각계각처에서 사용하고 있는 엑셀 덕분에 대부분의 쿼리와 보고서 도구들이 각자의 도구에 있는 데이터를 직접 엑셀로 전송할 수 있는 방법(mechanism)을 제공한다. SQL 도구를 사용할 때 데이터를 엑셀로 옮기려면 Export to Excel 옵션을 사용하기만 하면 된다.

물론 엑셀로 작업할 때, 외부 소스(external source)로부터 데이터를 가져오기 위해 사용할 수 있는 옵션도 아주 다양하다. 관계형 데이터베이스로부터 데이터를 가져오는 데 집중하려 하지만, 엑셀이 텍스트 파일로부터 데이터를 가져 올 수 있고, OLAP 데이터베이스로 직접 연결할 수도 있다는 점을 잠깐 언급하려 한다. 텍스트 파일은 일반적으로 텍스트 파일의 레이아웃, delimiters(구분자)의 유형, 각 열의 특성 등등을 사용자가 명시할 수 있는 마법사(wizard)를 통해 직접 엑셀 워크북으로 보낼 수 있다. 엑셀은 또 OLAP 데이터베이스로 직접 연결할 수 있는 기능도 제공하는데, 이를 종종 큐브라고도 부른다. OLAP 큐브로 연결할 때, 엑셀은 큐브에 있는 데이터를 보기 위해 피벗 테이블 인터페이스를 사용한다.

관계형 데이터베이스에서 데이터를 가져오는 방법 중 하나는 데이터베이스 서버에 연결해서 엑셀로 데이터를 가져오는 것이다. 이는 일반적으로 Ribbon의 Data 탭 밑에 있는 From Other Sources라고 하는 명령어를 통해 시작된다. 이 명령어 아래에는 다음과 같은 옵션들이 있다.

- From SQL Server
- From Data Connection Wizard
- From Microsoft query

From Data Connection wizard 사용자가 SQL Server가 아닌 데이터베이스에 연결할 수 있게 해준다. 그렇지만 From SQL Server 옵션을 선택하는 것부터 시작하려 한다. 연결 마법사는 처음에 데이터베이스 서버 이름과 로그온 자격을 물어 본다. 그 정보들을 제출하면 가져오려는(import 하려는) 서버에 있는 특별한 테이블을 선택하라고 요청한다. 다음 창(pane, 윈도)에서 마법사는 Office Data Connection(ODC) 파일을 만들어서 명시했던 정보를 저장하여 데이터 소스가 다음에 다시 연결될 수 있도록 한다. 마법사의 마지막 단계는 [그림 20-1]에서 보듯이 엑셀 테이블이나 피벗 테이블, 혹은 피벗 차트로 데이터를 가져오려는 것이다.

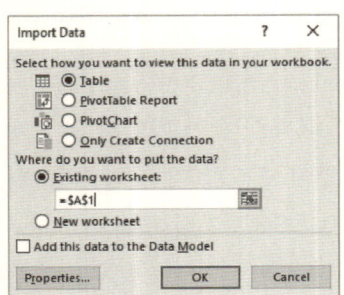

[그림 20-1] 데이터 가져오기(import) 옵션

관계형 데이터베이스에서 하나가 넘는 테이블을 선택할 때 가장 좋은 선택은 엑셀 테이블로 데이터를 가져오는 것이다. 이렇게 하면 데이터를 여러 워크시트에 있는 테이블로 가져올 수 있다. 하나의 테이블만 선택되었다면 피벗 테이블이나 피벗 차트가 더 좋은 선택인 경우가 많다. 물론 언제나 데이터를 테이블로 가져온 다음 나중에 그 테이블로 피벗 테이블이나 피벗 차트를 생성할 수도 있다.

이렇게 데이터를 가져오는 방법의 문제점은 다수의 테이블에 있는 데이터를 조인(join)할 수 없다는 것이다. 다수의 테이블에 있는 데이터를 조인하는 것은 SQL에서는 쉽지만, 엑셀에서는 쉽지 않다. 그래서 마이크로소프트 쿼리를 사용하는 두 번째 가능성으로 넘어간다. Ribbon의 Data tab 밑에 있는 From Microsoft Query 옵션을 선택할 때 창(pane)이 여럿 보이는데, 그 중 처음 보이는 것은 [그림 20-2]와 같다.

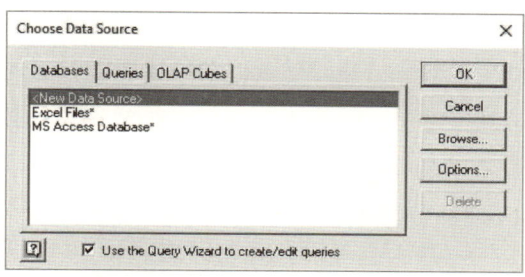

[그림 20-2] 데이터 소스 선택

데이터 소스를 생성하도록 한 뒤, 다음 창이 소스 이름을 달라고 요청하고, 연결 드라이버도 명시하라고 요청한다. 실은 이 연결 데이터는 Data Source Name(DSN)으로 저장되는데, 이것은 ODC 파일과는 좀 다르다. 그 다음엔 Connect 버튼을 클릭하여 서버에 로그인한다. 예를 들어 Customers 테이블과 Orders 테이블과 같이, 데이터베이스에서 테이블 두 개를 선택하면, Microsoft Query가 [그림 20-3]과 같이 나타난다.

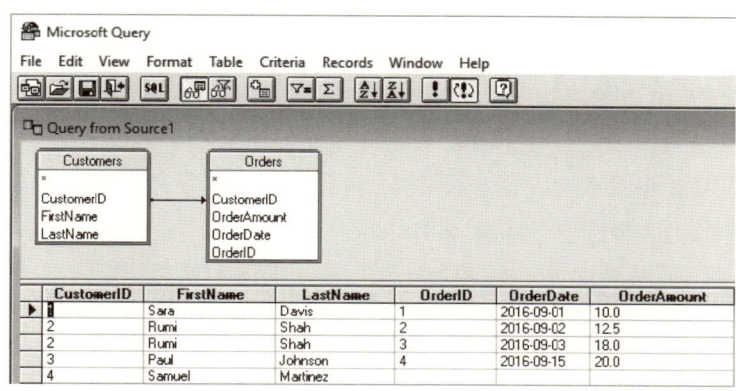

[그림 20-3] 마이크로소프트 쿼리

그리고 두 테이블에 나타나는 CustomerID 열에 대해 두 테이블을 수동으로 조인해야 한다. 열을 연결하는 선을 그리기만 하면 조인이 된다. 선을 더블 클릭해서 두 열 사이의 외부 조인으로 이를 수정하거나 명시해야 한다. 데이터를 엑셀로 옮기는 마지막 단계는 Microsoft Query에서 File 메뉴 밑에 있는 Return Data to Microsoft Excel 명령어를 선택하는 것이다. 그러면 [그림 20-1]의 창과 같은 Import Data 옵션을 보여주어 데이터를 Table, Pivot Table, Pivot Chart로 옮길 수 있게 된다. Table에 옮기라고 선택하면 데이터는 [그림 20-4]와 같이 나타난다.

	A	B	C	D	E	F
1	CustomerID	FirstName	LastName	OrderID	OrderDate	OrderAmount
2	1	Sara	Davis	1	9/1/2016	10
3	2	Rumi	Shah	2	9/2/2016	12.5
4	2	Rumi	Shah	3	9/3/2016	18
5	3	Paul	Johnson	4	9/15/2016	20
6	4	Samuel	Martinez			

[그림 20-4] 엑셀 테이블

이제 성공적으로 엑셀의 Microsoft Query 요소를 사용해서 기본 쿼리를 만들어 관계형 데이터베이스에 있는 다수의 테이블로부터 데이터를 선택하고 그 데이터를 엑셀 테이블로 옮길 수 있게 되었다. 앞서 언급했듯이 나중에 엑셀에서 추가 단계를 거치면 테이블로부터 피벗 테이블을 만들 수 있게 된다. 이제 다음 주제로 넘어가자.

엑셀 피벗 테이블

엑셀은 SQL로 할 수 있는 것들과 겹치는 많은 특징들을 포함하고 있다. 예를 들면, 엑셀에서는 데이터를 정렬하고 필터하며, 수많은 기능으로 무수히 많은 변화를 적용할 수 있다. 데이터를 그룹화할 수 있고 소계를 낼 수도 있다. SQL이 복제하기 어려운 엑셀의 특징 하나는 피벗 테이블이다. 엑셀은 워크시트에 있는 데이터 중에서 임의의 영역을 선택하여 그 데이터를 피벗 테이블로 바꿀 수 있는 기능을 제공한다. 혹은 앞서 얘기한 것처럼, 데이터가 외부 데이터베이스로부터 피벗 테이블로 옮겨질 수 있다.

기본적으로는 피벗 테이블은 앞에서 보았던 크로스탭 포맷과 같다. 하지만 피벗 테이블의 중요한 장점은 완전히 다이내믹하고 상호작용이 가능하다는 것이다. 통계적인 크로스탭 보고서를 보기만 하는 대신 데이터 요소를 행, 열, 값, 필터의 네 가지 데이터 영역으로 재배열함으로써 피벗 테이블을 쉽게 수정할 수 있다. 피벗 테이블의 무한한 가능성을 더 잘 이해하기 위해 예를 한 번 보자. 엑셀 워크시트에 있는 데이터 세트부터 시작하자. 고객과 상품, 판매에 대한 내용을 담고 있는 각 테이블의 데이터를 조인시키는 SQL 문장을 활용하여 데이터를 워크시트로 옮겼다고 가정해보자. 엑셀에 나타난 데이터는 [그림 20-5]와 같다.

	A	B	C	D	E	F	G	H	I
1	Sales Date	Sales Month	Customer ID	Customer City	Customer State	Product	Product Category	Qty Sold	Total Sales
2	1/22/2017	2017-01	23	Nashville	TN	Breakfast Blend	Coffee	3	12
3	2/1/2017	2017-02	44	Seattle	WA	Vanilla	Spices	6	18
4	3/1/2017	2017-03	14	Knoxville	TN	Darjeeling	Tea	-3	-12
5	12/6/2016	2016-12	15	Atlanta	GA	Mustard	Spices	6	12
6	2/15/2017	2017-02	44	Seattle	WA	Cinnamon	Spices	8	24
7	3/6/2017	2017-03	23	Nashville	TN	Decaf	Coffee	9	36
8	2/18/2017	2017-02	18	Denver	CO	Earl Grey	Tea	4	20
9	3/31/2017	2017-03	19	Boulder	CO	Green Tea	Tea	-1	-6
10	2/6/2017	2017-02	20	Miami	FL	French Roast	Coffee	5	25
11	2/28/2017	2017-02	16	Chicago	IL	Hazelnut	Coffee	5	15
12	12/18/2016	2016-12	50	Peoria	IL	Curry	Spices	2	8
13	3/2/2017	2017-03	3	Portland	ME	Ginger	Spices	1	2
14	2/15/2017	2017-02	2	Minneapolis	MN	Oolong	Tea	8	24
15	1/11/2017	2017-01	11	Portsmouth	NH	Vanilla	Spices	4	12
16	12/27/2016	2016-12	44	Seattle	WA	Mustard	Spices	-2	-4
17	3/30/2017	2017-03	16	Chicago	IL	Vanilla	Coffee	4	16
18	1/17/2017	2017-01	49	Los Angeles	CA	Decaf	Coffee	6	24
19	2/17/2017	2017-02	22	Cleveland	OH	Green Tea	Tea	7	42
20	3/25/2017	2017-03	11	Portsmouth	NH	Oregano	Spices	10	50
21	2/18/2017	2017-02	45	Des Moines	IA	Curry	Spices	3	3

[그림 20-5] 피벗 테이블을 위한 기본 데이터

이 데이터 중 판매량(Qty Sold)과 총 판매(Total Sales) 행에서 음수는 환불을 의미한다. 각 주문과 환불에 대한 행은 하나씩이다. 첫 단계는 이 데이터를 피벗 테이블에 삽입하는 것이다. Ribbon의 Insert 탭 밑에 있는 Pivot Table 명령어를 선택하기만 하면 된다. Create PivotTable 창의 디폴트 값을 받으면 [그림 20-6]과 같은 피벗 테이블을 생성한다.

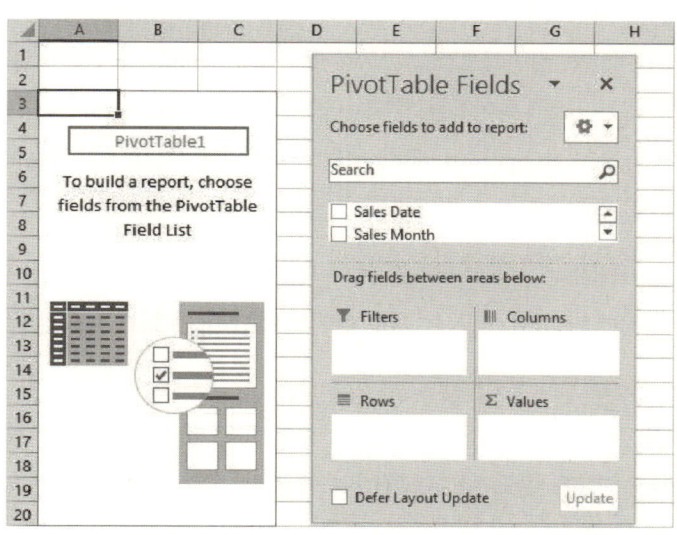

[그림 20-6] 목록이 있는 피벗 테이블

여기 빈 피벗 테이블과 피벗 테이블로 옮겨질 수 있는 필드를 보여주는 PivotTable 목록이 있다. 피벗 테이블로 데이터를 옮기는 가장 쉬운 방법은 목록에서 필드를 드래그하여 Fields 목록에 있는 피벗 테이블의 네 영역인 Filters, Rows, Columns, Values 중 하나에 가져다 두는 것이다. Customer State를 Filters 영역에, Sales Month를 Rows 영역에, Product Category를 Columns 영역에, Total Sales를 Values 영역에 옮기는 것부터 시작해보자. 결과는 [그림 20-7]과 같다.

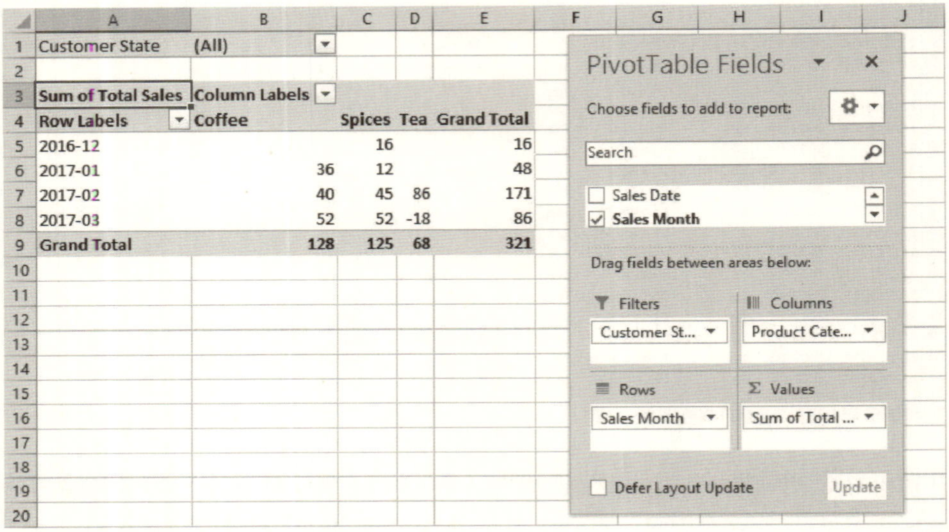

[그림 20-7] 네 영역 모두에 필드가 있는 피벗 테이블

기존 데이터에 어떤 변화가 생겼는지 검토해보자. 피벗 테이블은 피벗 테이블이 연결된 모든 세부 데이터의 합산을 한다. 피벗 테이블은 그 데이터를 디스플레이 하는 데 필요한 만큼의 행과 열을 다 보여준다. 데이터는 Rows 영역과 Columns 영역이 있고, Values 영역에 정량적 값이 합산되어 크로스탭 포맷으로 디스플레이 된다. Filter 영역은 피벗 테이블에 있는 모든 것에 대해 필터를 적용하는 데 사용될 수 있다. 이 예에서 Filters 영역에 Customer State을 놓았지만 주(state)에 아직은 아무 필터도 적용하지 않았다.

필드가 네 영역 중 아무 데로나 옮겨지면, 피벗 테이블은 즉시 새로운 레이아웃에 해당하는 적절한 값으로 업데이트 된다. 피벗 테이블은 원하는 대로 데이터를 다룰 수 있게 해주는 수준 높은 상호작용 방법이다.

SQL 문장을 사용할 때와 달리 피벗 테이블에서는 그룹을 명시할 필요가 없다. 엑셀은 Rows 영역이나 Columns 영역에 있는 필드는 그룹화해야 할 것으로 간주한다. 이 예에서 피벗 테이블이 Sales Month와 Product Category의 모든 데이터는 그룹화했다. 그래서

2017년 2월의 Tea(차) 판매 소계가 86달러라는 것을 보게 된다. Grand Total(총액) 행과 열은 자동적으로 합산을 한다. 물론 Grand Totals는 쉽게 끌 수도 있다.

데이터를 그룹화 하거나 제출 양식을 약간 바꾸는 것도 쉽게 할 수 있다. 다음 번에 또 볼 것은, Sales Month를 Columns 영역으로 옮기고, Product Category를 Rows로 옮기고, Product를 Rows 영역에 추가하고, 일리노이 주(IL)와 테네시 주(TN)에서 온 데이터만 선택 하도록 Customer State 필터를 조절할 것이다. 결과는 [그림 20-8]과 같다.

	A	B	C	D	E	F
1	Customer State	(Multiple Items) .Y				
2						
3	Sum of Total Sales	Column Labels ▾				
4	Row Labels ▾	2016-12	2017-01	2017-02	2017-03	Grand Total
5	⊟ Coffee		12	15	52	79
6	Breakfast Blend		12			12
7	Decaf				36	36
8	Hazelnut			15		15
9	Vanilla				16	16
10	⊟ Spices	8				8
11	Curry	8				8
12	⊟ Tea				-12	-12
13	Darjeeling				-12	-12
14	Grand Total	8	12	15	40	75

[그림 20-8] 필터를 적용하여 재배열된 피벗 테이블

이제는 행 부분의 필드에 계층이 생겼다는 것을 눈치챘을 것이다. 각 상품의 범주마다 범 주에 속하는 제품이 다양하게 있다. Sales Month 값은 별도의 열로 구분되었다. 필터로 주 (state)를 사용했기 때문에 통계(Grand Total)가 앞에서 보았던 321달러가 아닌 75달러로 바뀌 었다.

피벗 테이블은 합산을 하는 것 외에도 개수를 세고, 평균(average)을 내는 등의 다른 옵 션들도 허용한다. 하지만 피벗 테이블의 Values 영역에는 덧셈이 가능한 양적인 값만 올 수 있다는 점을 알고 있어야 한다. 이런 면에서 피벗 테이블은 19장에서 논의한 star schema dimensional design과 가까운 사촌인 셈이다. dimensional data는 Rows, Columns, Filters 영역에 놓지만, 덧셈이 가능한, 양을 나타내는 수는 Values 영역에 둘 수 있다. 피벗 테 이블의 Values 영역은 star schema design의 Fact 테이블에 있는 데이터와 비슷하다.

엑셀은 피벗 테이블의 영역간 필드를 원하는 대로 옮길 수 있게 허용할 뿐 아니라, 흥미로운 Report Layout 옵션들도 약간 제공한다. 피벗 테이블에는 기본 레이아웃 옵션이 다음과 같 이 세 가지가 있다.

- Compact Form

- Outline Form
- Tabular Form

피벗 테이블이 선택되면, Ribbon의 Design 탭 밑에 이 옵션들이 나타난다. [그림 20-7]과 [그림 20-8]의 레이아웃은 Compact Form이다. [그림 20-8]을 Outline Form으로 바꾸면 피벗 테이블이 [그림 20-9]와 같이 바뀐다.

	A	B	C	D	E	F	G
1	Customer State	(Multiple Items)					
2							
3	Sum of Total Sales		Sales Month				
4	Product Category	Product	2016-12	2017-01	2017-02	2017-03	Grand Total
5	⊟Coffee			12	15	52	79
6		Breakfast Blend		12			12
7		Decaf				36	36
8		Hazelnut			15		15
9		Vanilla				16	16
10	⊟Spices		8				8
11		Curry	8				8
12	⊟Tea					-12	-12
13		Darjeeling				-12	-12
14	Grand Total		8	12	15	40	75

[그림 20-9] Outline Form의 피벗 테이블

Outline Form에서는 Product Category와 Product가 헤더에 각 필드의 라벨을 갖고 별도의 열에 놓여 있다. 이 포맷은 디스플레이 할 때 확실하게 모든 필드의 이름을 보여준다.

피벗 테이블에는 다른 많은 유용한 특징들이 있지만 마지막으로 알려줄 특징은 피벗 테이블에 있는 합산된 값에서 도로 원래의 데이터로 drill down 하는 기능이다. 이를 *drillthrough*라고 한다. 이 예에서, 2017년 3월(March)의 판매에 대한 Grand Total(총계)를 보여주는 40이라는 값이 있는 셀을 더블 클릭할 것이다. 이렇게 하면 [그림 20-10]과 같은 새로운 워크시트가 나타난다.

	A	B	C	D	E	F	G	H	I
1	Sales Date	Sales Month	Customer ID	Customer City	Customer State	Product	Product Category	Qty Sold	Total Sales
2	3/1/2017	2017-03	14	Knoxville	TN	Darjeeling	Tea	-3	-12
3	3/6/2017	2017-03	23	Nashville	TN	Decaf	Coffee	9	36
4	3/30/2017	2017-03	16	Chicago	IL	Vanilla	Coffee	4	16

[그림 20-10] 드릴스루(Drillthrough) 결과

데이터 테이블은 피벗 테이블의 40이란 값을 계산하는 데 사용되었던 세부 데이터를 보여준다. 행이 셋 있는데, 앞서 [그림 20-5]에서 보았던 바로 그 세 행이다. Total Sales 열의 값들을 더하면 2015년 3월의 Total Sales가 정말 40이라는 것을 확인할 수 있다.

이 장에서는 보고서 도구와 피벗 테이블을 사용하여 어떤 면에서는 SQL 문장만으로는 표현하기 어려운 데이터 요약 방법들을 몇 가지 살펴보았다. 엑셀의 피벗 테이블은 크로스탭 보고서의 기본 개념을 사용하여 추가로 융통성과 기능성을 제공하기 위해 이를 확장시킨다. SQL 개발자들이 데이터의 포맷을 새로 바꾸기 위한 보고서 툴과 분석 툴을 알고 있다면, 그들은 데이터를 검색하는 데만 집중함으로써, 복잡한 디스플레이 문제는 보고서 툴을 사용하거나 사용자가 직접 처리할 수 있게 하면 된다.

아직 시작하지 않았다면 **부록 A, B, C**를 보고 Microsoft SQL Server, MySQL, 오라클 등을 시작하는 팁을 얻기 바란다. 이 부록들은 무료 버전의 데이터베이스를 설치하는 방법, SQL 명령어를 실행시키는 소프트웨어를 사용하는 방법에 대한 기본 정보를 제공하고 있다.

이 책의 서두에 SQL은 논리와 언어적 요소를 수반하고 있다는 말을 했었다. 언어적 요소는 아주 명백하다. 각 장에서 소개할 키워드를 강조했고, 그 키워드의 의미를 강조했다. 이제 이 책을 마무리하게 되었다. SQL의 진정한 능력은 SQL이 망라한 논리에 있다는 점을 인정하게 되었기를 바란다.

SQL의 순수 논리는 행과 열로 배열된 방대한 양의 데이터를 의미 있는 정보로 바꿀 수 있게 해준다. SQL을 사용하기 위한 도전은 논리를 어떻게 실생활의 데이터로 적용시킬까를 결정하는 데 있다. 바로 이 부분이 이론과 현실이 만나는 접점이다. 실무자들은 함수와 집적(aggregation), 조인(join), 서브쿼리(subquery), 뷰(view) 등을 사용하여 현실의 원시 데이터를 붙들고 씨름을 해서 어떻게 몇 가지 논리를 잘 엮어 조작하면 될지 그 방법을 찾아내야 한다.

그렇지만 논리가 문제를 다 해결하는 것은 아니다. SQL 언어도 똑같이 중요한 역할을 한다. 어떤 면에서는 SQL의 묘미는 이 언어가 아주 간단명료하다는 사실에 있다. 말이 장황하지도 않고 지나치게 암호 같지도 않다. 각 키워드는 명확한 목적이 있고 특별한 논리를 명시하지만 그 이상은 아니다. SQL이 시적이라는 말을 하지는 않겠지만, 컴퓨터 언어 영역에서는 어느 정도 심미적인 매력이 있다는 것은 확실하다.

Memo

부록

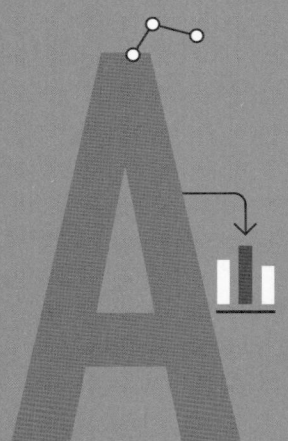

A Microsoft SQL Server 시작하기

B MySQL 시작하기

C 오라클 시작하기

A Microsoft SQL Server 시작하기

윈도 버전 8 이상 컴퓨터에서 동작하는 오픈 소스 Microsoft SQL 서버 프로그램을 설치하는 방법을 설명한다. 아래 절차는 사용자 컴퓨터에 따라서 다소 변경될 수 있다. 2가지 기본 단계는 다음과 같다.

❶ SQL Server 2016 Express 설치
❷ SQL Server 2016 Management Studio Express 설치

Microsoft SQL Server 2016 Express를 사용하여 데이터베이스를 만들 수 있다. SQL Server 2016 Management Studio Express는 사용자가 SQL 명령어를 서버 및 모든 데이터베이스와 상호 대화 방식으로 연결이 가능하도록 해주는 그래픽 인터페이스 소프트웨어이다.

SQL Server 2016 Express 설치하기

SQL Server 2016 Express를 설치하는 순서는 다음과 같다.

❶ microsoft.com/en-us/server-cloud/products/sql-server-editions로 이동한다.
❷ EXPRESS에서 DOWNLOAD 를 선택한다.
❸ Microsoft 계정으로 등록하고, 계정이 없다면 만든다.
❹ 언어를 선택하고 다운로드한다.
❺ 다운로드 완료 후에 파일을 실행한다. 추천하는 다운로드 경로에 따라서 OK 를 클릭한다.
❻ 설치 유형 BASIC 을 선택한다.
❼ 인증 항목을 승인하기 위하여 ACCEPT 를 선택한다.
❽ 설치 위치를 승인하고 NEXT 를 클릭한다.
❾ 다운로드가 완료되면 자동적으로 설치를 시작한다.
❿ 설치가 완료된 후에 CLOSE 를 선택한다.

이 설치 작업이 완료되면, SQL Server 2016 Installation Center를 설치해야 한다.

SQL Server 2016 Management Studio Express 설치

SQL Server 2016 Management Studio Express 설치 순서는 다음과 같다.

❶ SQL Server 2016 Express를 설치했던 SQL Server 2016 Installation Center 애플리케이션을 오픈한다.

❷ 왼쪽 창의 INSTALLATION 을 선택하고, INSTALL SQL SERVER MANAGEMENT TOOLS 를 설치한다.

❸ DOWNLOAD SQL SERVER MANAGEMENT STUDIO(SSMS) 를 선택한다.

❹ 다운로드가 완료되면, RUN 을 클릭하고 설치한다.

❺ 설치가 완료되면 CLOSE 를 클릭한다.

이 작업이 완료되면 SQL Server 2016 Management Studio를 포함하여 새로운 여러 가지 소프트웨어 앱을 설치한다.

SQL Server 2016 Management Studio Express 사용하기

SQL Server 2016 Management Studio 애플리케이션을 오픈하면, 먼저 Connect to Server 창이 보인다. 이 창에서 사용자는 이미 실행중인 SQL Server 2016 Express 인스턴스에 접속할 수 있다.

Server Name은 설치한 SQLEXPRESS 인스턴스로 나타나고, Authentication은 윈도 인증(Windows Authentication)을 보여준다. Server Type은 Database Engine이다.

CONNECT 버튼을 클릭한다.

사용자는 연결된 후에 작업할 데이터베이스를 만들어야 한다. 이를 위하여 윈도의 왼쪽 부분에 Object Explorer 창을 찾아서 DATABASE 줄에서 마우스 오른쪽 버튼을 클릭하여 NEW¡DATABASE를 선택한다. NEW DATABASE 창에서 Database Name 상자에 이름을 적어 넣는다(예를 들면 FirstDatabase). OK 버튼을 클릭하면 Databases 하단에 사용자의 새로운 데이터베이스가 나타난다.

모든 원하는 SQL 코드를 실행하기 위하여 사용자 데이터베이스를 화면상에서 하이라이트를 주고, NEW QUERY 버튼을 클릭하면, 새로운 쿼리 창이 열린다. 사용자는 작성하려는 SQL 코드를 입력하고 EXECUTE 버튼을 클릭한다.

만일 사용자가 쿼리 창에 여러 개의 SQL 명령을 입력한다면, 밝은 색으로 개별 명령을 표시할 수 있으며 이렇게 밝게 표시된 부분만을 실행시킬 수 있다. 사용자 쿼리 결과는 쿼리가 실행된 이후에 Results 창 또는 Massage 창에 나타난다. 만일 표시할 데이터가 있다면, Results 창에 나타나고 상태 메시지는 Massage 창에 보인다.

B MySQL 시작하기

MySQL Community Server는 새로운 데이터베이스를 생성할 수 있게 해주고, MySQL Workbench는 생성된 데이터베이스와 서버에서 상호작용하기 위한 SQL 명령어를 실행할 수 있게 해주는 그래픽 인터페이스이다.

❶ 현재 MySQL Community Server의 최신 버전은 5.7이다.
❷ MySQL Workbench의 최신 버전은 6.3이다.

윈도에 MySQL 설치하기

다음은 윈도 컴퓨터에서 MySQL Community Server와 MySQL Workbench를 설치하는 과정이다.

❶ dev.mysql.com/dowonloads에 접속한다.

❷ MySQL Community Server 다운로드를 클릭한다.

❸ MICROSOFT WINDOWS 플랫폼을 선택 후 다운로드를 클릭하고, WINDOWS MYSQL INSTALLER MSI 다운로드를 클릭한다. (설치 프로그램은 32 비트나 64/32 비트 모두 설치 가능하다.)

❹ 오라클 웹 계정을 생성, 또는 로그인하거나, JUST START MY DOWNLOAD 버튼을 클릭한다. 다운로드가 완료된 후 실행하면 설치 마법사가 실행될 것이다.

❺ 인증 동의 창에서 조건에 동의하고 NEXT 를 클릭한다.

❻ 설치 설정 창에서 DEVELOPER DEFAULT 옵션을 선택하고, NEXT 를 클릭한다. 이 옵션은 MySQL 서버와 MySQL Workbench를 모두 설치한다. NEXT 를 클릭한다.

❼ Check 요청 창이 나타났다면, 요구를 충족하기 위해 추가적인 설치가 필요한 것이다. EXECUTE 를 클릭하여 필요한 소프트웨어를 설치한다. 필요한 소프트웨어가 모두 설치되었다면 NEXT 를 클릭한다.

❽ 설치 창에서 EXECUTE를 실행한다. 모든 소프트웨어가 설치되었다면 NEXT 를 클릭한다.

❾ 제품 구성 창에서 NEXT 를 클릭한다.

❿ Type과 Networking 창에서 모두 기본 값을 적용하고 NEXT 를 클릭한다.

⓫ 계정과 역할 창에서 비밀번호를 입력하고 NEXT 를 클릭한다.

⓬ 윈도 서비스 창에서 모두 기본 값을 적용하고 NEXT 를 클릭한다.

⓭ 플러그인과 확장 창에서 모두 기본 값을 적용하고 NEXT 를 클릭한다.

⑭ 서버 구성 적용 창에서 EXECUTE 를 클릭하고, 완료되면 FINISH 를 클릭한다.

⑮ 제품 구성 창에서 NEXT 를 클릭한다.

⑯ 서버 연결 창에서 CHECK 를 클릭하여 root user 비밀번호를 인증하고 NEXT 를 클릭한다.

⑰ 서버 구성 적용 창에서 EXECUTE 를 클릭하고, 구성이 완료되면 FINISH 를 클릭한다.

⑱ 제품 구성 창에서 NEXT 를 클릭한다.

⑲ 설치 완료 창에서 FINISH 를 클릭한다.

위의 모든 단계를 마치면 MySQL Community Server와 MySQL Workbench의 설치가 모두 완료된 것이다.

Mac에 MySQL 설치하기

다음은 Mac 컴퓨터에서 MySQL Community Server와 MySQL Workbench를 설치하는 과정이다.

❶ dev.mysql.com/dowonloads 에 접속한다.

❷ MySQL Community Server DOWNLOAD 를 클릭한다.

❸ MAC OS X 플랫폼을 선택 후 DOWNLOAD 를 클릭하고, DMG ARCHIVE 파일 옆의 DOWNLOAD 를 클릭한다.

❹ 오라클 웹 계정을 생성 또는 로그인하거나, JUST START MY DOWNLOAD 버튼을 클릭한다. 다운로드가 완료된 후 실행하면 설치 마법사가 실행될 것이다.

❺ 인증 동의 창에서, 조건에 동의하고 NEXT 를 클릭한다.

❻ 설치 설정 창에서 INSTALL 을 클릭하고, 사용자에게 부여된 임시 패스워드를 적어 넣는다.

❼ Summary 창에 설치 완료 메시지가 나타나면, MySQL Community Server가 이미 설치된 것이다. Close 를 클릭한다. 원한다면 이 서비스는 멈추고 Mac System Preferences app에서 MySQL 아이콘을 선택하여 언제든지 다시 시작할 수 있다.

❽ dev.mysql.com/dowonloads에 다시 접속한다.

❾ MySQL Workbench에서 DOWNLOAD 를 클릭한다.

❿ MAC OS X 플랫폼을 선택 후 DOWNLOAD 를 클릭하고, DMG ARCHIVE 파일 옆의 DOWNLOAD 를 클릭한다. 다운로드 완료 후에 DMG 파일을 연다. 선택되어 열린 창에서 MySQL Workbench.app 아이콘을 Application 폴더에 끌어다 놓고, 복사가 종료될 때까지 기다린다.

⓫ Mac Systems Preferences app을 열고, MySQL 아이콘을 클릭한다. 만일 아직 실행중이 아니라면 MySQL Server를 시작하기 위하여 버튼을 클릭한다.

MySQL Workbench 사용하기

만일 MySQL Workbench를 설치한 다음에 처음으로 연다면, 사용자는 이미 실행중인 MySQL Server 인스턴스에 접속을 시도하여야 한다.

접속을 위하여 Database 메뉴 아래에 있는 Connect to Database를 선택한다. Stored Connection 드롭 다운에서 사용자가 설치한 인스턴스를 선택하고, 이미 만들었던 비밀번호를 입력한다.

연결된 이후에 사용자는 작업할 데이터베이스를 만들어야 한다. 이를 위하여 'CREATE A NEW SCHEMA IN THE CONNECTED SERVER'라고 부르는 메뉴 바 아래의 아이콘을 클릭한다. 원하는 데이터베이스 이름을 입력하고 APPLY 를 클릭한다. 사용자는 Navigator 창의 스키마 목록에서 새로운 데이터베이스를 찾게 된다. 사용자는 반드시 Database 메뉴에서 Manage Connections로 돌아가서 기본 스키마로써 만들어진 데이터베이스를 입력한다. 그러면 해당 데이터베이스가 밝게 변하고 원하는 SQL을 실행하기 위하여 새로운 쿼리를 만든다.

쿼리 창에 SQL 명령을 입력한 후에, EXECUTE 버튼을 클릭하면 밝게 빛나는 부분을 발견할 수 있다. 만일 사용자가 윈도에 여러 개의 SQL 명령을 입력한다면, 밝은 색으로 개별 명령을 표시 할 수 있으며 이렇게 밝게 표시된 부분만을 실행시킬 수 있다.

사용자 쿼리 결과는 쿼리가 실행된 이후에 Results 창 또는 Output 창에 나타난다. 만일 표시할 데이터가 있다면, Results 창에 나타나고 상태 메시지는 Output 창에 보인다.

C 오라클 시작하기

윈도 8 이상의 컴퓨터에서 오라클 무료 버전을 설치하는 방법을 설명한다. 이 데이터베이스는 윈도 뿐만 아니라 리눅스에서도 사용이 가능하지만 Mac에서는 불가능하다. 아래 절차는 사용자 컴퓨터 환경에 따라서 약간 달라질 수 있다. 설치는 한 가지 단계로 달성된다.

오라클 Database Express Edition 설치

여기서는 단일 데이터베이스가 만들어지며, SQL 명령을 실행하기 위하여 웹 기반의 그래픽 인터페이스를 제공한다.

오라클 Database Express Edition 설치하기

다음은 오라클 Database Express Edition을 설치하는 과정이다.

❶ 오라클.com/database 에 접속한다.

❷ DOWNLOAD 탭 하단의 오라클 Database 11g Express Edition을 선택한다.

❸ 인증 동의 창에서 동의하고 사용자 컴퓨터에 적합한 다운로드를 선택한다. 예를 들면, Windows x64, Windows x32, 또는 Linux x64 등

❹ 오라클 계정을 만들거나 또는 기존의 계정으로 등록한다.

❺ 다운로드가 완료된 이후에 파일을 열기 위하여 OPEN 을 클릭한다.

❻ 설치를 시작하기 위하여 SETUP 애플리케이션을 더블 클릭한다.

❼ 설치 마법사의 Welcome 창에서 NEXT 를 클릭한다.

❽ 라이선스 동의 창에서 인정하고 NEXT 를 클릭한다.

❾ Choose Destination Location 창에서 기본 위치에 동의하고 NEXT 를 클릭한다.

❿ Specify Database Password 창에서 비밀번호를 입력하고 NEXT 를 클릭한다.

⓫ Summary 창에서 INSTALL 을 클릭한다.

⓬ 설치가 완료된 이후에 FINISH 를 클릭한다.

상기 단계를 마치면 윈도 Start 메뉴에 있는 오라클 Database 11g Express Edition 디렉토리에 소프트웨어가 설치된다. 여기에는 웹 기반의 인터페이스를 통한 다양한 기능들을 사용할 수 있다. 이 곳 디렉토리의 기본 애플리케이션은 Get Started이다.

오라클 Database Express Edition 사용하기

다음은 오라클 Database에 접근하기 위하여 Start 메뉴에 있는 오라클 Database 11g Express Edition 디렉토리의 GET STARTED 프로그램을 실행시킨다. 이 작업은 데이터베이스와 인터페이스 할 수 있는 웹 기반의 애플리케이션을 오픈시킨다. 만일 사용자가 URL을 찾을 수 없다는 에러 메시지를 갖는다면, 오라클이 설치된 디렉토리에서 Get_Started 파일 안에서 URL 속성을 점검하고, 해당 URL로 이동한다. APLLICATION EXPRESS 버튼을 클릭한다.

등록을 하고, SYSTEM 사용자 이름을 입력하고 설치 과정에서 설정한 비밀번호를 입력하고 LOGIN 버튼을 클릭한다. CREATE APPLICATION EXPRESS WORKSPACE 페이지에서 데이터베이스 사용자 이름과 비밀 번호를 입력한다. Application Express Username은 반드시 SYSTEM이다.

그리고 사용자가 만든 새로운 작업 영역에서 등록한다.

Application Builder, SQL Workshop, Team Development 및 Administration 과 같은 서로 다른 기능을 수행하는 4개의 아이콘이 보인다. SQL을 실행시키기 위하여 SQL Workshop 아이콘을 클릭한다. 그러면 5개의 아이콘이 나타난다. Object Browser, SQL Commands, SQL Scripts, Query Builder 및 Utilities이다.

한 문장의 SQL 명령을 실행시키려면, SQL Commands 아이콘을 사용한다. 그러면 단일 명령을 실행시켜 결과를 관찰할 수 있다. 만일 여러 개의 명령을 입력시키면, 각각 1개의 명령을 하이라이트 하여 그 부분만을 실행시킬 수 있다. SQL Commands 창에서 SQL 명령을 실행시키려면 RUN 버튼을 클릭한다.

만일 여러 개의 SQL 명령을 실행시키면서 결과를 볼 필요가 없는 경우에는 SQL Scripts 아이콘을 사용한다. 이 아이콘을 선택한 후에 새로운 스크립트를 만들거나 또는 기존의 스크립트를 편집할 수 있다. 새로운 스크립트를 만들기 위하여 CREATE 버튼을 클릭하고 스크립트 내용을 입력한다. 실행시키려면 RUN 버튼을 클릭한다. 사용자 요청을 입력한 후에는 실행에 대한 확인 요청을 수락하고 RUN 버튼을 다시 클릭한다. 그리고 VIEW RESULT 창의 아이콘을 클릭하면 사용자 스크립트 실행을 확인할 수 있다.

용어 색인

지금 시작하는 SQL 언어

2017. 2. 22. 1판 1쇄 인쇄
2017. 2. 27. 1판 1쇄 발행

저자 | 래리 락오프(LARRY ROCKOFF)
역자 | 최영우, 홍선학
펴낸이 | 이종춘
펴낸곳 | BM 주식회사 성안당
주소 | 04032 서울시 마포구 양화로 127 첨단빌딩 5층(출판기획 R&D 센터)
       10881 경기도 파주시 문발로 112 출판문화정보산업단지(제작 및 물류)
전화 | 02) 3142-0036
       031) 950-6300
팩스 | 031) 955-0510
등록 | 1973. 2. 1. 제406-2005-000046호
출판사 홈페이지 | www.cyber.co.kr
ISBN | 978-89-315-5467-0 (13000)
정가 | 20,000원

이 책을 만든 사람들

책임 | 최옥현
기획 · 진행 | 조혜란
교정 · 교열 | 방세근
표지 · 본문 디자인 | 김효진
이미지 | 게티이미지 뱅크
홍보 | 박연주
국제부 | 이선민, 조혜란, 고운채, 김해영, 김필호
마케팅 | 구본철, 차정욱, 나진호, 이동후, 강호묵
제작 | 김유석